湖南省教育厅科学研究优秀青年项目"民国时期湖南第一纺织厂研究"（项目编号：22B0130）阶段性成果

# 湖南近代轻纺工业研究

熊元彬 著

中国社会科学出版社

图书在版编目（CIP）数据

湖南近代轻纺工业研究／熊元彬著．—北京：中国社会科学出版社，2024.5
ISBN 978-7-5227-2500-0

Ⅰ.①湖…　Ⅱ.①熊…　Ⅲ.①纺织工业—轻工业经济—研究—湖南—近代　Ⅳ.①F426.81

中国国家版本馆CIP数据核字（2023）第155203号

| | |
|---|---|
| 出 版 人 | 赵剑英 |
| 责任编辑 | 王正英 |
| 责任校对 | 张爱华 |
| 责任印制 | 李寡寡 |

| | |
|---|---|
| 出　　版 | 中国社会科学出版社 |
| 社　　址 | 北京鼓楼西大街甲158号 |
| 邮　　编 | 100720 |
| 网　　址 | http://www.csspw.cn |
| 发 行 部 | 010-84083685 |
| 门 市 部 | 010-84029450 |
| 经　　销 | 新华书店及其他书店 |
| 印　　刷 | 北京明恒达印务有限公司 |
| 装　　订 | 廊坊市广阳区广增装订厂 |
| 版　　次 | 2024年5月第1版 |
| 印　　次 | 2024年5月第1次印刷 |
| 开　　本 | 710×1000　1/16 |
| 印　　张 | 16.25 |
| 字　　数 | 258千字 |
| 定　　价 | 89.00元 |

凡购买中国社会科学出版社图书，如有质量问题请与本社营销中心联系调换
电话：010-84083683
版权所有　侵权必究

# 序

20世纪80年代中期,老一辈学者吴承明先生曾不无严厉地批评学术界只重视"冒烟的工厂",而忽视了手工业史的研究。彭泽益先生则亲自撰写《近代中国工业资本主义经济中的工场手工业》一文,发表在《近代史研究》1984年第1期上,并指导多名博士生从事手工业史研究。此后,手工业史逐渐受到学术界的关注,论著慢慢多了起来。我本人的博士学位论文选题,也聚焦于近代手工业领域,并以"中间经济:传统与现代之间的中国近代手工业(1840—1936)"为题完成了学位论文。此后,我个人的研究工作围绕近代手工业不断地加深和拓宽,并且主持了国家社科基金重大项目"中国近现代手工业史及资料整理研究"。近些年来,我的研究兴趣主要集中在近代手工业经济史领域,与近代中国手工业史结缘甚深。

"千里有缘来相会!"自忝列博士生指导教师以来,我已经招收了20届博士生,他(她)们来自全国各地,其中不乏对中国近代手工业经济史研究感兴趣者,亦不乏经过学习而对近代手工业经济史产生浓厚兴趣者,熊元彬属于后者。他原在湘潭大学郭汉民教授指导下攻读硕士学位,并以清末暂行内阁制为论文选题进行探究,打下了较为扎实的基础。我本以为他会继续沿着硕士论文或与此相关的方向深入下去,不料,他却选择了云南、贵州高原手工业作为博士学位论文的选题,这对他是一个挑战,并要为此付出更多的努力。但这样的选题或许寄托了他深厚的家乡情结,元彬是贵州人,从大山里走来,用自己学到的知识去解读家乡的历史,为家乡建设贡献一份心力,满足一个游子回报乡梓的心愿;或许是要维护老师的学术面子,愿做老师学术事业的后继者,抑或两者兼而有之。我虽然鼓励学生自主选题,也不限定要在导师的研究领域里选题,但如果学生愿意与导师研究方向保持一致,我也乐观其成。一方面,指导起来较为轻松,可谓驾轻就熟;另一方面,看到自己的研究在学生身上得以延续,也确实是一份安慰。

但我还是有几分担心的,担心达不到要求,担心拖延时日。不过,元彬按时拿出了《云贵高原近代手工业研究(1851—1938)》论文初稿,并经修改、打磨,顺利地通过了盲评、答辩,证明了我的担心是多余的。毕业后,他回到湘潭大学任教,面向全校学生开设了"湖南手工业文化"素质课,先后主持并圆满完成了湖南省社科年度项目"晚清湖南手工业研究"、湖南省社会科学评审委员会重大项目"湖南现代化:湖南手工业文化遗产的传承"等。在此基础上,元彬以"轻纺工业"为题将前期研究集成起来,索序于我。作为他曾经的业师,没有什么比看到学生送来的成果更令人高兴的了,我愉快地收下这份"厚礼",先睹为快!

诚如元彬所言,历史上的湖南是一个手工业经济比较发达的省份,形成了许多颇具特色的地方性手工业,如长沙湘绣、安化黑茶、洪江桐油、醴陵瓷器和花炮、浏阳夏布和鞭炮,等等。学术界对近代湖南手工业的整体研究尚显不足,虽在区域史、地方史中有所兼顾,但大多语焉不详,或散见于有关论文中,但多限于某一时段某一行业,难以管中窥豹。针对湖南近代手工业史,学术界较为重视棉纺织业、缫丝业,而忽视其他行业的研究状况,元彬将研究范围扩大到麻、毛、丝等纺织业及其关联行业,并将其定性为轻纺工业,虽然这些行业仍非手工业的全部,但无疑构成近代城乡手工业的主体,抓住了这个主体,也就更加接近于湖南近代手工业经济整体。对学术界分歧问题的回应,体现了年轻学者无惧无畏的探索精神。譬如,在探讨近代手工业的起点时,元彬从中国近代史分期这个老问题入手,不赞成将政治史的分期法用到近代工业化和手工业史的研究中,进而提出"近代手工业的起点是近代化机制洋纱与传统手工织布因子的最初结合",并把19世纪30年代作为"中国近代手工业"的起点。

元彬将湖南近代轻纺工业置于现代化这个大背景下,将所涉行业的存在状况尽可能详尽地展现在读者面前,为了做到这一点,元彬在资料的搜集、整理、运用上下了很大功夫,举凡省志、县志在内的方志史料、地方报纸杂志、19世纪二三十年代的大量经济调查资料、后人编撰的地方文史资料等，应搜尽搜，取精用宏。因此，本书对湖南近代手工纺织业的存在状况能有一个清晰的描述。但是，弄清状况并不是历史研究的全部，史学研究的魅力还在于分析和解释。元彬将重点放在湖南近代轻纺工业转型的复杂性、艰难性、特殊性的探讨上，并分行业对棉纺织及其漂染业、植麻及其夏布业、湘绣业、蚕桑业、针织业、制伞业的存在状况、发展或衰变的原因进行了深入探讨。

当然，学无止境，本书也为今后的研究留有一些有待提升的空间，如对近代湖南手工业者着墨不多，就是本书的一个缺憾。湖南手工纺织业的发展与不发展均离不开人的因素。人是经济活动的主体，一方面，湖南手工纺织业的存在及其变化，无论是发展还是衰败，都是人对外界环境因应的结果，如商人经营方式的变更，手工业者自身的求变精神或因循守旧的保守意识等；另一方面，手工纺织业的广泛存在，也是广大手工业者"讨生活"的体现，那么，他们的生活状况究竟如何呢？除了对夏布工人的经济生活略有涉及外，本书对湖南手工纺织业者的整体生活情形并无详细的探讨。在结构上，元彬采取了分行业叙述的方式，但宏观阐述略显不足，尤其是对湖南轻纺工业转型过程揭示不够深入，对技术、市场、经营方式的变化，缺乏整体的分析。

历史研究需要一些"慢工出细活"的功夫和精益求精的工匠精神，元彬花数年时间关注这样一个并不显眼的领域，是一个良好的起步。元彬的学术路数较宽，用功勤，脑子活，效率高，期待着他在学术的道路上持续地走下去。

彭南生<br>2022 年 4 月 19 日于武汉桂子山

# 目　　录

绪　论 …………………………………………………………… (1)

**第一章　近代轻纺工业的兴起与湖南民族手工业的变动** ……………… (8)
　第一节　纺织开端说：从史学的近代之争与近代化视角论
　　　　　近代手工业的起点 ………………………………………… (8)
　第二节　湖南近代手工业的变动因子 ………………………………… (18)

**第二章　湖南近代染织业的发展及其影响** …………………………… (43)
　第一节　湖南近代纺织业的发展及其影响 …………………………… (43)
　第二节　民国时期湖南漂染业艰难发展的原因 ……………………… (62)
　第三节　湖南近代漂染业发展的表现 ………………………………… (74)

**第三章　湖南近代植麻及其夏布业** …………………………………… (85)
　第一节　湖南近代植麻业的发展及其市场 …………………………… (85)
　第二节　湖南近代夏布业的产销及工商的活动 ……………………… (104)
　第三节　近代浏阳与醴陵夏布闻名及其衰落的原因 ………………… (122)

**第四章　湖南近代湘绣业的发展及其产销** …………………………… (139)
　第一节　清光宣年间湘绣的发展及其影响 …………………………… (139)
　第二节　民国湘绣的技艺及其产销 …………………………………… (150)

**第五章　湖南近代蚕桑业与针织业的发展及其影响** ………………… (166)
　第一节　兴而不盛的湖南近代蚕桑业 ………………………………… (166)

第二节　湖南近代针织业的发展及其特征 ………………（185）

**第六章　湖南近代制伞与制革业的发展及其产销** …………（205）
　　第一节　湖南近代制伞业的发展及其产销 ………………（205）
　　第二节　民国时期湖南制革业的发展 ……………………（226）

**结束语** ……………………………………………………………（245）

**主要参考文献** ……………………………………………………（247）

**后　记** ……………………………………………………………（250）

# 绪　论

## 一　选题缘起及研究方法

轻纺工业是生产消费资料的经济产业，主要包括桑、麻、棉、皮毛及其基础上的刺绣、针织、制伞、制革等行业。这些行业不仅与农业和化工等重工业密切相关，而且相互之间的关系也十分密切。在"未有丝麻"之时，人类"衣其羽皮"[①]，之后则随着葛、丝、麻在服装中的使用和发展，继而带动了漂染、皮革等相关产业的发展。

特别是在机械化的今天，湖南诸多地方正力争打造轻纺工业品牌。如永州正奋力打造"中南轻纺制鞋之都"，蓝山正致力打造"中国皮具箱包创新之都"，湘潭正打造"中南最大轻纺基地"等。同时，诸如湘绣、夏布、蓝印花布等轻纺工业制作技艺已升级为一种艺术和商业文化产业，甚至被列入非遗项目，备受政府高度重视。

习近平总书记一直以来就关心中国的历史文化产业。习近平总书记指出"一个国家选择什么样的治理体系，是由这个国家的历史传承、文化传统、经济社会发展水平决定的，是由这个国家的人民决定的"[②]。2017年10月18日在"坚定文化自信，推动社会主义文化繁荣兴盛"的讲话中，习近平总书记还将"加强文物保护利用和文化遗产保护传承"[③]作为坚定文化自信的重要内容写入了报告，使之成为习近平新时代中国特色社会主义思想的重要组成部分。同时，在调研践行中，习近平总书

---

[①]（三国）王肃校注，林宇宸主编：《孔子家语》，漓江出版社2019年版，第44页。
[②]习近平：《习近平谈治国理政》第一卷，外文出版社2018年版，第105页。
[③]习近平：《论党的宣传思想工作》，中央文献出版社2020年版，第13页。

记对非遗手工艺亦颇为关注。如2017年12月习近平总书记在江苏马庄村看到手工特色香包，连连称赞"真不错""很精致"，并问"多少钱？我买一个，捧捧场"①。同月26日在湖南省"非遗点亮美好生活：2017年湖南非遗传统手工业博览会"开幕会中，会场分设了"非遗传统手工艺综合展""非遗传统服饰秀"等。2019年9月16日习近平总书记在河南考察时，先后走进"匠心工坊"的手工艺品店、"不秋草"的竹编工艺小店，实地考察了手工艺品助推旅游文化产业，以及振兴乡村、脱贫攻坚的情况。

不仅当今政府极为重视，而且轻纺工业还是近代手工业的重要组成部分，与人类生活密切相关。特别是对于古代、近代"中国是一个手工业占优势的国家"②而言，在近代出口贸易中，"实在差不多大都要靠农村手工业品来支持"，而且在中国出口贸易额中手工业占了25%—50%。因此，可以说手工业的兴衰可决定近代湖南，乃至整个近代中国对外贸易的"发展与衰落"③。即使时至抗战初期，湖南"规模较大之工厂为数甚鲜，大多系手工作坊"④。而且在工业领域，"就载籍可考者，大率为日用品之制造"⑤的织布等轻纺工业。诚如民国著名政治家、东陆大学教授张邦翰所言，在诸多工业中"最为普遍之工业，当推织布业为第一"⑥。

在近代资本主义世界市场和工业革命的刺激下，湖南近代轻纺工业在艰难中发展，并出现了诸多著名的特色轻纺工艺品。特别是在20世纪实业救国和国货运动的推动下，湖南在麻纺织等方面不仅具有"优美之地理环境，宜于生产"，而且具有"强大的人力资源，可供利用"⑦。从而使长沙在70多年前就享有了"中国八大手工业城市"之一的美誉。如

---

① 叶炜：《马庄：一个中国农村的发展标本》，江苏凤凰文艺出版社2019年版，第51页。
② 彭泽益编：《中国近代手工业史资料（1840—1949）》第三卷，中华书局1962年版，第793页。
③ 侯厚吉：《农村手工业与我国对外贸易》，《农行月刊》1936年第3卷第6期。
④ 实业部国际贸易局编纂：《中国实业志·湖南省》，实业部国际贸易局1935年版，第89页。
⑤ 民国《新纂云南通志》卷142《工业考》，1949年铅印本。
⑥ 张邦翰：《云南之工矿业》，《西南实业通讯》1940年第2卷第4期。
⑦ 黄其慧：《湖南之麻业》，《湖南经济》1948年第3期。

"国家非遗保护与传承基地""湘绣之乡"沙坪为代表的湘绣,早在清末民初就形成了"甲天下"的局面。又如民国时闻名海内外的长沙"菲菲制伞"。此外,湖南还有"蓝印花布之乡"邵阳①、"夏布之乡""瓷城"醴陵②、"花炮之乡"浏阳③④、"皮革之乡"湘乡⑤和"纸都"耒阳⑥等。因此,加强对这些地方轻纺工业的研究,不仅可弥补学界研究的不足,而且有助于传承湖湘文化。

基于此,本书综合经济学、地理学和历史学知识,采取理论与实证研究方法的相互结合进行论述。在研究过程中,充分利用调查资料、游记及地方志、时人和外译著作,以及各种报刊等资料,运用文献资料分析法,以历史唯物主义和辩证唯物主义为理论指导,对湖南近代棉布、夏布、蚕桑,以及桑棉麻料基础上诸如湘绣、漂染、针织等再次加工的纺织业进行专题研究,展现湖南近代轻纺工业的发展历程,并凸显轻纺工业在衣食住行中的重要地位。

## 二 研究现状及几点思考

学界对近代手工业的研究,在改革开放之前的成果甚少,之后国内外则出版了20余部有关近代手工业的著作和资料集,以及100余篇有关手工业的论文。在这些论著中,既有宏观研究,又有区域性研究;既有对某个手工行业的专题论述,又有对某一形态发展进程的阐述。这些论著不但弥补了某些行业或区域性研究的不足,而且还运用了新的理论视角及其方法,既有定量分析,也不无实证性研究,对进一步分析中国近

---

① 2006年中国民间文艺家协会授予江苏南通"中国蓝印花布之乡"的称号,2007年邵阳蓝印花布被列入国家非遗,邵阳成为"中国民间艺术之乡"。

② 此外,1997年农业部授予江西新余分宜县"中国夏布之乡"的称号;1998年又授予重庆荣昌"中国夏布之乡"的称号。

③ 1995年浏阳被国务院评为"中国烟花之乡";2009年6月中国日用杂品流通协会评选江西上栗为"中国烟花爆竹之乡",同时评选江西万载为"花炮之乡";2011年中国日用杂品流通协会专家委员会评选醴陵为"中国花炮之都"。

④ 1957年轻工业部部长李人凤在醴陵考察回京后,在《解放军画报》专门刊文《瓷城醴陵》,并附上醴陵瓷器照片,在国内引起强烈反响,醴陵从而有了"瓷城"的美誉。

⑤ 此外还有河北辛集市、浙江桐乡市羔羊乡。

⑥ 李小燕、蒋美娟:《基于千年纸都 传承蔡伦文化——蔡伦文化校本课程的开发与实施》,《求学》2021年第20期。

代手工业经济起了很大的促进作用。

具体到湖南近代手工业的相关研究而言，其成果主要表现在以下三个方面。

第一，关于湖南行会和商人的研究。王继平对清代湖南手工业和商业行会发展概况、结构及其对经济社会的影响做了探讨，认为清初至19世纪60年代是其发展前期，而同治年至20世纪初则属发展后期。① 任放认为虽然湖南手工业行会比其他地区发展得更充分、更具典型意义，但是却阻碍了技术创新。② 陈坚良、李菁以湖南洪油商人为视角，对近代四民观念的嬗变与回归做了论述，认为"近代以来，四民观念经历了嬗变与回归的曲折历程"③。

第二，关于湖南资本主义手工业及其生产经营形式的研究。陈西平不仅对清末湖南手工业资本主义发展和辛亥革命的关系做了研讨④，而且还对清末湖南资本主义手工业作了论述，认为学界对其各种形式、特点等缺乏深入论述⑤。陈曦对甲午战后湖南手工业资本主义发展原因做了论述，认为自然经济的解体和商品经济的发展、清末新政的推行是其主因。⑥ 张绪对民国湖南手工业生产经营形式做了专题论述，认为民国湖南手工业呈现出业主制下的自主经营、包买主制下的依附经营等多元化特点。⑦

第三，关于湖南手工行业性的研究。李菁认为随着桐油转为机器大工业生产，致使"桐油贸易也由兴盛走向了衰落"⑧。王安中认为抗战时湖南工矿业经历了过渡、兴盛、衰落、消亡四个时期。⑨ 刘云波以湘绣、

---

① 王继平：《论清代湖南的手工业和商业行会》，《中国社会经济史研究》1988年第3期。
② 任放：《论清代湖南手工业行会的运作机制》，《求索》2001年第5期。
③ 陈坚良、李菁：《从湖南洪油商人看近代四民观念的嬗变与回归》，《求索》2011年第3期。
④ 陈西平：《清末湖南手工业资本主义的发展与辛亥革命》，《求索》1985年第6期。
⑤ 陈西平：《清末湖南资本主义手工业述论》，《长沙水电师院学报》（社会科学版）1990年第3期。
⑥ 陈曦：《论甲午战后湖南手工业资本主义发展的原因》，《湖南城市学院学报》2007年第3期。
⑦ 张绪：《民国时期湖南手工业的生产经营方式》，《武陵学刊》2012年第2期。
⑧ 李菁：《近代湖南桐油贸易研究》，硕士学位论文，湘潭大学，2004年。
⑨ 王安中：《抗日战争时期湖南工矿业述评》，硕士学位论文，湖南师范大学，2006年。

爆竹、制茶、桐油等为例，对湖南近代外销型手工业做了研究。① 徐凯希对战时两湖手工业做了研究，认为两湖手工业与有限的机器工业互为补充、相互促进。② 张绪认为战前湖南与沿海一样，既有"趋于衰落"，也有"走向兴盛"，而战时土布、土纱等则得以短暂复兴。③ 王国宇等对湖南手工业概况进行了研究，认为清朝时湖南主要的手工业门类"已基本形成"，民国时期某些手工行业在机器工业冲击下"趋于衰退"，但某些则"日益兴旺"④。

近代轻纺工业有其自身的内涵和起点。近代作为古代与现代之间的过渡时段，不同研究对象有着不同的近代界标。其中，近代轻纺工业是手工业中重要的经济产业，其机制洋纱与传统手工织布的相互结合应为近代手工业兴起的标志。当然，也有论者认为"纺织行业从手工生产向动力机器生产的过渡，是从缫丝业开始的"，即19世纪60年代初"开始创建采用动力机器的缫丝厂"⑤。但是，这仅适合中国东部的江浙和广东等局部地区，而不宜将缫丝作为整个纺织行业从手工向机器生产的过渡，即机器缫丝不宜作为近代手工业或近代轻纺工业的界标。

实际上，从手工向机器过渡的起点应为棉纺织原料的变革。从全球近代化发展历程可知，近代纺织应始于机制洋纱与传统手工织布的开始结合。一方面，棉纺织不仅是整个手工业中最为典型的行业，而且也是纺织中最为普遍的产业；另一方面，第一次工业革命始于珍妮纺纱机的出现，之后机制棉纱、棉布，以及新型的针织等手工业才相继出现。因此，正如1846年马克思所言，"没有棉花，就没有现代工业"⑥，加之工业革命又始于棉纺织的变革。因此，棉纺织中机制洋纱（近代化因子）与手工织布（传统因子）开始结合才是近代纺织业和近代手工业出现的

---

① 刘云波：《论近代湖南的几种外销型手工业》，《湘潭大学学报》（哲学社会科学版）2005年第5期。

② 徐凯希：《抗战时期后方手工业研究——以湖北、湖南为例》，《华中师范大学学报》（人文社会科学版）2007年第1期。

③ 张绪：《民国时期湖南手工业研究》，博士学位论文，武汉大学，2010年。

④ 王国宇主编，毛健副主编：《湖南手工业史》，湖南人民出版社2016年版，前言第2页。

⑤ 中国近代纺织史编委会编著：《中国近代纺织史》（下卷），中国纺织出版社1997年版，第1页。

⑥ 《马克思恩格斯选集》第四卷，人民出版社2012年版，第415页。

标志。简言之，近代轻纺工业可视为近代手工业的起点，中国近代手工业的这个起点应始于19世纪20年代末30年代初英国机制洋纱的输入与中国传统手工织布的开始结合。

同时，近代纺织业是介于传统手工纺织与现代机器纺织之间的一种过渡产业。中国近代轻纺工业是在帝国主义、封建主义和官僚资本主义压迫的缝隙中，以及买办资本的支配下艰难成长起来的，"具有半殖民地性、半封建性和小商品生产的各种特质"①，因而诸如湖南蚕桑业、制革业等均呈现出振而不兴的局面。在近代中国处于"半殖民地工业特质"②时期，轻纺工业在欧美工业化激烈竞争下艰难发展，仅有一些诸如纺织、皮革等小厂，而且产值甚低。甚至直至1949年，湖南"全省轻纺工业产值只有2.6亿元，许多日常生活必需的工业品，都要靠省外调入或进口"③。

然而，相对传统手工业而言，在工业化刺激下，近代手工业者在商会、政府某些方面的支持下，不断谋求创新之道，从而使纺织业在商业技术方面还是有所提升，工具方面也有所改良。其中，衣料位居人类日常生活中衣、食、住、行之榜首，因而无论从工业化发展角度，还是国家对非遗的重视而言，加强对近代衣料中棉布、麻布、丝绸、皮毛制革及其基础上再次加工的湘绣、漂染、针织业的研究尤显重要。

### 三 存在的问题及其解决方法

虽然不论是宏观研究，还是区域研究，以及行业研究，学界均已取得了不少成果，但是也存在着不少大而化之的问题。学者们分类研究多而综合研究少；就事论事多而总体把握少；史料叙述多而理论分析少。即使是在宏观的研究论著中，有关湖南等中西部地区轻纺工业的内容也是极少的，甚至有部分还直接被忽略不计，造成在研究深度、广度及研究视角的选择上都存在诸多的问题。

其一，就研究手工行业而言，主要为棉纺织、缫丝业等。近代中国

---

① 龚饮冰：《轻工业的恢复与调整》，《新华月报》1950年第3卷第2期。
② 《纺织厂与漂染整理厂亟应密切联络》，《染织纺周刊》1936年第26期。
③ 本书编写组编：《湖南辉煌五十年》，湖南教育出版社1999年版，第24页。

的经济主体是农业和手工业,因而手工业研究的重要性是不容置疑的,但是不能仅以棉纺织业在手工业中最为重要,就忽视其他手工行业。这种研究范式极不利于把握近代手工业的整体发展脉络,因而理当继续加大对其他手工行业的研究力度。

其二,就手工业的区域而言,研究进度呈现出从东部向西部地区推进的梯度模式。由于东、中、西部地区经济自古就存在着较大的落差,如果仅将研究点侧重于棉纺织、缫丝业等手工业较为发达的华北、江南等区域,这就如同我们观察近代中国经济,只将两眼投射到了较为发达的东部,而不顾落后的西部。这种观察性研究既不利于我们对近代中国经济做客观公正的评述,也不利于学术的健康发展。

其三,就研究手工业内容而言,虽然学界揭示了近代手工业变迁的复杂性和多样性,并分析了近代手工业存在的问题和积极作用,但是在论述手工业变迁和作用时不无夸大的成分。诚如夏明方所言,一些学者只看到了近代华北手织业一时的繁盛,"而忽视了对这种经济活动内在运作机制的探讨,忽视了在其运行过程中所存在的边际报酬下降的必然现象"[①],结果当然也就出现了对近代乡村经济和社会发展存在着一定的虚拟认识。也正如朱英所言,近代中国各地区、各行业的发展极不平衡,不宜过高估计手工棉纺织业对于整个中国资本主义发展的影响。[②]

总之,鉴于棉、麻、毛、丝等纺织原料和在此基础上加工的纺织业在人类日常生活中的重要地位,以及学界对湖南近代手工业研究的不足,本书将在前人研究成果的基础上,结合湖南经济地理和第一手资料,进行实证研究。在对湖南近代轻纺工业进行专题研究之时,不仅阐释轻纺工业的重要性,而且论述其近代化中的复杂性、艰难性、特殊性等。

---

① 夏明方:《发展的幻象——近代华北农村农户收入状况与农民生活水平辨析》,《近代史研究》2002年第2期。
② 吴景平、陈雁:《近代中国经济与社会学术讨论会综述》,《历史研究》2001年第4期。

# 第 一 章

## 近代轻纺工业的兴起与
## 湖南民族手工业的变动

晚清是中国剧烈的变革时期，也是湖南乃至全国近代轻纺工业兴起和艰难发展阶段。虽然学界大多受政治史分期的影响，在论述中国近代经济史，以及近代手工业及其轻纺相关工业之时，大多以1840年作为其起点，但是近代手工业及近代轻纺工业有其自身的内涵，理当以机制洋纱与传统手工织布的开始结合为起点。这个起点始于晚清剧烈变革时期，其影响因子主要有商品化发展的内在因子、商路变动的助推因素、商人力推的主体因子、政府鼓励的引导因子、军需促动的特殊因子等。

### 第一节 纺织开端说：从史学的近代之争与
### 近代化视角论近代手工业的起点

"中国近代史"的分期看似一个无须再议的话题，但时至今日，学界仍众说纷纭，莫衷一是。诚如1991年蔡开松所言，"迄今为止，史学界大体提出了10余种分期标准"[①]。并且，学界多从"政治史"的角度着眼，将"中国近代手工业"的起点界定为1840年的鸦片战争，而未结合中国传统手工业向近代的转变和近代渐趋全球化的多重特征，以"近代手工业"自身皆具近代化机制成分与传统手工业并存的双重特征及其变

---

① 蔡开松：《中国近代史分期标准综述》，《求索》1991年第3期。

化为其界标。基于此，愚不揣古臭，旧话重提，仅求能撇开政治史和经济史的分期标准，从"政治史"的分期模式跨入至"近代手工业"的专题研究。

**一 学界对中国近代史分期问题的"开端"之争及其成因**

"究天人之际，通古今之变"是历史研究的价值所在，而历史分期的目的则在于更加直观地把握各时代不同的特征，其首要任务就在于找出这个发生质变的关键点。历史本无断代之分，但是为了人们更为直观地了解各时段的特点及其主要内容，因而历史分期成了历史研究的中心和首要问题。诚如1957年林增平在《中国近代史》前言中所言，"正确地采取分期的办法去研究和叙述中国近代历史，才能对中国近代政治、经济、文化各方面作综合的探讨，找出贯穿这些错综复杂的历史事件的线索，掌握中国近代史的发展规律，从而对这一阶段的历史获得全面的系统理解"[①]。

"中国近代史"的分期是学界研究近代史的中心和首要问题。由于中国幅员辽阔，各地差异性较大，且经济基础与上层建筑具有不同步性，以及学者所持的标准不一，因而一直争论不休。检索知网可知，自20世纪50年代以来，以"中国近代史分期"为题的论文就达30份以上。其中，胡绳在1954年《历史研究》创刊之时，鉴于新中国成立前学界有关"中国近代史"分期及线索不明的问题，首次探讨了"中国近代史"的分期问题，认为"中国近代历史的分期问题是指，从鸦片战争到五四运动约80年间的历史应如何细分为若干阶段、若干时期的问题"，从而明确了中国近代史的开端为鸦片战争。[②] 1955年，中国人民政治协商会议全国委员会组织了一场有关"中国近代史"的专题讲座，会上胡绳再次强调："我们所说的近代史，是指从1840年鸦片战争开始到1919年五四运动时止这80年的历史。"[③]

自胡绳首次讨论"中国近代史"分期以来，《历史研究》与《近代

---

[①] 周秋光编校:《林增平辑》，民主与建设出版社2014年版，第507页。
[②] 胡绳:《中国近代历史的分期问题》，《历史研究》1954年第1期。
[③] 胡绳:《胡绳全书》第二卷，人民出版社1998年版，第215页。

史研究》等重要刊物已多次发表论文，对其展开了激烈的争论。其中有学者主张以太平天国起义和第二次鸦片战争作为"中国近代史"开端，认为"比较1840年鸦片战争开端说，1861年因为有一系列标志性事件"，如安庆失守、总理衙门及安庆内军械所的设立，因而"更有理由被认为是中国近代史的开端"①。

也有学者从内部趋向史观着眼，认为"中国近代史"是中国内部政治、经济发展的结果，始于明清之际，如徐中约的1600年说，以及其他学者的1644年说。甚至许苏民不仅反对1840年鸦片战争说的"冲击—反应"模式，而且也否认"侵略—革命"论的苏联模式，认为中国近代史的开端应从"内发原生"模式出发，从而将"晚明中国改革开放史上具有重大意义的万历九年（1581）确定为中国近代史之开端"②。然而，晁中辰则认为隆庆元年（1567）东南海禁的开放才是"近代"的开端，"从此'海宇宴如'，东南沿海的倭患基本平息"。不仅海外贸易得以迅速发展，"白银大量内流，国内银本位制渐得确立，商品经济发展到一个新水平"，而且"开始日益侵蚀封建经济基础和上层建筑"，甚至思想文化领域也出现了与工商业者"鼓与呼的新思潮"。简言之，晁中辰认为"明代后期隆庆开放应为中国近代史的开端"③。

但是，总体而言，学界从政治史的视角，将"中国近代史"的开端界定为1840年的鸦片战争说已得到了学界的基本认可。其中，1926年吕思勉在其讲义中从"冲击—反应"模式着手，肯定了鸦片战争对中国从古代向近代转变的标志作用，认为"五口通商为中国见弱于外人之始，此乃积数千年之因，以成此一时代之果"④。1938年蒋廷黻的《中国近代史大纲》也直接将其起点明确为鸦片战争。但是，对于"中国近代史"以何年为开端，吕思勉和蒋廷黻均未作明确说明。时至1939年，胡绳才

---

① 王明前：《中国近代史开端1861年说——近代史分期框架下的太平天国起义》，《福建论坛》（人文社会科学版）2006年第11期。
② 许苏民：《"内发原生"模式：中国近代史的开端实为明万历九年》，《河北学刊》2003年第2期。
③ 晁中辰：《明代隆庆开放应为中国近代史的开端——兼与许苏民先生商榷》，《河北学刊》2010年第6期。
④ 吕思勉：《吕著中国近代史》，华东师范大学出版社1997年版，第33页。

明确指出1840年鸦片战争的爆发使中国社会的发展进入到了它的近代史阶段。新中国成立后，以鸦片战争作为"中国近代史"的开端已得到了基本认可。

总体而言，虽然学界对"中国近代史"分期问题的开端进行了长期的争论，但多是从政治史角度论述，并在一定程度上影响了"中国近代经济史"的专题研究，使诸多中国近代经济史专著及其论文都以鸦片战争作为"近代"的开端，从而忽视了近代经济史自身的变动过程。实际上，由于经济基础与上层建筑具有不同步性，"经济的前提和条件归根到底是决定性的"[①]，所以不能仅以政治史的分期来论述"中国近代经济史"的发展历程及其特征。

### 二 有关"近代化"与"近代手工业"概念的鉴别及其分期阐述

"近代化"是一个复杂的概念，是一个渐变的过程，是处于兼有传统方式并渐趋现代化的一个中间阶段。即"所谓中国近代化是中国近代史上的资本主义现代化"[②]，是趋于资本主义生产方式的一个全面而又综合性的变化过程。正因为如此，清末梁启超在有关中国历史研究法中就曾明确指出："关于时代的划分，须用特别的眼光。我们要特别注意政治的转变，从而划分时代，不可以一姓兴亡而划分时代。"[③] 具体而言，"近代化"主要有三方面：一是生产力方面从手工操作渐趋机器生产的转变；二是政治方面从封建专制渐趋资产阶级民主共和的转变；三是生产方式上从封建主义渐趋资本主义的转变。

纵观史学界的发展历程可知，向来学界多将"近代化"与"现代化"相混淆，甚至同义而用。其中，罗荣渠就曾认为现代化是指"人类社会从工业革命以来所经历的一切急剧变革，这一变革以工业化为推动力，导致传统的农业社会向现代工业社会的全球性的大转变过程"[④]。之后，吴承明又用"早期现代化"的概念来研究"近代中国经济"，认为"讲

---

[①]《马克思恩格斯选集》第四卷，人民出版社2012年版，第604—605页。
[②] 虞和平：《试论中国近代化的概念涵义》，《社会学研究》1991年第2期。
[③] 梁启超撰，汤志钧导读：《中国历史研究法》，上海古籍出版社1998年版，第270页。
[④] 罗荣渠：《现代化新论——世界与中国的现代化过程》，北京大学出版社1993年版，第16页。

历史，多用'近代化'"①，与尚钺将明清之际资本主义萌芽作为标志一样，将"近代化"的起点追溯到了明朝中叶。对此，黎澍专门撰文指出，以资本主义萌芽作为界标存在着将"明朝的中国历史近代化的倾向"②。

但是吴承明则认为"16世纪以来的变迁，实即我国的现代化因素的出现"③。甚至许纪霖还按照美国社会学家M.列维的"早发内生型现代化"和"后发外生型现代化"的模式，认为从19世纪开始中国的现代化已开始从农业向现代工业转型。④ 由此可知，罗荣渠及其后的吴承明都认为早在鸦片战争之前中国就开始了现代化，而未能将"现代化"与"近代化"的概念相区别开来。

厘清"近代工业"和"近代手工业"的分期问题，不仅有助于打破传统的政治史分期标准来论述工业化和手工业，而且还能透视出"近代工业"与"近代手工业"自身的发展历程及其特征。历史往往是一种复杂的过程，"历史研究的生命力不仅在于其客观真实性，更在于其思想性与时代感"⑤。在以往的研究中，"近代工业"一般指的是采用动力或机器生产的工业，或者是机器工业与手工业不分。如刘佛丁就认为在旧中国，"近代工业"通常是指采用动力或机器进行生产，并雇佣30名以上工人的工厂，它与人力手工小规模的传统生产有别。⑥

如果按照动力或机器生产为准绳，那么中国"近代工业"应始于19世纪60年代洋务运动的"自强"时期，而地处西南边陲的云贵则应始于洋务运动后期，即80年代"求富"阶段的冶矿业。但是，就"近代手工业"研究领域而言，则应从其自身的界标而论，而不应成为"近代经济史"或"近代工业"的附庸。因为任何研究对象都有其自身的内涵和发

---

① 吴承明著，中国社会科学院科研局编：《吴承明集》，中国社会科学出版社2002年版，第236页。
② 黎澍：《关于中国资本主义萌芽问题的考察》，《历史研究》1956年第4期。
③ 吴承明：《现代化与中国十六、十七世纪的现代化因素》，《中国经济史研究》1998年第4期。
④ 许纪霖、陈达凯主编：《中国现代化史·第一卷·1800—1949》，学林出版社2006年版，第2页。
⑤ 林文勋：《纪念李埏先生百年诞辰·主持人言》，《思想战线》2013年第5期。
⑥ 刘佛丁主编，王玉茹、赵津副主编：《中国近代经济发展史》，高等教育出版社1999年版，第135页。

展特征,"近代"本身就是居于"古代"与"现代"之间一个断代的时间概念,而"近代化"则是政治、经济、军事等综合化的一个过程。

从经济方面而言,"近代化"就是资本主义的形成和渐趋发展的过程,"近代史"就是资本主义的发展史,但是"近代史"不能等同于资本主义史。"近代化"在政治上表现为资产阶级和无产阶级的形成,并出现了资产阶级的统治;在经济上表现为分工明确、自给自足的自然经济开始遭受打击,以及资本主义世界市场不断形成和扩散。由于不同研究领域或地域都有着不同的"近代化"界标,因此,在研究各个领域或地域之时,尤其是对幅员辽阔、手工行业众多的中国而言,加强对不同地区、不同手工行业的研究就尤显重要。

但是,笔者并不否定宏观性研究,而是认为如果真要进行宏观性的手工业研究,那么就应当尽可能地找到一个合适的界标,在近代资本主义世界市场已融为一体的情况下,综合西方工业国和整个中国的近代历程,以手工业中最为典型的棉纺织原料变更——洋纱的输入作为"近代中国手工业"的标志。然而,从已有研究的成果来看,学界在研究"近代中国手工业"之时,往往受"政治史"分期长期的影响,无论是在彭泽益汇编近代手工业的资料之时,还是从其他相关领域的研究来看,其研究都是以1840年鸦片战争的爆发为标志。

实际上,明清江浙一带虽然出现了资本主义萌芽,但是并不能将这个"点"概括为整个中国"近代化"的起点。有鉴于此,美国学者彭慕兰在《大分流——欧洲、中国及现代世界经济的发展》一书中明确指出,中西学者在确定中国"近代史"的开端之时,通常有两种基本考虑,即"如果不是定在明末(着重于内生的'资本主义萌芽'),就是定在1840年(鸦片战争带来的外部冲击)"[①]。在这方面,与彭慕兰观点相左的是黄宗智的"内卷化"。从两者激烈的论争中可得知,20世纪90年代末以来,在研究"近代中国经济"方面,国内外史学界都较为客观地批判了西方中心主义,并取得了重大进步,主张实事求是地看待和研究中国在近代早期世界经济中的地位。

---

① 李伯重:《理论、方法、发展趋势:中国经济史研究新探》,清华大学出版社2002年版,第13页。

的确，欧洲是世界最先步入"近代化"的地区，因而学界在研究之时，无意间会以西化的界标作为研究"近代中国经济"的切入点，将其作为资本原始积累的开始。但实际上，中国的"近代化"并不等同于西化。从欧洲"近代化"的发展历程来看，它的变动实际上也就是一个资本主义化的过程。如吴承明所言："西欧早期的现代化始于16世纪市场和商业的发展，经过政治和制度变革，导致18世纪末的工业革命。"[①]

在研究近代手工业方面，虽然王翔以洋纱等作为"近代手工业"的标志，但却仍是从政治史的角度进行划分，将其起点界定为1840年的鸦片战争。[②] 此外，学界在研究"近代棉纺织"之时，也往往是以19世纪70年代末出现的第一家棉纺织厂——上海机器织布局为其标志。[③] 即使是在研究贵州近代土布业之时，学者也仍是以1840年鸦片战争为其着眼点，将其后大量机制棉纺织品的输入作为近代的起点。[④]

总之，对于幅员辽阔的中国而言，鸦片战争后云贵等地的手工业并未立即受到影响，而且上海机器织布局也并不是完全使用机器生产，而主要为手工操作，存在着手工与机器互补的生存状态。[⑤] 因此，无论是从地域间的影响面，还是从手工业存在的长期性而言，以1840年和19世纪70年代末分别作为"近代手工业""近代棉纺织"的起点都不科学。

### 三 近代化与传统因子的结合：机制洋纱的最初输入及其影响

近代手工业的起点是近代化机制洋纱与传统手工织布因子的最初结合。棉纺织作为手工业中最为典型的行业，是工业革命变革的先导和19世纪资本主义的主要产业，其原料变革理当成为近代手工业起点的标志。对于中国棉纺织，学界已有了诸多的研究成果，但是对于"中国近代手工业"的起点，学界却受政治史分期的影响，将其定为1840年的鸦片战

---

[①] 吴承明：《现代化与中国十六、十七世纪的现代化因素》，《中国经济史研究》1998年第4期。
[②] 王翔：《中国近代手工业的经济学考察》，中国经济出版社2002年版，第1页。
[③] 严中平：《中国棉纺织史稿》，商务印书馆2011年版，第114页。
[④] 戴鞍钢：《近代贵州土布生产的演变》，《贵州社会科学》1988年第4期。
[⑤] 彭南生：《论近代手工业与民族机器工业的互补关系》，《中国经济史研究》1999年第2期。

第一章　近代轻纺工业的兴起与湖南民族手工业的变动 / 15

争。实际上，19世纪30年代才是"中国近代手工业"的起点，之前中国棉布曾行销于欧美及东印度群岛，之后则在洋纱的冲击下由输出国转为输入国。

机制洋纱的输入打破了中国区域间产棉不均的瓶颈，不仅促使传统的纺织发生了分离，出现了机制洋纱的机器成分和传统手工织布操作的双重特征，而且无论是从东部、中部等较为发达的地区而言，还是从地处偏僻的云贵而论，洋纱对整个近代中国手工业都产生了重大的影响。如1851年，在两广客商"改贩洋纱入黔以易鸦片"[①]的带动下，云贵形成了独特的"洋纱↔鸦片"式双向贸易，与东中部棉纺织一样出现了机制成分与手工操作并存的特征。

当然，由于纺机比织机速率高，加之中国存在尚多的闲散劳动力，因而洋纱排挤土纱比洋布排挤土布的效率更高。如在近代云贵手工业中，棉货运销发展最快，棉纱始终占据首位，取代了之前购买川、鄂等省棉料。洋纱作为原料输入，不仅使棉花在云贵进口中占棉货进口总值的大部分，而且还促使本来产棉甚少的云南"本省之棉"也"转售外人"。如1908年《云南地志》所载，永昌特产的五色棉和彩帛、武定的羊毛布和棉织的宜良布、丽江的氆氇、永昌的斜纹布，以及临安的通海缎和东川的苗锦等，因"洋纱盛行"，以致这些昔日的特产在云南"竟有询其名而不识者"[②]。

洋纱对少数民族地区也造成了一定的影响，如在贵州苗族地区，"由于英国棉纱棉布大量输入，苗族农民衣料多改用洋纱"[③]。云南德宏的景颇族，原来"都自己植棉纺纱，近几十年来，随着商品交换的发展，棉花的种植很快就绝迹了"[④]。贵州的水族、苗族、布依族，"他们特别喜欢（兴义所产的）这种结实保暖的大布"[⑤]。此外，洋纱的输入还带动了其他手工业与外界的贸易，以及商人之间的频繁往来和社会生活等方面的变化。如在贵州兴仁，鄂、粤商人"贩运洋棉、湖棉至县出售。迨洋棉

---

① 咸丰《安顺府志》第2卷，巴蜀书社2015年版，第422页。
② 光绪《云南地志》第1册《物产五·商业》，爱国小学堂1908年石印本，第5页。
③ 《苗族简史》编写组：《苗族简史》，贵州民族出版社1985年版，第182页。
④ 《景颇族简史》编写组：《景颇族简史》，云南人民出版社1983年版，第63页。
⑤ 林兴黔：《贵州工业发展史略》，四川省社会科学院出版社1988年版，第18页。

衰落，乃经营商务之得擅胜场者厥惟洋纱。纱商多系外省人"①。

中国是一个农业大国，棉纺织遍及全国各地，但由于各区域间差异性较大，因而华南、江南等产棉地区受机制洋纱的冲击极大，而对于产棉甚少的云贵等地而言，机制洋纱的输入无意间成了手工业中的一种资源革命，有益于落后地区加强与外界市场的联动和资源的整合。棉纺织是19世纪资本主义工业生产的主要产业，其"棉纺织品也就成为西方资本主义国家占领海外市场的主要商品，资本主义列强在中国棉纺织品市场上的争夺也尤为突出"②。

虽然早在1704年英国东印度公司就将1116担原棉运入厦门，并以每担5.5两在中国首次成交，③但是那仅是原棉输入，尚未出现近代手工业中的机制洋纱，而且英国所需之原棉也大多源自印度。印度是棉花种植的发源地。16世纪末尼德兰工人移居英国，从而使英国棉纺织得以兴起。但直至17世纪中叶英国兰开建立棉纺织工业之前，所需的棉纺织大都源自印度的印花布。1733年约翰·凯伊发明飞梭之后，"英国的棉纺织业就开始飞速发展"。在这之前，手工织机需要工人一手拿一个梭子将棉线横竖交织起来。但是，有了飞梭，工人只需一只手就可以操作，"效率提高了三倍"④。

传统手工业以棉纺织的紧密结合最为典型，因而棉纺织的分离成为传统手工业向近代化转变的重要标志。织布业技术提高之后，亟须大量的棉料，继而促使纺纱业也须作相应的改革。基于此，1764年织工哈格里夫斯发明了多轴的"珍妮纺纱机"，时至1770年该纺纱机已从8个纱锭增至16个，1784年更是增至80个，从而大大地提高了纺纱的效率。但是，该纺纱机纺出的机纱仅能作织布的纬线，仍不能满足织布机所需的大量棉料，于是阿克莱特的"水力纺纱机"应运而生。水力纺纱机的出现使棉纺织最终成为一个独立的工业部门，开创了机制纺纱的新纪元，

---

① 贵州省兴仁县史修志委员会：《兴仁县补志》，贵州人民出版社1991年版，第23页。
② 汪敬虞主编：《中国近代经济史：1895—1927》（上册），人民出版社2000年版，第156页。
③ ［美］马士：《东印度公司对华贸易编年史（1635—1834年）》第一卷，中国海关史研究中心组译，区宗华译，林树惠校，中山大学出版社1991年版，第128—130页。
④ ［日］野地秩嘉：《丰田传》，朱悦玮译，北京时代华文书局2020年版，第28页。

其棉纱不仅坚韧结实，而且还可用作织布的经线、纬线，从而使机制棉纱大大地取代了传统的亚麻纱。

之后，英国棉纺织更是有了较快的发展。如在1774—1779年，织工克朗普顿结合珍妮与水力两种纺纱机的优点，发明了"走锭精纺机"。该纺纱机不仅可利用水力纺纱机的滚筒，而且还可采用多轴纺纱机的前后滑动，使产品不仅坚韧结实、精细均匀，而且在质量方面还胜过手工的印度棉纱，可用作织造平纹细布。时至1825年，英国又出现了罗伯特"自动走锭精纺机"，不仅在质量方面有了较大的提高，而且还使棉纱产量大增，从而进一步加剧了传统棉纺织变革，推动了近代化进程。

但是，就英国机制洋纱的销售来看，最初从事棉纺织出口贸易的商人并非英国人。当时出现了一股外国人定居曼彻斯特的热潮，他们开始从事棉纺织品出口贸易，主要面向他们自己的国家和熟悉的其他市场。但是，就销量而言，1780年英国棉纱、棉布出口额不及36万英镑，时至1785年才增至100万英镑以上，1792年又猛增至200万英镑以上，1802年更是猛增至780万英镑以上。① 可见，在短短的20余年，英国棉纱、棉布出口额就增加了20余倍。

从1820—1840年英国棉纱、棉布的出口对象来看，主要为欧美、非洲，其中欧洲占了一半以上。但是，随着欧美工业革命的快速发展，资本主义世界市场竞争的加剧，使得英国棉纱在欧美的输出比例呈逐年下降趋势，从1820年的95.66%降至1840年的77.55%。② 当时，英国也有少许棉纱、棉布输入中国、日本、爪哇和英属东印度群岛，但是从最初英国棉纱、棉布的总体输出情况来看，输入中国、日本、爪哇及英属东印度群岛的分量甚少。随着工业革命的推动，时至19世纪二三十年代，中国出现了批量进口英国机制棉纱的情况，开始打破了之前进口原棉的传统，使近代机制手工品与传统手工操作的双重特征得以出现，正式开启了英国工业品对华输入的历程。

19世纪30年代之前，由于清政府只设广州为开放口岸，因而中国进

---

① 夏炎德：《欧美经济史》，上海三联书店1991年版，第251页。

② D. A. Famie, *The English Cotton Industry and the World Market 1815 – 1896*, Oxford：Clarendon Press, 1979, p.92.

口的原棉甚少。1817—1833年，中国进口西方的产品货值不及东方产品的三分之一。①但是，由于一部分中国人已开始使用洋纱进行洋经土纬的织布生产，因而英国洋纱的销量逐步增加，从1829年进口的50万磅增至1831年的95.5万磅。②

可见，机制洋纱代替土纱，作为手工织布的起点应始于19世纪20年代末30年代初广东的部分地区。但是，在工业革命和资本主义世界市场强烈的影响下，时至1832年洋纱贸易已成为英国等西方"对中国贸易中的一个重要部分"③，特别是到了19世纪末20世纪初，洋纱不但已成为中国进口洋货中第一位的商品，而且还成了中国进口增长速度最快的一种半工业品。当然，由于中国幅员辽阔，洋纱输入全国各地的时序有异，因而各地近代手工业的起点略有不同。如地处偏僻的云贵，其传统手工棉纺织就晚于广东等地，直至1851年才开启了云贵近代手工业的历程。

简言之，不仅"工业化"与"近代手工业"有着不同的界标，而且即使是在手工业这一领域，"近代棉纺织"或"近代手工业"的界标也应不同于学界所谓的19世纪70年代上海机器织布局的出现，更有别于诸多学者从"政治史"角度的1840年鸦片战争之说。相对而言，无论是从资本主义世界市场的全球化发展特征而论，还是从近代整个中国手工业的影响面和地处偏僻云贵等地的波及范围来看，以19世纪30年代和1851年分别作为"中国近代手工业"和云贵近代手工业的起点，以及以机制洋纱的输入及其使用作为"近代手工业"的标志性事件都是较为合理的。

## 第二节　湖南近代手工业的变动因子

近代中国政治、经济等多方面都处于一个转型期，尤其是晚清更是中国"数千年未有之大变局"。其中，学界已对清末湖南手工业资本主义

---

① 姚贤镐编：《中国近代对外贸易史资料（1840—1895）》第一册，中华书局1962年版，第292—293页。

② 姚贤镐编：《中国近代对外贸易史资料（1840—1895）》第一册，中华书局1962年版，第283—284页。

③ M. Greenberg, *British Trade and the Opening of China 1800 – 1842*, Cambridge University Press, 1951, p.102.

第一章　近代轻纺工业的兴起与湖南民族手工业的变动 / 19

发展和经济社会的蜕变等问题做了一定的研究，但是对于"大变局"时期湖南手工业的变动因子，则尚无专题论述。实际上，随着晚清商品化的发展、商路的变通、商人的助推、政府的倡导，以及军需的促动，湖南等地的手工业均不同程度地发生了变动。湖南手工业的变动既受奸商、传统行会和战争等因素的阻碍，但同时又在政府和商人实业救国的倡导下，推动了湖南整个近代经济的发展和工业化进程。

**一　内在因子：工业商品化的发展**

轻纺工业商品化的发展是手工业变动的内在因子和根本原因。明朝以前，湖南轻纺以麻织品为主，之后随着棉布的盛行，又出现了以棉布为主，以麻、丝、葛为辅的局面。直至晚清以前，相对江浙等地而言，湖南总体上仍处于封闭状态，"其民饭稻羹鱼自给，无秦晋商贾巨万之家，赋税俭薄，才敌江浙一大郡"[1]，甚至全省"向无富商大贾，民间较论贫富，率以租谷多少为等差"[2]。当时，长沙、益阳、湘潭等地的市场几乎被江浙一带的包买商控制，他们"来鹿角市之，鹿角、童桥、孙坞皆有庄，庄皆吴客（江浙商人——引者注）。早起收之，饭而止。岁会钱可二十万缗。盖巴陵之布盛矣"[3]。但是，在区域资源整合方面，湖南还是出现了商品化的发展趋向。如隶属岳州府的平江、巴陵、华容等县民众大量种植棉花、木耳、葛、苎麻、烟叶、甘蔗等经济作物。特别是常德棉花，在1851年洋纱输入贵州之前，虽然遵义"东乡以织布为业"，但是所需棉花"由湖南常德府贩买"[4]。这些产品不仅大多运销长沙、衡阳，而且还远销湖北、江西等省。

然而，相对邻近的贵州，前清时期湖南的丝织业并不发达，"所产蚕丝极微"[5]。当时，湖南养蚕缫丝仅存在于少数州县，而不像贵州少数民族那样有着遵义等远销云南、广西等外地市场的府绸。湖南土绢的颜色

---

[1]　王定安著，朱纯点校：《湘军记》，岳麓书社1983年版，第21页。
[2]　杨奕青等编：《湖南地方志中的太平天国史料》，岳麓书社1983年版，第3页。
[3]　光绪《巴陵县志》卷7《土产记》，1901年刻本，第4页。
[4]　道光《遵义府志》卷17，巴蜀书社2014年版，第287页。
[5]　龚胜生：《清晚期两湖纤维作物的种植与分布》，《古今农业》1995年第2期。

有黄、白两种，以及"单、夹数种，出茅田者良"①。即使近代以降，湖南的丝织业仍未得到多大发展，即使是省会城市，"长沙间有育蚕者，缫丝织绢，谓之土绢"②。光绪时期，衡州府属的耒阳县也出现了土绢，"蚕食土桑吐丝，缫而织之成绢，皂白色，俗呼土绢，产县南清水铺"③。

湖南烟草以衡州为中心，南至永州、郴州，北达岳州，向西则延至邵阳、沅州等地。早在乾隆年间，衡阳瑶族等地区就出现了"种烟草者相望"的繁盛现象。④时至嘉庆年间，湘潭土家族、苗族等民族也种植烟草，不仅进行商品化生产，而且还出现了较大的包买主，"土人种蔫（烟），豫给值山主，谓之佃山。客商贩买，豫给值种蔫（烟）之户，谓之定山，秋后成捆发行"⑤。由于烟草种植获利较高，从而推动了湖南烟草业的发展。如嘉庆年间，善化县"近年种蔫几成美利，或至废田园而为之，一亩之蔫可获利数倍"⑥。这种比较利益的驱动使湖南大量种植烟草，从而为当地制烟业提供了廉价的原料，推动了制烟业的发展。

衡阳和长沙还是湖南制烟业的中心。其中，衡阳除了自己种植之外，诸如祁阳、邵阳、攸县、茶陵等地所产的烟草，也成了衡阳制烟业的原料来源，其产品名曰"衡烟"，远销北京、广东等省。⑦特别是在兴盛时期，"衡烟"的贸易额可年达数百万元。⑧此外，清朝中期长沙制烟业也有了明显的发展，经销者从福建、江西引进刨丝技术，至清末民初，长沙的刨丝作坊已十分发达，出现了制烟业手工工场。

农产品商业化为民族手工业提供了充足而又稳定的原料，促进了手工业的专业化。近代之前，湖南经济作物的商品化有了一定的发展，推动了民族手工业的发展，使民族手工业渐趋商品化。如常德的土丝"悉

---

① 嘉庆《巴陵县志》卷14《物产》，1804年刻本。
② 同治《长沙县志》卷16《风土》，1871年刻本。
③ 光绪《耒阳县乡土志》下编《物产》，1906年木活字印本。
④ 同治《衡阳县志》卷10《货值》，1874年刻本。
⑤ 嘉庆《湘潭县志》卷39《风土下·土产》，1818年刻本。
⑥ 光绪《善化县志》卷23《物产》，1877年刻本。
⑦ 乾隆《清泉县志》卷16《食货志一·物产》，1763年刻本。
⑧ 郑佳明主编，陈先枢、黄启昌著：《长沙经贸史记》，湖南文艺出版社1996年版，第230页。

数商贩"①。嘉庆年间，湖南冶炼铁矿之后，多使用"船转运，赴湖北汉口发卖"，其生产规模之大，仅辰溪县的采炼工人就"不下万余人"②。此外，在湘潭苎麻业中也出现了资本主义的生产方式，"俱岁三州，每亩可数十斤，贩贸南省，获利甚饶"③。岳州的棉纺织不仅属外销型产业，而且生产规模较大，诚如时人吴敏树所言，最初巴陵"多作小布，幅裁尺，红之可巾，且以张彩饰馆柱，青者以为鞋带"。当时，长沙市场上有巴陵小布行，"其后二三都及冷铺三港嘴诸处产棉，而一都人工作布，绝精匀，谓之都布。二三都谓之三都布，男妇童稚皆纺织，布少粗而多"④。近代之后，随着农产品商业化的发展，在一些地区逐步形成了统一市场，如1908年邵阳武冈州从省内进口商品占40.9%，而向湖南省内各地输出的商品则占40%。⑤

此外，随着西方势力的不断渗透，资本主义生产方式亦逐渐从东部蔓延至湖南等内地。1851年，湘潭易俗河有碾坊200户，粮食生产人员900余人，而加工工人则达4000多人。长沙素有全国"四大米市"之称。19世纪末，长沙碾米业进入繁盛时期，主要集中于南起碧湘街，北至草潮门沿江一带，其中又以潮宗街的碓坊最多，素有"米街"之称。1904年长沙开埠之后，进一步推动了米市的发展。巴陵县城出现了"李树记"碾米作坊，资本有旧币600元，工人3名，年产大米2000担。⑥据统计，1908年长沙粮食碓坊有500多户，较大的碓坊备置五六套设备，操作采用了雇佣制，已具有资本主义手工工场的特性。据海关统计，1911年湖南全省输出总额为1864.77万关平两，比1904年增加了313%。其中，尤以长沙为最，1911年长沙输出额为1588.62万关平两，占全省输出总额的85.2%，较1904年增加了514%。⑦

---

① 刘云波、李斌主编：《湖南经济通史·近代卷》，湖南人民出版社2013年版，第21页。
② 道光《辰溪县志》卷21《矿产》，1821年刻本。
③ 嘉庆《湘潭县志》卷39《风俗志》，1818年刻本。
④ 吴敏树著，张在兴校注：《柈湖文集》，岳麓书社2012年版，第295页。
⑤ 光绪《武冈乡土志》卷1《商务志》，1908年木活字印本。
⑥ 湖南省岳阳市政协文史资料委员会编著：《岳阳百年大事记（1840—1949）》，国际展望出版社1992年版，第80页。
⑦ 湖南省地方志编纂委员会编：《湖南省志》卷13《贸易志》，湖南出版社1990年版，第2页。

近代以降，随着资本主义世界市场的强推，湖南出口土产品的数量与结构亦发生了较大的变化。在湖南出口土货中，若分为饮食物及烟草、原料或半制品、制造品、杂货四类"加以观察，则可发现出口货中最多者为原料或半制品"，占1000余万两，占出口总值的80%以上。其中，饮食及烟草约200万两，占出口总值的10%，而制造品约占10%。在原料及半制成品中，"最多者为种子及油料"，占70%以上，五金矿砂占20%以上，纺织原料占10%。①

但是，传统行规的制约则阻滞了湖南民族手工业的发展。诚如武冈《铜店条规》所指，"百工居肆，各有规矩，以安其业，苟规矩不有，则和气不洽，而争竞起焉"。因此，铜店的铜艺，"居是邦者，不下数十家"，而且由于带徒弟雇工者，"每多争竞，较长计短，致费周旋。爰集同行商议条规，约束人心，咸归无事，庶几和气洽，而业斯安也。"又如光绪初年长沙《碓户公议行规》所言，湖南"旧称富足，谷米四处流通，砻坊（碓户作坊）开设省垣内外，理宜划一。矧关日食，尤系民生，倘无一定之规，殊非交易之道"②。

湖南有着丰富的竹料、树皮等造纸原料。由于湖南属"产竹之地，几遍各县"，尤以浏阳、安化、常宁、益阳、衡山、新化、平江、资兴、城步、麻阳、会同、邵阳、汝成、桂阳、黔阳、攸县等地为最多，"故竹造纸之产量亦最多"③。因此，湖南造纸原料以竹料为主，如湘乡县境内生产楮和竹，从而为造纸提供了丰富的原料，其产品有皮纸、素纸和烧纸等数种。宝庆府属的邵阳县，其造纸有黄、红、蓝、白诸多颜色，"多系以竹为之"。又如邵阳东乡的龙山、中乡，以及西乡滩头、隆回等地，"产竹最繁，造纸因众"④。据统计，清末浏阳每年仅产的表纸产值就有70万两左右。⑤

---

① 刘世超编：《湖南之海关贸易》，湖南经济调查所1934年版，第4—5页。
② 彭泽益编：《中国近代手工业史资料（1840—1949）》第一卷，中华书局1962年版，第182页。
③ 朱羲农、朱保训编纂：《湖南实业志》第2册，湖南人民出版社2008年版，第1024页。
④ 光绪《邵阳县乡土志》卷4《地理志·商务》，1907年刻本。
⑤ 郑佳明主编，陈先枢、黄启昌著：《长沙经贸史记》，湖南文艺出版社1996年版，第161页。

湖南造纸遍及湘水、沅水、澧水、资水四大区域。同治年间，桂阳县属的芦村和白水洞等地造纸业较为兴盛。同时，浏阳不仅产草纸，而且所产的皮纸质量也甚佳，"肌理甚细，与贵州相似"[①]。光绪年间，耒阳县人民生产草纸，"取解箨新竹沤石灰池中，造作草纸，为他处所仰给"[②]。据1937年《国货月刊》所载，在宝庆、新化一带，造纸槽户有30000多户。[③]

但是，光绪年间洋纸开始输入湖南，并且其输入量呈增长趋势，从而使湖南造纸业备受其害。1901年"洋纸输入，上不过一百余两"，至1909年增至33000余两，九年内增长了300多倍。时至1912年，更是增至120000余两，三年内又增长了4倍。洋纸多用作印刷，不仅年均输入量达20000余担，占洋纸输入额的90%以上，而且50%以上为日产洋纸。[④] 清末十年，洋纸输入逐年增多，其情况如表1-1所示。

表1-1　　　　1901—1912年湖南海关洋纸输入情况统计

| 年份 | 进口额（关平两） 长沙 | 进口额（关平两） 岳州 | 进口额（关平两） 合计 | 年份 | 进口额（关平两） 长沙 | 进口额（关平两） 岳州 | 进口额（关平两） 合计 |
| --- | --- | --- | --- | --- | --- | --- | --- |
| 1901 | — | 133 | 133 | 1907 | 27666 | — | 27666 |
| 1902 | | | | 1908 | 10667 | | 10667 |
| 1903 | — | 5252 | 5252 | 1909 | 33087 | — | 33087 |
| 1904 | 6043 | 468 | 6511 | 1910 | 38862 | 285 | 39147 |
| 1905 | 8909 | 20 | 8929 | 1911 | 33928 | 384 | 34312 |
| 1906 | 10943 | — | 10943 | 1912 | 122944 | 445 | 123389 |

资料来源：曾赛丰、曹有鹏编：《湖南民国经济史料选刊》第2册，湖南人民出版社2009年版，第157—158页。

虽然造纸业受到了洋纸输入的影响，但是总体上随着造纸业的发展

---

① 同治《浏阳县志》卷7《食货》，1873年刻本。
② 同治《长沙县志》卷16《风土》，1871年刻本。
③ 佚名：《湘产纸料全被舶来品浸销》，《国货月刊》1937年第46—47期，第41页。
④ 曾赛丰、曹有鹏编：《湖南民国经济史料选刊》第2册，湖南人民出版社2009年版，第157—159页。

印刷业的商品化得以加强。长沙、茶陵、邵阳、永州是清末湖南的四大书城，在江南享有名气。戊戌变法前后，邵阳雕版书业发展到最高峰，城内雕刻业经营户有20多家，刻印工人近3000人，其中雇工较多的有"经纶堂""经元堂"作坊，多达200余人，最少的雕版作坊也有30余人。极盛时期，邵阳从事造纸、雕版、印刷经销者共达2000余人，其中"三味堂""楚宝书局"等书坊刻版有320余套。① 湖南雕版书肆在外埠还开设有分店，如狮子街的彭泽生就在汉口设有庄房。

清末，湖南雕版书业不仅规模大，而且分工细，专业性较强，有裁、印、排、折、订等各道由专业人员负责的工序。其中，"经纶堂"作坊雕刻的版片素有"经纶天下"的美誉，仅负责校对的工人就达60余名，其中王慧卿、刘坤生、文肚子、蒋"瞎子"还被称为"三个半神仙"，刻有《伤寒论浅注》《白虎通》《孔子家语》等为人称颂的佳作。宝庆是湖南乃至全国的坊刻本圣地。1892年，宝庆府属新化县开始出现"坊刻本"，又名"书商刻书"。此外新化县城"文德堂""琼林堂""文元堂"等书坊通常刊印《增广》《三字经》等启蒙教育书籍，以及通俗易懂的唱本和直行的旧账簿。其中，规模较大的坊刻本位于新化县城北门外西畲馆的"三味书局"。该局有刻工100余人，采用木板复刻古籍书，并聘请专家学者校勘，其出版的线装书有经、史、子、集。②

专业户的增加是商品化重要的表现之一。20世纪初叶，长沙注册的手工行业达45个。据1912年北京政府在商部的调查可知，湖南手工业作坊有400多家，从业人员10000余人。其中，长沙有3家绣庄，绣工1274人。③ 19世纪末20世纪初，隆回滩造纸作坊80多户，工人900余名，1902年经岳州、长沙两关输出纸的总产值就达1483关平两，1929年增至173.7806万关平两。民国初年，浏阳唐氏的"古山牌"贡纸还远销东南亚等地，但均采用手工生产。直至1948年"天伦造纸厂"投产，湖南

---

① 涂玉书：《邵阳的雕版书业》，载中国人民政治协商会议湖南省邵阳市西区委员会文史资料研究委员会编《邵阳市西区文史》第一辑，内部发行1991年版，第152页。
② 新化县志编纂委员会编：《新化县志》，湖南出版社1996年版，第466页。
③ 长沙市志编纂委员会编：《长沙市志》第7卷，湖南人民出版社2001年版，第231页。

"机制工业才有初步基础"①。

鸦片战争之后，湖南手工业资本主义萌芽加快了速度，其中尤以制茶业最为突出。据统计，1861—1880年，湖南输出的茶产量年达100余万担。从制茶业的规模来看，仍有较大的发展，如仅安化的茶庄就达80余户，每户雇有300多名工人从事拣、烘焙、筛等工序，其砖茶首先经洋行收购，然后出口，全县茶工人数"约五六万"，具有典型的资本主义工场民族手工业特征。此外，醴陵、平江等地的"茶庄数十所"，仅从事拣茶这道工序的贫民妇女就在20000人左右。② 当时安化的茶庄有80多家，每家雇工300余名，从事拣、筛、磨、捞等分工，专制砖茶，然后由洋行收购出口。

光绪初年，猪鬃业成为湖南新的民族手工业。据统计，抗战爆发前，湖南年产猪鬃9550公担，占全国总产量的13.9%，位居全国第一。即使抗战时期，湖南猪鬃产量有所下降，但1940年仍有7250公担，占全国总产量的15%，仅次于四川。③ 同时，据中央农业实验所统计，1938—1946年湖南年均猪鬃产量为7700公担，比四川少1500公担。④ 湖南猪鬃丰富的产量吸引了广东客商，特别是在广东经商的湘潭人了解到猪鬃可用作制造毛刷之后，从而在湖南大量收购猪鬃，在湖南兴起了猪鬃业。当时，规模较大的猪鬃经销商有何益盛、周乾裕、朱洪盛、邱合盛等商行。据统计，仅湘潭全年加工整理的猪鬃量就达2000担，每担售价100—200元，不仅运销本国，而且有1000多担还转销日本及欧美各国。⑤

商人雇主制迅速发展也是商品化发展的表现。清末，湖南商号、茶庄、夏布庄迅速发展，不仅数量多，而且资金雄厚。光绪中期，安化茶号达100家，"金融活泼，农村繁荣"。就经营模式而言，茶商已采取了西方的股东制。就资金而言，单独经营者"每号资本由数千元到十万元，

---

① 湖南省地方志编纂委员会编：《湖南省志》卷9《工业矿产志·轻工业·纺织工业》，湖南人民出版社1989年版，第31页。

② 《中国工运史料全书》总编辑委员会编：《中国工会运动史料全书·轻工业卷》，北京图书馆出版社1998年版，第2页。

③ 史道源：《四川省之猪鬃》，《四川经济研究专刊》1945年第1卷第2期，第39—40页。

④ 《我国猪鬃产区与产量》，《正言报》1946年11月11日。

⑤ 湖南省地方志编纂委员会编：《湖南通鉴》，湖南人民出版社2007年版，第561页。

专收买红黑茶，分别精制"①。1912年，湖南手工业品的海关出口总值达290万海关两，占湖南省出口总值的22.5%。

**二 助推因素：商路的变动**

近代商埠、铁路、公路等新型商路的出现是手工业商品市场的助推因素。鸦片战争前，中国仅有广州一个通商口岸，而湘潭则是全国进出口的中转站，不仅"凡外国运来货物，至广东上岸后，必先集湘潭"，然后再由湘潭分运至内地，而且"又非独进口货为然，中国丝、茶之运往外国者，必先在湘潭装箱"，然后再转销至广东，再行出口。因此，在湘潭与广州之间，"商务异常繁盛"。近代之前，"交通皆以陆"，凭借劳动工人"肩货往来于南风岭者，不下十万人"。南风岭地处湘潭与广州中央，是两地往来的"必经之孔道"。南风岭及其附近的居民，"咸籍肩挑背负以为生，安居乐业，各得其所"②。当时，湖南的药材较多，无论是运销西北的货物，还是从印度、越南、泰国、缅甸等国输入的药材，也都集散于湘潭。据《湘潭县志》所载，每天来自国内外的舟轮，"自杨梅洲至小东门岸，帆樯集连10里，厘市日增，蔚为都会"③。

由此可见，近代之前湖南是中国内地的重要通道。洋货从广州北上，经五岭、郴州，再至湘潭集散，分销各省；而各省土货则先集中于湘潭，然后经郴州、五岭而达广州，分运出洋。如湖南的桐油，会集于湘潭之后，除本地消费之外，其余则分销各省，以致"湘潭经营桐油者极盛，设行二十余家"④。

但是，1842年《南京条约》签订后，清政府被迫将广州一地的通商增为五口通商，从而改变了商路，使湖南地区，特别是湘南、湘中地区的运输工人大量失业。全国的商业重心已从广州转移至上海，"外洋商品也大部不再逾五岭陆运入湘，而改由海道北运；云、贵等省物产亦改经广西梧州外运至香港放洋"。1861年汉口开埠后，山西、山东、河北、陕

---

① 罗远编：《湖南茶产概况调查报告书》，湖南茶事试验场1935年版，第25页。
② 容闳：《西学东渐记》，岳麓书社2015年版，第46页。
③ 光绪《湘潭县志》卷11《货值十一》，1889年刻本。
④ 实业部国际贸易局编：《桐油》，商务印书馆1940年版，第73页。

西、甘肃五省的货物"也多改道由汉口顺大江外运出洋,不再南经湘南"①。

咸同大乱(1851—1874)时期,湖南区域外市场受阻。"华南内地商路,因之亦多阻断,广州逐渐与外界隔绝,除五岭以南毗连该地之腹地外,商贾咸裹足不前。"虽湘西洪江自古就与邻近的贵州有着密切的商贸往来,然咸丰初年因长江不靖而阻滞不前,大量土产滞留洪江无法贸易。咸同大乱之前,湖南所需的盐百分之七八十来自淮盐,当时商民可贩运煤炭、桶茶油、纸铁等土产至汉口,以易盐而归,但之后,因太平军"贼窜湖广,扰江皖",从而使广东与武汉等地的商路受阻,不仅"江淮道梗,淮南片引(盐)不到",而且"两粤多故,粤引亦不时至",继而使盐价暴涨,不仅农民的土产无法售卖,而且商贩亦备受其害,"商贩贸迁阻滞,生计萧条,向之商贾今变而为穷民,向之小贩今变而为乞丐,如是而商困"②。

咸同大乱造成的荒芜区域,虽然粮食需求量自然减少,影响了商路的发展,但仍有部分地区手工业得到了发展。咸同大乱时期,"茶不再取道扬子江这一条危险的路途",而是辗转于"山路而来",途经安徽、江西、福建和浙江的山路,"并在上海找到了一个市场"③。地处湖南东南部的醴陵,其民族成分复杂,"土瘠民贫,素非商贾丛集之所",但是自咸丰三四年(1853、1854)之后,因洪秀全"东下,大江梗塞",凡是苏浙闽广川黔,其"诸商贾率道乎是。舟车往来,络绎不绝"④。

随着上海、南京、汉口等商埠的洞开,湖南商路在全国中的地位渐次衰落。咸丰以前(1851),商民贩运煤炭、竹木、谷米、纸张、铁产品、桐茶油等"远赴汉口销售,易盐而归,分销各岸"。但是咸同大乱阻塞楚粤商贸之后,因"商贩不通",以致大量的木材、桐油等商品滞留于洪江,如盛产木材的辰州,同治初年由于"匪踪滋漫,焚斫殆尽,即有较为完善之区,而兵勇进剿,沿河一带,亦经伐尽无遗",从而使木材的

---

① 刘泱泱:《近代湖南社会变迁》,湖南人民出版社1998年版,第95页。
② 刘世超编:《湖南之海关贸易》,湖南经济调查所1934年版,第592页。
③ [美]马士:《中华帝国对外关系史》第1卷,张汇文等译,上海书店出版社2006年版,第523页。
④ 刘泱泱:《近代湖南社会变迁》,湖南人民出版社1998年版,第246页。

价格"较从前昂贵至六七倍之多，商贾亦惮于艰险，裹足不前"①。又如湖南的桐油不能远销江苏等省份，以致"江苏油贵至每百斤易银六、七两"，而滞留在洪江的桐油则只能以每100斤不过一两六七钱的方式贱卖②，从而使同质同量的产品价格形成极大的落差。就贸易量而言，津市的桐油贸易仅次于常德。清末，津市的桐油"集散量1至2万担"③。汉口开埠后，成为长江中下游的集散地，湖南的鞭炮在汉口设"瑞华祥""廉达利""绥丰泉"等分庄，同时湖南的植物油、茶叶等亦大多"运至汉口，转售外商"④。

抗日战争时期，因军事需要，桐油需求量大增。当时，湖南桐油在大后方中位居首位，特别是常德更是桐油的集散地，年成交额位居全国第二。湖南桐油以外销为主，白桐油多汇集于汉口，然后经洋行出口，红桐油则汇至镇江等处，销售地为国内市场。总体而言，湖南桐油有三个集散地，其一，从沅水流域集中于常德、洪江；其二，从澧水流域运出，汇聚于津市；其三，从湘江流域输出，汇聚于长沙。

衡阳是湘南的商业中心，周边各县的茶油等土产均经此地，然后转销省内外。1842年五口通商之前，桐油几乎无出口贸易。当时，湖南桐油的商路主要有两条。其一，从湘水流域的湘南等地经湘潭，然后至汉口，或从沅水流域各地聚集于常德，再至汉口，最后分销山西、湖北各地。其二，除了"生洪""水秀""中秀"在汉口销售之外，"熟洪"与"尖秀"两种桐油不仅产量较大，而且品质最优，以致"大多数集中于镇江"⑤，即从湘西洪江、常德经汉口进入镇江，然后转销江北一带。五口通商之后，输入湖南的商品日渐增多，而湖南的茶叶、瓷器、木材、桐油、夏布、土纸、鞭炮的输出量也有所增加。为了适应市场需要，湖南桐油的商路发生了较为明显的变化，除洪江至镇江的销路未变之外，湘

---

① 刘世超编：《湖南之海关贸易》，湖南经济调查所1934年版，第592—593页。
② 中国社会科学院近代史研究所《近代史资料》编译室主编：《太平天国资料》，知识产权出版社2013年版，第61页。
③ 彭伯鉴：《津市市场今昔》，《津市文史资料》第2辑，内部发行1985年版，第110页。
④ 朱自振编：《中国茶叶历史资料续辑·方志茶叶资料汇编》，东南大学出版社1991年版，第123页。
⑤ 李石锋编：《湖南之桐油与桐油业》，湖南经济调查所1935年版，第59页。

水流域的桐油则不再集中于湘潭，而是汇聚于长沙，转至汉口，然后再转销出口。

商埠的洞开推动了湖南民族手工业的发展。岳州、长沙开埠之后，常德、湘潭被辟为"寄港地"。其中，1899年岳州开埠后，常德、湘潭曾一度从长沙改为从岳州出口，但是1904年长沙开埠后，则又回归从长沙直接出口，而不再经汉口转运。此外，湖南其他各地的商路也有所变化，如岳州开埠前，澧水流域集中于津市、资水流域集中于益阳，然后再从岳州运至汉口转运出口，但是岳州开埠后，则直接从岳州出口，而不再经汉口转运。沅水流域则汇集于常德。1843年广州开埠后，湖南所产的"湖红"茶叶吸引了大批客商。他们不仅在湖南大量收购"湖红"，而且还将其技术改良，然后再将其转销至欧洲等国，从而使湖南茶叶出口量大增。其中，广东客商首先在安化制茶技术上进行改良，然后长沙、浏阳、新化、益阳、平江、湘乡、桃源等地也竞相仿制，从而推动了湖南红茶的发展。据1871年《平江县志》所载，早在道光末年，湖南"红茶大盛，商民运以出洋，岁不下数十万金"。就种植情况而言，凡是山谷间，之前种植红薯的地方，"悉以种茶"[①]。

商埠的开设加强了各地的商贸往来，而铁路的新建则如虎添翼，两者共同促进了商贸发展，使其自然经济逐步解体。1899年湖南岳州开埠，1904年长沙开埠，1905年湖南开通株萍铁路，1911年又开通长株铁路，从而便利了商贸发展。相对于新型铁路而言，商埠的影响不是很明显。如1900年不仅岳州贸易总值仅有10余万两，而且1904年省会长沙的贸易总值也只不过280余万两，但是1905年株萍铁路通车后，岳州、长沙的贸易总值则高达640万两，较1900年岳州贸易总值增加了40倍。1908年岳州、长沙的贸易总额更是增至1200多万两，在1905年的基础上再次增加了1倍。长株铁路通车次年，岳州、长沙两关的贸易合计更是高达2830多万两，再次在1908年基础上增加了1倍。[②]

湖南商埠的开设，使机制洋纱得以大量输入，推动了湖南棉纺织的

---

[①] 湖南省平江县志编纂委员会编：《平江县志》，国防大学出版社1994年版，第482页。
[②] 湖南省地方志编纂委员会编：《湖南省志》卷13《贸易志》，湖南出版社1990年版，第1—2页。

发展。1900年，岳州关棉纱输入量为573担，时至1903年岳州仅销售的洋纱就约增至9000担，其中转销内地者2300担。① 同年，长沙关棉纱输入量为3445担。之后，岳州、长沙两关"历年输入增加"。此外，长沙开埠后，日英美等国纷纷至长沙开店，从而使长沙北门、朝宗门，以及大小西门外，"市面大兴，小轮络绎，颇有蒸蒸日上之象"②。民国初年，在政府鼓励发展实业和全国倡导国货运动的强烈影响下，洋纱进口量明显下降，而上海等发达城市的国货则逐步转销全国各地。如1912年，长沙关进口洋纱量已减至2144担，而国产纱则达7366担，进口的棉纱"大都为织布原料"③，从而推动了织布业的发展。

虽然印度纱在中国的绝对地位一直持续至1924年，但是20世纪初日本纱已逐步取代了印度纱在湖南占据首席的地位。如在岳州进口的9000担洋纱中，日本纱占1600担，而印度纱则仅有663担，岳州销售日本纱"约居二分，印度纱约一分"。由此可见，20世纪初，日本纱已取代了印度纱在湖南的地位。当时，常德、岳州、澧州等地的织布者，"近来全系参用洋纱"。土纱织布虽结实耐用，"却不美观"，而且与土纱与洋纱混合织成的布相比，"其生产成本极高"，因而"仅仅是用土纱织成的土布现在已经很少了"。土纱与洋纱混合织成的布，不仅重量轻，而且"又结实又匀细，所以最为行销"。这种洋纱混合织成的布经染色之后，不仅在内地销售，而且还"复运出口销售"。据1908年估计，之前岳州每年产量2万匹，常德更是高达60万匹④。但相对土纱而言，"近来全系用洋纱，所出之布，轻细有余，而厚暖则不足"⑤。

在进口洋纱的同时，商埠还进口洋布，继而使土布与机织布在激烈的竞争中推动了土布的改良。在洋纱进口量增加的同时，棉布进口"数量亦逐年增进"。由于进口的洋布"幅门较宽，品质亦细"，为土布

---

① 《光绪二十九年岳州口华洋贸易情形论略》，《通商各关华洋贸易总册》（下卷），京华出版社1990年影印本，第30页。
② 《商务·各省商业汇志》1904年第1年第3期。
③ 实业部国际贸易局编纂：《中国实业志·湖南省》，实业部国际贸易局1935年版，第45—46页。
④ 彭泽益编：《中国近代手工业史资料（1840—1949）》第一卷，中华书局1962年版，第459页。
⑤ 李石锋编：《湖南之桐油与桐油业》，湖南经济调查所1935年版，第30页。

"所不及",因而"采用厂纱织布进而至土布之改良"。如"加阔"布匹的幅门,并将旧日的产销组织从家庭工业"扩大为机坊工业"。当时,长沙、湘潭、邵阳、芷江、洪江等地"均有设立"机坊工厂。1921年前后,湖南"机坊工业""已极发达",特别是平江布更是"著闻于全省,即为此种改良之结果"①。当然,平江布能有如此发展,在于织布技艺的改良。抗战时期,湖南进口的棉布加宽了幅门,用"脚跳铁木机之采用"②。这种改良布利用旧日的产销组织,由家庭工业扩大为机纺工业。

岳州向来是湘北民族手工业的枢纽,尤其是布坊、米坊、染坊等更是远近闻名。岳州开埠前,其关内的城陵矶只不过是一个"异常寂寞"之小镇,但开埠之后,商人不断增多、商船可谓往来如梭,以致"生意顿盛",洋布、丝绸皆由此入口,其中仅洋纱一项,"每日所获,综计不下三四百金"③。据1911年统计,长沙当时有诸如享誉盛名的英国亨达、太古、怡和洋行,美国的恒信、美孚公司,以及日本的中岛、山本洋行和德国的瑞记德孚洋行等,合计为22家,洋商168人。④

岳州、常德除了输入洋纱、洋布之外,还有染料等日用品,但几乎无机器设备,而输出的只是诸如茶叶、桐油、茶油、苎麻之类的农产品和一些煤铁锰矿等矿产品原料。据统计,长沙开埠不久,英美等国洋行就以每吨53两银贱价向"水口山"订购了一万吨黑铅砂,并以20两银每吨低价购买了4000吨白铅砂。双方规定:"此后铅砂即以此为定价,不得卖与别行。除如约开采铅砂外,并不得提炼成铅。"⑤从而垄断了这里的铅砂。

---

① 《宣统元年岳州口华洋贸易情形论略》,《通商各关华洋贸易总册》(下卷),京华出版社1990年影印本,第45—46页。
② 实业部国际贸易局编纂:《中国实业志·湖南省》,实业部国际贸易局1935年版,第46页。
③ 《湖南历史资料》编辑室:《湖南历史资料》(一九七九年第一辑),湖南人民出版社1980年版,第192—193页。
④ 张朋园:《中国现代化的区域研究·湖南省(1860—1916)》,台北"中央研究院"近代史研究所专刊1983年版,第117页。
⑤ 杨世骥:《辛亥革命前后湖南史事》,湖南人民出版社1982年版,第26—27页。

### 三　主体因子：商人的力推

近代商人既是经销商，又是生产者，是手工业变动的主体因子。近代之前，封建政府力行重农抑商政策，商人的地位极为低下。其中，桐油商人多来自祖传或贫困子弟拜师学徒者，也有极少数弃学而经商者，但之后桐油商人的成分则明显发生了变化，在原有基础上增加了其他几种来源。其一，清军复员的将士和太平军失散的士兵。如洪江庆元丰老板刘岐山在1860年至1865年间，曾在太平军充当士兵，但是在九江北岸作战之时，由于与太平军失散而离开队伍，从而转为经营桐油。其二，虽经儒学熏陶，然不愿入仕途的桐油商人。如洪江杨恒源油号老板杨竹秋，在幼年读书而至政法书院，并成为秀才，但民国初期湖南都督谭延闿劝其从政之时，"他婉言谢绝"①，专门从事桐油业。其三，虽步入仕途，但之后退而经商者。如庆元丰油号刘岐山之子刘慎伯，本为优廪生，曾做过洪江保管局局长和洪江商会会长，但后弃仕途而经营桐油。其四，集官商于一身者。如洪江张积昌油号老板之子张秩永，不仅经销桐油业，而且本为"捐员外郎"，出任广西道台，"雄心勃勃，企图在辰溪南庄坪新辟市场，修建一条街，建房数百幢，免费供外人迁往经营"②。

丝绸、茶业向来是中国出口的主要产业，而湖南茶叶的大量输出则迟至晚清。第二次鸦片战争之后，由于"两粤茶产不多"，因而列强"爰由粤商赴湘示范"，从而使湖南安化茶农"改制红茶"③，继而使湖南茶业得以大量输出。1858年粤商佐帆经湘潭抵达安化，传授红茶技术，使安化茶农改制红茶，转输欧美。由于获利甚丰，安化各县竞相仿制，产额日多，这不仅成为安化红茶制造的起点，而且"亦即湖南茶对外贸易发展之嚆矢"④。

近代之前，贩运茶叶者"多系大商"，而之后随着列强势力的渗入，

---

① 黄云照：《杨竹秋先生及杨恒源油号简史》，《洪江市文史资料》第4辑，内部发行1990年版，第96页。
② 习清尘：《洪油业的盛衰》，《洪江工商联史料》，内部发行1988年版，第128—129页。
③ 刘世超编：《湖南之海关贸易》，湖南经济调查所1934年版，第481页。
④ 吴觉农：《湖南省茶业视察报告书》，《中国实业》第1卷第4期。

新兴的代理商"又多领洋人本钱"①,将湖南茶叶运销国内外。太平天国运动结束之后,湖南"茶运稍畅","洋商在各口岸收买红茶,湖南北所产之茶,多由楚境水路就近装赴各岸分销"②。近代引进股份制之后,茶商多采用股份制经销茶业。单独经营茶业者,每号资本有数千元至十万元,"专收买红黑茶,分别精制"③。此外,衡阳制烟业也得到较大发展,衡州城内有专门的烟墨作坊,"衡商得其专利"。据统计,衡阳的制烟业有九堂十三号,每堂每年资本收支 10 多万金。④

由此可见,商人势力增强后,出现了"在商言政"的局面。近代以降,湖南茶叶商人不断壮大,但是由于他们缺乏外语知识和商业实践,因而难于在市场上竞争,于是试图以政治为突破口,请求张之洞在两湖书院增设泰西方言和商务,以此作为推动两湖茶叶贸易的一个重要措施。张之洞采纳这些商人的建言,决定每年招收 40 名茶商子弟,由茶商出资,兴办自强学堂。1911 年 6 月,焦达峰在汉口与刘肖堂和浏阳布商周海文将夏布运至汉口,在谈及加入同盟会湖南分会之时,均表示"出质布匹,得金分配各机关"⑤。可见,商人不仅参与了政治,而且还推动了民族手工业经济的发展。如长沙光复前夕,革命党人曾杰、黄昌濬、李洽等四人自制炸弹,其中弹壳由黄昌濬在长沙城堤的"义记灯铺"订做,然后其他程序则分配至各灯铺制造,从而在 48 小时之内赶制完成。

商人致富之后通过募捐等方式兴办公益事业,从而促进了传统"在商言商"向"在商亦言政"的双重角色转变。其中,湖南"举凡地方公益事业的兴办及各项募捐,莫不以洪油业为主"。如 1880 年开办的育婴堂,张积昌油号捐款额达 1800 两银,可谓"独占鳌头"。在赈饥救灾、建渡修桥、防火建设和购置器材等方面,"洪油业无不乐捐巨款,名列榜首"⑥。从而使近代湖南交通更加便利,促进了商品发展。如航船业,1899 年经岳州关的船只仅有 12000 多吨,但 1904 年长沙开埠当年,长

---

① 胡林翼:《复李香雪都转》,《胡文忠公遗集》第 83 卷,崇文书局 1875 年版,第 5 页。
② 刘世超编:《湖南之海关贸易》,湖南经济调查所 1934 年版,第 483 页。
③ 罗远编:《湖南茶产概况调查报告书》,湖南茶事试验场 1935 年版,第 25 页。
④ 光绪《耒阳县乡土志》下编《物产》,1906 年木活字印本。
⑤ 邵元冲:《焦大鹏传》,载唐卢锋编注《革命诗文选》,正中书局 1941 年版,第 251 页。
⑥ 习清尘:《洪油业的盛衰》,《洪江工商联史料》,内部发行 1988 年版,第 133 页。

沙、岳州两关的船只就增至100万吨。①

湖南近代棉纺织的发展得益于谋生者和专业性的商人等群体。甲午战争之后，日本在华大量设置纺纱厂，继而逐步取代了印度纱在中国的首居地位。其中，岳州自设立海关以来，经销洋纱的商人"生意颇盛"，因为"洋纱价廉省工，织出之布，匀净光洁，四乡贫家妇女，必借此谋生"②。因此，"洋纱一宗，尤为畅销"。当时，岳州经销洋纱者有45家。除了谋生者经销洋纱之外，专业性的商人更是起了较大的推动作用，如岳州海关所载：湖南人"爱买东洋纱者多，缘该商行之经理人，甚讲求推广销路"③。

1910年，新化铁商苏代艺、攸县铁商萧敦泰、茶陵铁商李金生、安化铁商梁伯佑等联名上书湖南咨议局，请求废除厘金制度，以便"剔除旧弊"，发展实业，促进贸易。从《湖南省咨议局第一届报告书》可知，他们对厘金税局进行了批判，认为攸县等厘金税卡对沿途的货物进行验票，运至湘潭更换大船过载之时，还须缴纳"过担之厘"。之后，又须抽"落地之厘""出口之厘"，甚至在每个局卡之时，"非多给局丁规费，往往以少报多，浮收无厌，欲壑不填，彼必勒令搬舱，留难数日不验"④。

外商的刺激促进了湖南资本主义的发展。1902年，龙湛林、王先谦等人在湖南首创了阜湘总公司，即湖南炼矿总公司，同时黄忠浩、喻光容还集股创办了沅丰公司。在清末长沙铜官陶业繁盛之时，"各省陶商至铜官订货者云集，为长江流域陶业之冠"⑤。此外，商人将洋货转销至湖南等地，促进了湖南织布、成衣、袜业等轻纺工业向资本主义的发展。

随着资本主义世界市场的不断渗透，传统的牙行逐步成了外商的代理机构。据统计，1867年长沙的牙行达95家，按其经营可分为三类。其一，替生产经营者代销的牙行，这些牙行的仓库和栈场均较大，如长沙

---

① 《宣统元年岳州口华洋贸易情形论略》，《通商各关华洋贸易总册》（下卷），京华出版社1990年影印本，第39页。

② 《城陵矶近讯·本省近事》，《湖南官报》1903年第409期。

③ 彭泽益编：《中国近代手工业史资料（1840—1949）》第二卷，中华书局1962年版，第458页。

④ 邹永成口述，杨思义笔记：《邹永成回忆录》，《近代史资料》1956年第3期，第103页。

⑤ 湖南省银行经济研究室编：《湘东各县手工艺品调查》，内部发行1942年版，第109页。

的粮本行。其二，代购代销的牙行，这类牙行有着较足的资金，可为各地代购代销各类产品。其三，替买方代理的代理牙行，它们双方订有契约，如产品质量、数量、价格及交货日期等均列入契约之中。光绪年间（1875—1908），长沙不仅各种店铺、行栈均有所增加，而且还形成了湖南全省的茶叶、粮食最大集散地。1912年，湖南全省民族手工等产品出口海关总值达2899158海关两，占全省海关出口总值的22.5%。同年，湖南的矿业出口总值仅有428922海关两，仅为全省出口总值的3.3%。[①]

商会是经济发展的产物，是资产阶级的社团组织，是适应经济正常运营的商业机构。中国商会最初出现于鸦片战争之前，当时英国商人为了掠夺原材料，倾销工业品，从而在广州设立了英国商会和洋商总商会。20世纪初，随着资本主义世界市场的强推，封建性传统的行会制度严重束缚了民族手工业的发展，从而为中国自己设立商会酝酿了土壤。此外，为缓解财政危机，清政府在推行新政之时，施行了诸多振兴商务、奖励实业的措施。如1904年清政府颁布《钦定大清商律》，首次在法律上突破了"重农抑商"的传统，承认了商人的合法地位，为商人及经济的发展创造了政治性保障。在清政府推行新政的鼓励下，1903年湖南设立了半官半商、兼具工商行政官吏职能的商务总局。

"在商言政"体现了商人地位的变化，以及与政府的关系。1906年湖南政府选择大盐商郑先靖为第一届总理，正式成立了纯属商办的商务总会。1907—1909年湖南政府又先后选任从事绸缎、兴建大煤栈的民族资产阶级代表陈文玮为第二、第三届总理。1910年湖南设立全省性的工业总会，其宗旨在于摆脱行会束缚，使其具有管理民族手工业的职能。据《湖南工业总会第一届报告书》总会总章规定："除工界造出货品售出时应归商会管辖外，所有男女手艺大小工匠，机器制造各公司所店厂馆社暨艺徒等类事务自应归公会经理。"可见，民族手工业者已开始用独立的组织方式来维护自己的权益，而资本家则甚少涉足工业总会。

湖南工业总会成立后，进一步推动了手工业的发展。据统计，在长沙、湘潭、善化、浏阳四县，工业总会的会员就达86个。但是，不仅很难发现一个稍具影响的近代资本家，而且具有影响的民族手工业者仅有8

---

[①] 周秋光等：《湖南社会史》，湖南人民出版社2013年版，第1016页。

人。当然，这些具有影响的民族手工业者担任了工业总会的要职，如浏阳西乡夏布商师达武就任工业总会庶务一职，另外一个民族手工业者师立道任工业总会调查。他们积极响应湖南光复的号召，为军政府极力筹款，其中有的用契据抵押；有的按铺户资本酌派；有的则由于个人仗义集合资本。他们"纷纷筹助，各有争先恐后之心"，极力援助武昌起义，如鞋业公所，仅在三天之内就赶制了 3000 双军鞋。虽然就组织而言，工业总会有别于商会，但是在工商业的合力作用下，湖南商会还是有了发展，时至 1911 年辛亥革命爆发之前，湖南共出现了 15 个商会。①

但是，在助推的过程中，奸商与行户相互欺瞒却制约了民族手工业的发展。湖南茶业行户规定，凡是茶价，"商人应给行用钱"，并定为 30 文，但是在"产户茶价内"则每串扣钱 50 文，"以给行户"。同时，"行户又瞒商人"，在茶价内每串多取 50 文"背手钱"。此种欺瞒被揭露后，"商人不准行户收取，亦不归于产户"，而转归商人照常收取。因此，"奸商恶行，变易成规，侵渔乡民，深堪痛恨"②，严重地影响了湖南手工业的发展。

### 四 引导因子：政府的鼓励

政府与商人都是推动手工业变革的重要因子，有着诸多的相似之处，但是作为经济变动的执行者，在诸多措施方面，政府的作用更大。特别是在晚清官督商办的过程中，可以说政府更是起着引导性的作用。咸同大乱之后，湖南政府采取了一些安抚人民的措施。据时任衡州知府的胡文炳所言，咸同大乱事定之后，湖南邑中部分地区"妇女亦不知纺绩，闻有从事机杼者，皆衡商贾"。因此，胡文炳指出，"余察此情，乃为公示"，于是劝民栽桑种棉，"以为布帛之本"。同时，胡文炳还强调，"虑空言之无益也"，捐钱制 300 余具纺车，分散城厢内外，并"令衡商妇女教之纺。又虑其纺成而无所售也"，于是发 500 串钱，专门招募甘广生、

---

① 虞和平：《商会与中国早期现代化》，上海人民出版社 1993 年版，第 76 页。
② 刘世超编：《湖南之海关贸易》，湖南经济调查所 1934 年版，第 482 页。

谢连顺等衡阳商人,"开机坊招机匠,以终具事"①。

晚清,在左宗棠的推动下,湖南茶业进一步向外地贸易发展。1874年,左宗棠镇压陕甘回民之后,整顿西北茶务,实行票法,招揽商贩,除了之前陕西、山西茶商(东柜)与回商(西柜)之外,还招徕湖南茶商,大量贩运湖南茶叶。②从此,湖南茶叶经西北远销俄国境内。据调查,在湖南茶叶鼎盛之时,茶产量达100多万担,其中仅安化东坪、黄沙坪、酉州等地的就有80多所茶庄,年产七八十万箱。就销售而言,销往俄国的湖南红茶约占70%,销往英、美的占30%。之后,随着两广商帮的发展,湖南红茶还经香港转销至英、美,并增至40%,而60%"仍由恰克图销于俄国"③。

清末十年,在政府推行新政,鼓励发展实业的倡导下,部分商人、地主及官僚纷纷投资民族手工业。其中,湖南宁乡县的制锅业就是由光绪中期安化、益阳铁商兴办起来的。1906年熊希龄创办醴陵瓷业制造公司之时,醴陵瓷业"恃以为生者无虑十万人,然瓷商类多设厂自制,他业亦然"④。即使是湖南第一家湘裕炼锑厂,也是由士绅合股投资,由张祖国、朱恩绺等股东组成。在士绅控制的湖南矿务总公司中,由总公司直接委托绅商采办的就有22处,下属三路由绅商开办的矿产有56处,加之山主请求归公核办的33处矿产,⑤合计达111处。

同时,清政府还饬令邮传部及各省兴办工艺局,兴办工场,鼓励各地兴建工艺技术学堂和实习工场,推广新技术。1902年,农工商部设工艺局,并扩充整顿。据统计,至1907年农工商部工艺局已全部开工,设有织工、染工、皮工、料工、绣工、木工、井工、藤工、纸工、铁工电镀、图画、画漆12科。这些人员分科制造器物,教习艺徒,开设各工科,"多系京中未有之艺事"。1908年,农工商部工艺局有12名工师、44名匠目、53名工匠、392名工徒,合计501人,轻纺产品有各种布料

---

① 彭泽益编:《中国近代手工业史资料(1840—1949)》第二卷,中华书局1962年版,第16页。
② 左宗棠:《左宗棠全集·奏稿六》,岳麓书社1992年版,第15页。
③ 刘世超编:《湖南之海关贸易》,湖南经济调查所1934年版,第481页。
④ 民国《醴陵县志》卷6《食货志·工商》,1948年铅印本。
⑤ 转引自杨世骥《辛亥革命前后湖南史事》,湖南人民出版社1958年版,第36页。

14820件，各种床巾、毛巾13750件，绣成大小屏风401件，染成大小印花巾1896件，染漂各色线料4388件。此外，该工艺局还制作了大小靴鞋、包箱等产品。这些产品除清政府消耗外，另一部分作为商品销售。①

清末农工商部工艺局的创设及其实践，为推进湖南等全国手工业做出了表率。据统计，1911年前，湖南创设的工艺厂、工艺学堂就有11个。其中较为出名的有1904年刘司马创办的工艺局、永州创办的永州工艺局，以及1906年湘潭傅冠南创办的手工实业学堂、熊希龄创办的醴陵瓷业学堂、善化唐济时创办的求是学堂。此外，湖南还有长沙理化工艺实业学社、官办工业学堂、省立艺徒学堂等。这些工艺学堂的创办为民族手工业发展储备了人力资源和技术工人，而工艺局的创办则有助于各部门对民族手工业的管理和指导，推动区域之间手工技艺的交流。甚至一些工艺学堂还自设工艺厂和工艺局，成为专门的民族手工业工场。

在清政府的这种倡导下，湖南政府引进西方先进的种植技术，并进行机器生产。其中，为发展蚕桑业，1898年湖南士绅梁肇荣等不仅集股筹设了"梁肇荣水利公司"，推广新法养蚕，而且还设立了机器制茶公司。机器制茶和新法养蚕，在一定程度上推动了湖南近代民族手工业的发展。湖南政府"以考求新方法为宗旨，以改良湖南农业日有进步为目的"②，1903年在长沙成立了农务试验场。该试验场以农桑为主，1904年3月农务试验场正式开办，不及一年不仅试养了一次春蚕，而且还陆续种植了7000株桑树，甚至还采用英国肥料种植棉花、甘蔗等经济作物。1905年，湖南农务局从浙江选购70多株湖桑，种植于长沙北门外，并劝导农民分购移植他处。③ 1906年，常德设立"常德蚕桑学会"，召集艺徒教以蚕桑新法。同年，湘潭县创办种植公司，种植桑柳。1908年，湖南政府将农务试验场改办为"湖南农业学堂"。

食盐专卖是政府既定的国策，但是太平军占领南京后，"私盐"逐步合法化，从而使四川、广东的"私盐"不断涌入湖南等地。基于此，

---

① 彭泽益编：《中国近代手工业史资料（1840—1949）》第二卷，中华书局1962年版，第510—511页。

② 《湖南农工商情形记略》，《商务官报》1906年第15期。

③ 《实业》，《东方杂志》1905年第5期。

1853年户部奏称，凡是川、粤之盐输入湖南境内，"无论商民，均许自行贩鬻，不必由官借运"，在湖南省"堵私隘口，专驻道府大员"，设关抽税。同时还令川、粤各督抚，将"商支外款大加裁减，妥议章程，责令湖南藩司熟筹妥办"①。随着"私盐"在湖南的运销，由于无论是质量还是价格方面，"私盐"都占优势，以致淮盐逐渐失去了原有的主导地位，"淮盐久不到湘，几成废岸"。咸同大乱之后，即使清政府极力采取行政手段，试图重建淮盐的专卖，但却遭受湘军势力的抵制。当时曾国藩指出，取资于川、粤盐厘的两湖军饷"为数甚巨，未使骤然禁绝"，因而主张根据邻省川、粤盐价定议每斤八文，江苏盐"每斤完厘九文半，以充鄂、湘军饷"②，从而促进了食盐向资本主义经济的发展。

中国近代工业始于19世纪60年代李鸿章等人开启的洋务运动，而湖南近代工业则始于19世纪末洋务运动结束之时。1895年8月，湖南巡抚陈宝箴从厘金局提银50万两，创办了官办的湖南矿务总局。该总局相继在常宁水口山铅锌矿、新化锡矿山锑矿、平江黄金洞金矿开采。1896年，陈宝箴又创办了湘善记和丰火柴股份公司、宝善成机器制造局，这些都是湖南近代工业兴起的标志。之后，在政府的鼓励下，不仅进一步促进了民族手工业的发展，而且还推动了湖南工业化进程。

辛亥革命后，在政府发展实业的倡导下，湖南民族手工业获得了一定的发展。1912年英国驻长沙领事基尔斯指出，自辛亥革命后，几乎每天都有新公司注册，其最大的目的是尽可能地使湖南在工业上不仅不依赖外国，而且还不依赖其他省份。据统计，在1912年湖南海关出口总值中，手工业品出口总值达2899158海关两，占全省海关出口总值的22.5%，同年矿业产品的海关出口总值为428922海关两，占全省海关出口总值的3.3%③，即手工业出口总值是矿产总值的约6.8倍。

**五 特殊因子：军需的促动**

近代军事需求是手工业得以变动的特殊因子，既打乱了既有的商品

---

① 左宗棠：《左宗棠全集·奏稿九》，岳麓书社2009年版，第300页。
② 杨奕青等编：《湖南地方志中的太平天国史料》，岳麓书社1983年版，第3—4页。
③ 周秋光等：《湖南社会史》，湖南人民出版社2013年版，第1016页。

经济流通，但同时又促进了军需手工业的发展。对于湘军与湖南经济的变化，有学者已做了一定的研究，认为湘军的兴起"导致了湖南经济、社会结构根本性蜕变"①，但是尚未结合湖南手工业的变动进行论述。实际上，湘军不仅促进了湖南经济、社会的蜕变，而且还促进了湖南军火、军需棉布等手工业的发展，不仅使数十万湘军的"军器多由湖南办运"，而且还使湖南于1852年创办了湖南炮局和船局，专门制造三板、长龙、快蟹等战船，生产重达八九千斤的大炮②。在湘军每年所需数百尊熟铁炮中，大部分用来装备曾国藩的水师战船。

湖南枪炮产品需求量的增加推动了湖南冶矿业的发展。咸同年间，新安、茶陵等四县铁厂"不下百余厂，熔成六七千石"，合计年产100万石，可解决数万贫民的生计。1866年，长沙出现了48个铁厂，加之陶家老屋、乌鸦坝、沙坪、龙飞岭皆是兼营军火作坊的钢铁之地，"承揽湘乡人熬硝"，而这些"硝户必湘乡人"，以致"所居必铁铺"③。据统计，湘邑年销硝量2500斤的产品均为硝户承办煎熬，领取工资。咸丰年间，仅湘潭的"苏钢"作坊就有40多家，但光绪中叶，因洋货的输入，遂减至五六家。1862年，由于湖南省"存磺无多"，因而政府请求不仅"仍在桂阳州开矿采办"④，而且还在湖南四处寻找新矿源，甚至广泛收买矿产。1858年，湘乡知县奏请在县内陈家山"试采磺砂"，采获56800斤。同时，湘乡还在安化至娄底沿岸的煤垄之地获取磺砂，"饬令随时收买解省供用"⑤。

除了制造枪炮、战船之外，湖南火药局还制造火药、铅弹。由于郴州、桂阳等地所产的黑铅、硫磺原料充足，每年弹药产量达数十万斤，湘军所耗用的火药大部分是由这个厂供给。如1858年湖南火药局仅一次接济广西的火药就有77000多斤。⑥特别是曾国荃炮轰南京之时，所需军

---

① 梁海琼、高钟：《湘军兴起与湖南近代经济之蜕变》，《求索》1989年第4期。
② 杨奕青等编：《湖南地方志中的太平天国史料》，岳麓书社1983年版，第118页。
③ 郭嵩焘撰，梁小进主编：《郭嵩焘全集》第9册，岳麓书社2012年版，第239页。
④ 彭泽益编：《中国近代手工业史资料（1840—1949）》第一卷，中华书局1962年版，第549页。
⑤ 同治《湘乡县志》卷5《矿厂·兵防》，1874年刻本。
⑥ 湖南省志编纂委员会编：《湖南省志》卷1《湖南近百年大事纪述》，湖南人民出版社1959年版，第70页。

火量甚巨,以致"四万斤火药仅敷个半地洞之用,则十余洞约须三十万斤"。同时,曾国藩的祁门大营"二十余日之内已解去十二万斤"①。这些火药几乎完全仰给于湖南,而且曾国藩大营在1863年正急需火药之时,"东征局每月不过得药七八万斤,不能再多"②。据此可知,湘军年均所需火药近100万斤。

1851—1864年,由于湘军所需的衣服、帐房、旗帜等大增,且主要仰给于湖南,从而促进了湖南纺织业的发展。1854年曾国藩在给澄、温、沅、洪四弟的书信中就指出,"永丰大布,厚而不贵,吾意欲办好帐房五百架,又宽大又结实,以为军士寒天之用"③。曾国藩的这一号令,从而成为湘军采买军服、帐房的定制,以至于左宗棠远征西北之时,觉得甘肃所制的军装不仅价昂,而且质量低劣,根本"不如从远省购运之费省工良",继而指派专员赴湖南采买。从湘军及左宗棠西北远征军的消费来看,所用帐房、军服、旗帜等每半年一换,而数十万人每年又须两次的换季衣料④,因而所需纺织的商品量较大。

在进军新疆之时,湘军无意间打通了中亚的商路,以至湖南茶业贸易得以发展。其中,1880—1889年是湖南茶业在中亚贸易的"最盛"时期。当时,两湖每年外销茶叶值1000多万两,而湖南茶销量就占60%⑤。茶叶贸易的发展继而使湖南商人不断成长、壮大,从而使之前很少外出经商发展的湖南商人发展成为经销淮盐和茶叶起家的巨商,从"征功最多,势亦称盛"发展成为"夺取晋茶大利,擅商务大宗"⑥。他们中一大批茶商设立庄号,收购、制作、贩卖茶叶,被称为"本帮",成为西北八大商帮中仅次于"津帮"的商帮。

不仅湘军如此,而且清末革命军的兴起也带动了湖南手工业的发展。在较有影响的手工业者推动下,有的手工作坊还成了革命机关,如长沙

---

① 邓云生编校标点:《曾国藩全集·家书(二)》,岳麓书社1985年版,第1122页。
② 邓云生编校标点:《曾国藩全集·家书(二)》,岳麓书社1985年版,第1006页。
③ 邓云生编校标点:《曾国藩全集·家书(二)》,岳麓书社1985年版,第273页。
④ 秦翰才:《左文襄公在西北》,岳麓书社1984年版,第54页。
⑤ 湖南省志编纂委员会编:《湖南省志》卷1《湖南近百年大事纪述》,湖南人民出版社1959年版,第163页。
⑥ [美]马士:《中华帝国对外关系史》第1卷,张汇文等译,生活·读书·新知三联书店1957年版,第172页。

"义昌祥成衣店"就是联络革命派的重要机关。革命党人经常在"义昌祥成衣店"召开会议，分配该店缝制军装，既配合了革命，又促进了该店的发展。该店店主不仅亲赴革命工作，而且还动员成衣店的雇工作为革命的后勤人员。[1]

此外，抗战时期东部地区厂坊向湖南等地的迁建也推动了手工业的发展。诚如1944年黄其慧所言，抗战爆发后，洋布来源受阻，我国手工纺织业获得重新抬头机会，"乡间无数弃置之纺车布机，复行取用"，甚至使湖南"顿成战时中国纺织业的重心"，诸如黔、桂、粤等省"均有赖于湘产土布之接济"[2]。

当然，战争对手工业带来的负面影响也是不容置疑的。商路受阻，作为产米之乡的湖南，"米粮无路行销"，农民卖一石谷的收入，"买盐不能十斤"，即使终年辛勤耕作，亦"求免茹淡之苦而不得，如是而农困"。简言之，咸同大乱时期"商贩贸迁阻滞，生计萧条，向之商贾今变而为穷民，向之小贩今变而为乞丐"。商民生计受到影响，继而使社会更加混乱，盗贼渐多，小民"失业无聊，以饥寒而流为盗贼者，亦复不少"[3]。

综上所述，商人的助推、军需的促动等因子影响了商路的变通和商品化的发展，但是在某些方面却无意间起了推动作用。随着商品化的发展、商路的变动、商人的助推、政府的鼓励和军需的促动，晚清湖南手工业在受奸商、行会和战争影响的同时，还是获得了不同程度的发展，甚至还推动了整个湖南近代经济的发展和工业化进程。

---

[1] 周秋光等：《湖南社会史》，湖南人民出版社2013年版，第103页。
[2] 黄其慧：《湖南之花纱布》，湖南省银行经济研究室1944年版。
[3] 左宗棠撰，刘泱泱等校点：《左宗棠全集·奏稿九》，岳麓书社2014年版，第289页。

# 第二章

# 湖南近代染织业的发展及其影响

在前清发展的基础上和晚清"数千年未有之大变局"的强烈刺激下，湖南近代染织业在艰难中不断发展。它们既受到了机制洋纱、洋布、洋靛的冲击，同时也促使其获得了一定程度的发展，在机制设备改良和运用等方面都呈现出近代化变革的因素。特别是在国内实业倡导和国货运动等各种推动下，机制洋纱、洋布、漂染和土布、传统漂染在激烈的竞争中并存发展，从而进一步推动了湖南近代染织业的发展和工业化进程。

## 第一节 湖南近代纺织业的发展及其影响

作为手工业中最为典型的行业，棉纺织不仅是19世纪资本主义的主要产业和列强占领国外市场的重要商品，而且其原料变革中的机制洋纱更是工业革命的源头和近代手工业兴起的标志，因而从前期湖南纺织的概况着手，对湖南近代纺织的发展及其影响进行专题研究，不仅有助于更加清晰地透视出湖南近代轻纺工业的发展历程，而且还有益于纵览湖南工业化的发展特征。

### 一 前清湖南纺织的发展概况

湖南棉纺织出现较早，"五代时随着植棉技术传入湖南，棉纺织业也开始发展起来"[1]。但是，在隋唐之前，湖南主要使用麻布，以及葛和纻布。湖南普遍植棉与全国内地一样，基本都始于宋末元初。早在1289年，

---

[1] 周秋光等：《湖南社会史》，湖南人民出版社2013年版，第108页。

元朝政府就在两湖一带设立了木棉提举司，规定每年征收定量的棉布。①

随着湖南经济的发展和人口的增加，湖南棉花种植区域逐步得到了扩展。清初，湖南"只有津市和宝庆桃坪等少数地区种植棉花"。其中，前者产于湖地，名曰"湖花"，而后者则种植于山地，名曰"山花"。就需求而言，两者"仅足当地人民衣食之资，鲜有运销市场者"。湖南全省所需之棉，"仍取给于"湖北所属的公安、孝感、黄石港等地。②

湖南棉花分为黄白两种，其中以白棉为主，而黄者俗称紫花，种植较少。岳州巴陵县北部产棉，尤以巴陵东乡的棉花质量甚佳，而华容则以南山之棉为最佳。嘉庆年间，澧州石门县"女红克勤纺绩，邑种桑麻甚少，多买木棉弹纺成布，比户机声札札"③。在宝庆邵阳县，棉花的品种不断更新，邵阳"县旧产木棉，称曰山花，色黄而温，远胜他处所产。后颇喜种湖花"④。

湖南棉纺织集中于衡州、岳州二府。岳州巴陵县"妇女工织纴，一都产布最精，余每行乡间，闻机杼声、络纬声，欣然听之"⑤。巴陵滨湖有"人工作布"之称，最初，"邑之山中多作小布，帽裁尺，红之可巾，且以张彩饰棺柱，青者以为鞋与带"。巴陵小布备受欢迎，即使是在省城长沙，也有"巴陵小布行"。此外，湖南"二三都及冷铺、三港诸处产棉，而一都人工作布绝精匀"，时人称"一都"所产之布为"都布"，而"二三都"所产之布为"三都布"，"男妇童稚皆纺之，布少粗而多"。但是就市场而言，这些布仅限于本省，主要销售于长沙、益阳、湘潭等地，"岁会钱可二十万缗"⑥。耒阳县妇女"勤纺绩，工缝纫，操作不辍，无论衡门富室大都类然"⑦。

虽然湖南棉产量明显高于云贵等地，如，"黔省不能产棉，除苗族少

---

① 《元史·世祖纪》第2册，中华书局标点本1959年版，第322页。
② 孟学思编：《湖南之棉花及棉纱》，湖南省经济调查所1935年版，第17页。
③ 嘉庆《石门县志》卷18《风俗》，1818年刻本。
④ 光绪《邵阳县乡土志》卷4《地理志·商务》，1907年刻本。
⑤ 李文治编：《中国近代农业史资料·第一辑·1840—1911》，生活·读书·新知三联书店1957年版，第102页。
⑥ 光绪《巴陵县志》卷7《舆兴志》，1891年刻本。
⑦ 转引自王晓天主编《湖南经济通史·古代卷》，湖南人民出版社2013年版，第631页。

数自织麻布外，全境所需布匹，都仰给于外省"①，而云南则地接他国，"惟安南、东京棉及缅棉，向为输入大宗，省会各县多购用之"②。其中贵州思南，"木棉地不甚出，岁由常德运至"③。但是，地处多雨的南方，湖南的棉产量仍有不足，仍须以苎麻作为布料之补充。湖南盛产麻，其品种较多，有苎麻、棠麻和火麻等数种，其中以苎麻最为常见。而且，在苎麻中又可分为紫麻和白苎两种，"俱岁三刈，每亩可数十斤，贩贸南省，获利甚饶"④。

苎麻手工纺织有着较早的渊源，其中夏布（又名苎布）就是湖南典型的麻纺织品，尤其是醴陵"手工业之特产，品质之佳，冠于全国"，但是醴陵夏布所需的苎麻多由湘潭、沅江、湘乡、攸县等处，"自出甚少"⑤。郴州的苎麻以南乡为多，"南乡水田宜苎麻，居民多以倍租佃田植麻，利获数倍。"⑥ 耒阳县每年约产1000担，苎麻除在本地销售外，还"陆运兼水运出境，在坪市、韶州等处销行，每岁约万余担"⑦。其中，浏阳、攸县、茶陵、湘乡"皆出苎布"，但是尤以"浏阳最佳"。就产量而言，浏阳夏布价"高而（量——引者注）少"。在市场上极负声誉，以致一些生产者冒称浏阳夏布，以便打开销路，如江西的麻布原料就主要来自湖南醴陵，因而在不知有醴陵夏布之时，他们"托为浏阳夏布"⑧。

然而，并非湖南各地都生产苎麻，因而仍须购买棉料作为布匹之需。嘉庆二十三年（1818）前后，澧州石门县的"桑麻甚少"，然"女红克勤纺绩"，因而当地人"多买木棉弹纺成布"，其纺织情形乃"比户机声轧轧，一月真得四十五日也"⑨。

---

① 于曙峦：《贵阳社会的状况》，《东方杂志》1924年第6期，第56页。
② 民国《新纂云南通志》卷142《工业考》，1949年铅印本。
③ 道光《思南府续志》卷2《地理门·风俗》，1841年刻本。
④ 嘉庆《湘潭县志》卷39《风土下·土产》，1818年刻本。
⑤ 民国《醴陵乡土志》第6章《实业·夏布》，1926年铅印本。
⑥ 光绪《兴宁县志》卷5《风土·风俗》，1875年刻本。
⑦ 光绪《耒阳县乡土志》下编《物产》，1906年木活字印本。
⑧ 同治《浏阳县志》卷7《食货》，1873年刻本。
⑨ 嘉庆《石门县志》卷18《风俗》，1818年刻本。

## 二　湖南近代纺织的兴起及其发展

晚清不仅是整个中国数千年未有之大变局时期，而且也是湖南近代手工业的兴起之时。据《汝城县志》所载，光绪之前，湖南汝城"未有织布业"，之后才"渐见增进"①。洋纱输入及其采用是近代棉纺织，甚至近代手工业兴起的标志。仅文献考察而言，洋纱在湖南的畅销及其大量采用是在岳州开埠之后，"自近年设立洋船税关，生意顿盛。洋纱一宗，尤为畅销"②。

传统棉纺织大多自给自足，而近代以降，商品化生产渐趋普遍。有部分民众则因"贫者耕不足恃，恒赖此支半载食用"③。此外，传统生产方式为男耕女织，而近代湖南男女不仅分工更加明显，"女织男贩"，往往"农工少隙，十十五五结队西赴江垭者几无日不有"④，而且男性亦从事纺织业。如湖南乾州厅"各乡存多苎棉花，男女并织"⑤。又如巴陵"男妇童稚皆纺之，布少粗而多。……盖巴陵之布盛矣"⑥。

由此可见，迟至光绪年间，巴陵棉纺织不仅已出现了包买主制，而且还出现了诸如鹿角、童桥等专业性的棉布市场。据地方志所载，巴陵近城及河西"产棉花，虽盛暑，妇人相与锄耨，秋冬远近挑贩，其妇女纺织，宵旦勤劳"⑦。光绪年间，邵阳"更多种洋花"，以作织布之需。其中，市场销售方面"山花最上，湖花次之，洋花最下。县境老幼农工'多服此布，名曰大布'"⑧。由于慈利县产棉较多，常运销省外，如附郭及溇以北均产棉，"而在溇以北者良，贩者多捆以入蜀及鄂西鄙，盖慈利之棉盛矣"⑨。

---

① 民国《汝城县志》卷18《政典志·实业》，1932年刻本。
② 《城陵矶近讯·本省近事》，《湖南官报》1903年第409期。
③ 同治《攸县志》卷18《风俗》，1871年刻本。
④ 瞿兑之：《读方志琐记》，《食货半月刊》1935年第12期，第10页。
⑤ 光绪《乾州厅志》卷13《物产志》，1877年刻本。
⑥ 彭泽益编：《中国近代手工业史资料（1840—1949）》第一卷，中华书局1962年版，第245页。
⑦ 嘉庆《巴陵县志》卷14《风俗·生理》，1804年刻本。
⑧ 光绪《邵阳乡土志》卷4《地理志·商务》，1907年刻本。
⑨ 光绪《慈利县志》卷6《食货·物产》，1897年刻本。

光宣年间，湖南植棉区域较少。其中，光绪年间，湖南滨湖州县淤洲日张，"民间种棉花者亦日加多"①。特别是慈利县，不仅产棉纱，"不需外求"，而且其所产的布匹，"时髦花样近亦能步骤"②。宣统年间，湖南植棉区域发展至31个县，其中以临湘为最，年产量约5000担，其次则是湘乡、衡山、华容、永明、攸县、巴陵、茶陵、泸溪、安乡、桃源、沅江、澧州、慈利、桂阳、石门、安福、龙阳等州县；再其次为长沙、醴陵、湘阴、浏阳等县。此外，善化、零陵、祁阳、安化、桂阳、靖州、东安、清泉等也种植棉花。总体而言，近代之后，湖南棉花种植区域主要集中于北部，尤其"以临湘最多，长沙、浏阳等处次之，善化又次之"③。据20世纪30年代国民政府主计处统计局按照平常年（无战乱等因素影响）详细调查，湖南棉花种植2791亩，产棉618千担，亩产22千担。④

湖南各地棉布在市场上有较大差异。其中，湖南岳州、常德、澧州等县最重要的产品就是被称为"南京布"的棉布，这些棉布经岳州海关销售的只有小部分，而大部分则销售于内地。但是，常德的大布则远销广东、福建、四川、云南、贵州等省。据估计，益阳年产100万匹大布，其中以兰溪为纱布销售的集中地。布商云集长沙，每年产布的贸易额以百万计。⑤ 同治年间，益阳妇女仍"多勤于纺，出棉布，以衣其家，有余则售"⑥。同时，虽然永州府祁阳县的工匠"只供本地宫室器用之需，从无奇技淫巧矣以眩世俗者"，但是"惟葛布一物，甲于他处"⑦。此外，在益阳街头，还出现了带有资本主义生产的"大布""土布"的家庭手工作坊。

甚至湖南各地麻布生产及其市场亦存在一定差异。同治年间，长沙

---

① 李文治编：《中国近代农业史资料·第一辑·1840—1911》，生活·读书·新知三联书店1957年版，第422页。

② 瞿兑之：《读方志琐记》，《食货半月刊》1935年第12期。

③ 湖南省望城县志编纂委员会编：《望城县志》，生活·读书·新知三联书店1995年版，第301页。

④ 方秋苇：《中国棉产之动态》，《东方杂志》1936年第7期。

⑤ 彭泽益编：《中国近代手工业史资料（1840—1949）》第一卷，中华书局1962年版，第673页。

⑥ 益阳市志编纂委员会编：《益阳市志》，中国文史出版社1990年版，第220页。

⑦ 同治《祁阳县志》卷22《风俗》，1870年刻本。

苎麻"栽种甚广",即使是"城中隙地亦然"。但是,当时长沙苎麻"只供贩运,未曾沤麻织布"①。苎麻是永定县各乡的特产,"为土物上品",不仅远销江西、广东等地,而且还"水运出洋",年销量约5000捆,年产值10余万钱。运销江西的苎麻作为夏布练麻线之用,但贩运量"不如广东之多"②。沅江县苎麻产量甚多,以至汉口商人在沅江设庄收购,并将其称之为"沅麻",但因有来自汉寿县者,因而"亦汉寿山乡大宗出品"③。

作为布料的重要原料,晚清时期,苎麻业得到了较大发展。同治年间,湖南浏阳、攸县、醴陵、湘乡、茶陵"皆麻乡",过去武陵、巴陵、郴州、道州"皆贡练苎,今则并浏阳上供亦栽"。特别是炎热的夏季,还有专门的苎市,"捆载以售"④。但是,在诸麻乡当中,又以浏阳、醴陵的夏布业为主,而夏布的品质则"以浏阳为佳,而产量则以醴陵为多"⑤。据醴陵地方志所载,光绪初年仅醴陵夏布每年输出额就达七八十万元,不仅运销国内的汉口、南京、上海、苏州、杭州、两广、山东等地,而且"亦有输出南洋爪哇及外国者"⑥。特别是朝鲜人,"尤喜用作衣料,并用以裹尸"⑦。

醴陵夏布产量甚多,但是民国初年之前,"外间只知有浏阳夏布,而醴陵则无闻焉"。其原因主要有三方面。一方面,醴陵没有本地庄客,"不能大批收买直接输出";另一方面,贩运醴陵夏布的小贩"信用低落,外商不敢径来批趸";再一方面,醴陵交通不便,"不及浏阳直达省河之便"。直到民国时期,"始有醴商运往各埠销售,而外间亦渐知浏阳夏布实出自醴陵",以致醴陵夏布"乃得直接自卖"⑧。

清中叶,巴陵的布有大小数种,其长、短、阔、狭均有差异,"远商

---

① 同治《攸县志》卷52《物产》,1871年刻本。
② 民国《永定县乡土志》卷12《物产》,1920年铅印本。
③ 民国《湖南各县调查笔记·物产类·汉寿》,1931年铅印本。
④ 道光《植物名实图考》卷14《隰草类·苎麻》,1848年刻本。
⑤ 朱羲农、朱保训编纂:《湖南实业志》第2册,湖南人民出版社2008年版,第828、830页。
⑥ 民国《醴陵乡土志》第6章《实业·夏布》,1926年铅印本。
⑦ 民国《醴陵县志》卷6《食货志·工商》,1948年铅印本。
⑧ 民国《醴陵乡土志》第6章《实业·夏布》,1926年铅印本。

收买，岁可得二十余万缗，邑之利源多出于此"①。时至光绪年间，石门县的纺织有了进一步发展，"县东南产木棉，而南乡之产最上，其绒松易纺，质软性温，土人工作布，充幅四丈，谓之匹，阔尺四寸，狭者减二，重或二三斤云"。贩运的集散地设有布庄：如夏家巷、宝灵桥、中五通、白洋湖、上五通皆设有庄，"庄客五日一会，市捆而致之常德，岁得缗钱三数万也"②。布庄的出现，表明棉纺织业已逐步脱离了自然经济，发展成了一种商品性行业。

特别是清末十年，湖南滨湖各县逐渐发展成为集中的产棉区。1910年，据农工商部调查，湖南棉产量最高的临湘，年均产量为4.37万担；其次为华容，达3.98万担；再次为常德，达3.38万担，三县合计年均产量为11.73万担。但是总体而言，清末至抗战前，湖南的棉产量并不高，"常年仅28万余担，十足年成亦不过30余万担，不足之数达30万担以上"③。

湖南棉纺织本属家庭手工业，有专门织布的机工，但无专设机坊，在湖南第一纺织厂成立之前，"更无所谓布厂"。即使民国出现了现代棉纺织，但是家庭手工纺织仍占90.2%，织布作坊和贫民工厂占9.4%，而纺织厂则仅占0.4%。④ 1895年甲午中日战争之后，列强在湖南兴办工厂，倾销洋纱等商品。由于洋纱为机制品，价格低，加之税收低于土纱，海关名义为值百抽五，但实际不足5%，从而使洋纱易于进入湖南市场。据统计，1895年洋纱在湖南每包300斤的售价仅为57两，而同样重量的土纱售价则高达87两，洋纱比较土纱价格低了47.4%。⑤

浏阳夏布的原料为苎麻，在市场上大受欢迎。前清时期，湖南苎麻的种植得到了一定的扩展，时至清末，在湖南75个县中已有27个县产麻，年产苎麻约10万担⑥，而平江一县的苎麻年产量可达1万担⑦。就质量而言，夏布特别精细，甚至有"一衫重止二两，累五六年犹不及匹"。

---

① 光绪《巴陵县志》卷7《舆兴志》，1891年刻本。
② 嘉庆《石门县志》卷18《风俗》，1818年刻本。
③ 蒋子云等：《湖南省纺织工业志》，湖南省纺织工业厅1989年版，第16页。
④ 蒋子云等：《湖南省纺织工业志》，湖南省纺织工业厅1989年版，第22页。
⑤ 欧阳志高等：《湖南财政史》，中南工业大学出版社1988年版，第37页。
⑥ 龚胜生：《清晚期两湖纤维作物的种植与分布》，《古今农业》1995年第2期。
⑦ 湖南省平江县志编纂委员会编：《平江县志》，国防大学出版社1994年版，第200页。

因而苎麻织成品"绝不暇外售",即使进入市场,其织成品亦"皆非其绝精者",以至于"战天下之商务,未尝遇敌","岁售银百十万"。据1897年维新志士谭嗣同所言:最精细的夏布,"尺四五百",浏阳"女红年余始能成一匹。匹四丈八尺,可为二衫,一衫之重裁三两余"①。

然而,就湖南夏布来源而言,则以醴陵产的夏布居多,即"醴陵实居强半",只不过最初醴陵交通不便,所产夏布大多运至浏阳,然后再外销各地,从而造成名义上均为浏阳所产。

抗战时期,在政府战时手工业建设和东中部迁建过程中,湖南纺织业也得到了一定的发展。为避免物资被日军掠夺,1939年湖南省政府制定了《湖南省各县战时公有民有企业迁移指导办法》,对新发明的手工纺织机等,"均查照条例,予以奖励。并且厉行组织工会登记工厂;划一度量衡"②。为抗战需要,平江县城出现了3户手工棉纺织厂,即"兴民""咸理""利民",合计有80部布机、165部纺纱机、6部弹花清花机、16部复纺机,日产棉纱约230市斤,织白宽布80匹。③ 特别是长沙,除了全木制、铁木混合和全铁制三种先进织机之外,在福星街一带还有规模较大的花色织布厂。该厂在这三种改良织机的基础上,还加装了"梃子"的"提花机械",不仅"能仿制上海各大动力机织厂所产的提花色布、厂呢等花布",而且还能仿制府绸、咔叽布、标准布④。

因此,抗战时期湖南机器纺织设备的更新颇为明显。1940年,湖南省建设厅手工业改进委员会实验厂成功研制出新型手工纺织机,当年就推广91台,1941年为最高纪录,高达676台,1942年继续推广438台。⑤ 1941—1943年,衡阳湘衡机器厂为小型纺织厂制造了印度式清花机和拼条机各6台。1943—1944年福泰铁工厂为衡阳建厂的"湖南第三纺织厂"制造了3套大型印度式细纱机。1943年5月9日,从抗战迁至辰溪的44

---

① 谭嗣同:《浏阳麻利述》,《谭嗣同全集》,中华书局1981年版,第390页。
② 湖南省政府秘书处编译室编:《湘政三年》,湖南省政府秘书处编译室1941年版,第13页。
③ 黄其慧:《湖南之花纱布》,湖南省银行经济研究室1944年版。
④ 湖南省地方志编纂委员会编:《湖南省志》卷9《工业矿产志·轻工业·纺织工业》,湖南人民出版社1989年版,第518页。
⑤ 沈鸿烈:《湘建十年》,《湖南建设季刊》1943年第3卷第1—2期。

名湖大教职工与辰溪万利织布厂、力生纱厂合资,设立了"抗建纺织机械厂",内设机械部,生产纺纱锭子、压布机、织布机。1944年3月8日《大公报》公布了长沙"中国机械纺织厂股份有限公司"研制3部"一一四"式纺织机的消息,该纺织机能纺18支、20支纱。此外,1940年成立的湖南省手工业改进委员会还通过收集各式手工纺纱机,研制出了"摩擦轮式纺纱机",每小时可产1磅纱,相当于16支纱。之后,该委员会又改造出"大鼓式纺纱机"。[①]

### 三 洋纱、洋布对湖南的输入及其影响

有学者认为:"清末10年,湖南的洋纱进口较为缓慢,似可映现湖南经济受外部因素之影响不大。民国初年,洋纱进口陡增。"[②] 但实际上,在晚清"数千年未有之大变局"的强烈刺激下,湖南洋纱进口量增长较为迅速,具体如表2-1所示。

表2-1　　1900—1911年岳州、长沙海关进口洋纱统计

| 年份 | 岳州关 担 | 岳州关 关平两 | 长沙关 担 | 长沙关 关平两 | 合计 担 | 合计 关平两 |
| --- | --- | --- | --- | --- | --- | --- |
| 1900 | 573 | 14838 | — | — | 573 | 14838 |
| 1901 | 1119 | 33804 | — | — | 1119 | 33804 |
| 1902 | 3168 | 95332 | — | — | 3168 | 95332 |
| 1903 | 9017 | 262029 | — | — | 9017 | 262029 |
| 1904 | 7555 | 187155 | 3445 | 84786 | 11000 | 271941 |
| 1905 | 3034 | 78745 | 4434 | 115913 | 7486 | 194658 |
| 1906 | 3967 | 100494 | 4289 | 110312 | 8256 | 210806 |
| 1907 | 12707 | 318097 | 7793 | 194975 | 20500 | 513072 |
| 1908 | 5490 | 138742 | 5252 | 136582 | 10742 | 275324 |
| 1909 | 8650 | 203178 | 12794 | 323152 | 21444 | 526330 |

---

① 湖南省地方志编纂委员会编:《湖南省志》卷9《工业矿产志·轻工业·纺织工业》,湖南人民出版社1989年版,第773页。

② 冯天瑜等主编:《人文论丛CSSCI收录集刊2012年卷》,中国社会科学出版社2012年版,第255页。

续表

| 年份 | 岳州关 || 长沙关 || 合计 ||
| --- | --- | --- | --- | --- | --- | --- |
| | 担 | 关平两 | 担 | 关平两 | 担 | 关平两 |
| 1910 | 14257 | 356503 | 21783 | 549119 | 36040 | 905622 |
| 1911 | 20141 | 505584 | 32696 | 825862 | 52837 | 1331446 |
| 1912 | 19741 | 492860 | 70565 | 1766049 | 90306 | 2258909 |

资料来源：曾赛丰、曹有鹏编：《湖南民国经济史料选刊》第2册，湖南人民出版社2009年版，第124—124页。

从表2-1可知，1900年输入湖南的洋纱为573担，但时至1911年，仅11年间就增至52837担，净增长率达90余倍，年均输入洋纱达4400余担。清末年间，洋纱、洋布一直是岳州、长沙进口洋货值的前两位。据统计，湖南进口洋布的总值从1900年的407关平两猛增至1911年的320多万关平两。[①] 1904年长沙开埠当年，洋纱输入量不及岳州的一半，但次年则反超岳州的进口量，印证了长沙商贸中心的主导地位。

棉纺织原料是影响湖南纺织业发展的重要因素。据统计，长沙、岳州两关以棉纱进口为大宗。1900—1930年，两关合计进口棉纱量为81.13万担，进口值2495.08万关平两。抗战爆发后，洋布来源受阻，以致中国手工纺织业获得重新抬头的机会，"乡间无数弃置之纺车布机，复行取用"，从而出现了"战时手工纺织业之畸形繁荣现象"。这种现象在全国"尤以湘省为最显著"，以致湖南"顿成战时中国纺织业的重心"，诸如贵州、两广等西南各省如"均有赖于湘产土布之接济"[②]。

作为一种织布原料，质优价廉的洋纱向棉料不足的地方输入，可谓一大进步。湖南嘉禾县不养蚕，"无丝织物"，因而"往往买洋纱上机"，使其成为洋纱"外货一大销场"[③]。20世纪后，湖南进口的洋纱不断增加，一些地区从家庭手工业发展为织布作坊手工业，至1921年左右已极为发达。[④]

---

[①] 岳阳市商业局编：《岳阳市日用工业品贸易志》，黄山书社1993年版，第54页。
[②] 黄其慧：《湖南之花纱布》，湖南省银行经济研究室1944年版，第2页。
[③] 民国《嘉禾县图志》卷17《食货》，1931年铅印本。
[④] 实业部国际贸易局编纂：《中国实业志·湖南省》，实业部国际贸易局1935年版，第119—154页。

1931年，湖南遭遇水灾，全省棉产量仅有4.5万担，次年恢复到20万担。30年代，棉产区从滨湖扩展至湘西、湘中、湘南一带。时至1941年，湖南棉产量达到43.5万担。但是这些棉产量仍不足湖南纺织所需。

继洋纱之后，光绪年间洋布也大量输入湖南，致使湖南境内的苎麻种植面积大为萎缩，夏布产量一落千丈，"岁入之利，骤减六七十万"①。岳州、长沙开埠之后，湘潭、常德也成为寄港地，"洋纱洋布，随各国船舶所及，深入湘省腹地，农民副业，遂为所夺，农村生产力，逐渐破坏"②。据1903年《湖南官报》所载，岳州"自近年设立洋船税关，生意顿盛。洋纱一宗，尤为畅销，业此者现仅有四五家，而每日所获，综计不下三四百金"。洋纱不仅质优价廉，而且操作"省工，织出之布，匀净光洁，四乡贫家妇女，必借此谋生云"③。

在洋布的冲击下，以洋纱为原料的织布业，也因为生意暗淡，"大有江河日下之势"④。清末，常德土布业处于"最盛时"，300万匹土布集中常德市场，值银500万两"之巨"，其来源除常德各乡之外，还有桃源、临澧等地，"而以常德、桃源为最多"。其产品有"东大布"（产于东乡）、"北宽布"（产于北乡）、"二细布"和"三细布"（产于庄口）、"漆河布"（产于桃源）、毛蓝布、麦青布（染色者）等。就销售而言，常德的土布远销湘西、川滇黔、两广及江西等地，其中"蓝布以土靛染色，永久不退，尤以麦青为佳"。但是"自洋布侵入后，逐渐减少"⑤。

即使是长沙，也不例外，"土布销行亦滞"⑥。可见，湖南开埠之后，纺织受到了较大地影响，其中妇女绩麻、纺纱作为农村的副业，"自洋纱畅销以来，纺土纱者甚少"⑦。在嘉禾县，纺花者少，她们"往往买洋纱

---

① 谭嗣同等：《浏阳麻利述》，《农学报》1897年第12册，第57页。
② 曾赛丰、曹有鹏编：《湖南民国经济史料选刊》第2册，湖南人民出版社2009年版，第6页。
③ 《城陵矶近讯·本省近事》，《湖南官报》1903年第409期。
④ 化之：《农村情报：邵阳农村经济之一角（未完）》，《农村》1934年第1卷第32—33期。
⑤ 罗伏珍：《常德县调查笔记》，《统计月刊》1933年第1卷第4—5期。
⑥ 中国人民政治协商会议长沙市委员会文史资料研究委员会主编：《长沙文史资料》第10辑，内部发行1991年版，第188页。
⑦ 民国《醴陵县志》卷5《食货志·农业经济》，1948年铅印本。

上机，实为外货一大销场也"①。相对洋纱增长率而言，洋布输入增长率更大，具体情况如表2-2所示。

表2-2　　1900—1911年岳州、长沙海关进口洋布统计

| 年份 | 进口值（关平两） 岳州 | 进口值（关平两） 长沙 | 合计 | 年份 | 进口值（关平两） 岳州 | 进口值（关平两） 长沙 | 合计 |
|---|---|---|---|---|---|---|---|
| 1900 | 407 | — | 407 | 1906 | 32750 | 926194 | 958944 |
| 1901 | 70104 | — | 70104 | 1907 | 84594 | 2076924 | 2161518 |
| 1902 | 119785 | — | 119785 | 1908 | 142683 | 2082103 | 2224786 |
| 1903 | 840112 | — | 840112 | 1909 | 194322 | 2471454 | 2665776 |
| 1904 | 437200 | 794938 | 1232138 | 1910 | 212486 | 2151961 | 2364447 |
| 1905 | 43664 | 1236682 | 1280346 | 1911 | 409090 | 2879162 | 3288252 |

资料来源：刘泱泱主编：《湖南通史·近代卷》，湖南出版社1994年版，第486页。

通过对比表2-1与表2-2可见，洋布也从1900年的407关平两激增至1911年的3288252关平两，增长率更是高达8000多倍，年均进口洋布总值达274021关平两。1906年《商务官报》也同样记载：输入衡阳的外国货"以棉纱、棉布为多"，其中每年输入的"竹布"1000余箱（每箱40匹，每匹40码），洋布2000余捆（每捆20匹，每匹40码）。湖南商埠的开通，使洋纱大量输入湖南各地，不仅促进了湖南织布业的发展，而且还为湖南土布转销外地创造了方便，继而促进了湖南的商品化发展。具体情况如表2-3所示。

表2-3　　1902—1912年湖南海关出口土货棉布价值

| 年份 | 出口价值（关平两） 长沙 | 出口价值（关平两） 岳州 | 合计 | 年份 | 出口价值（关平两） 长沙 | 出口价值（关平两） 岳州 | 合计 |
|---|---|---|---|---|---|---|---|
| 1902 | — | 1160 | 1160 | 1908 | 7828 | 42522 | 50350 |
| 1903 | — | 24576 | 24576 | 1909 | 866 | 72106 | 72992 |

---

① 民国《嘉禾县志》卷17《食货篇》，1931年铅印本。

续表

| 年份 | 出口价值（关平两） 长沙 | 出口价值（关平两） 岳州 | 合计 | 年份 | 出口价值（关平两） 长沙 | 出口价值（关平两） 岳州 | 合计 |
| --- | --- | --- | --- | --- | --- | --- | --- |
| 1904 | 18351 | 2386 | 20737 | 1910 | 1332 | 99296 | 100628 |
| 1905 | 55853 | 1202 | 56065 | 1911 | 205 | 70150 | 70355 |
| 1906 | 97200 | 12348 | 109548 | 1912 | 3580 | 45550 | 49130 |
| 1907 | 1525 | 85947 | 87472 | | | | |

资料来源：曾赛丰、曹有鹏编：《湖南民国经济史料选刊》第2册，湖南人民出版社2009年版，第332—334页。

从表2-3可知，长沙开埠当年，岳州的土货棉布出口量就比上一年递减10余倍。但是，长沙与岳州出口棉布的价值趋势并不稳定。

洋纱、洋布的畅销致使湖南的棉花产量大为减少。据1903年《湖南官报》所载，城陵矶目前情况乃是"惟本地所产之棉花，其价目贱，且无有问津者"[1]。湖南北部大多产棉，尤以"巴陵东乡为良，号山花精布绒不及三斤而成一匹"。自洋布输入湖南等地以来，"彼布盛行"，而都布（该县一都、二都、三都所产之布，称都布）则"因之滞销"。部分"庄客"乃一种奸商，在收获布匹之时，不仅"抑其价钱"，而且还"杂以滥恶"，以致巴陵的"利源日就于涸矣"[2]。

当然，湖南各地纺织受到洋纱打击的程度和时间有别。其中，长沙、岳州等商埠城市的纺织在清末开埠之时，就在洋纱、洋布的冲击下备受排挤，而醴陵则迟"自民国初年以来，洋纱逐渐排斥土纱"，特别是1921年以后，醴陵"乡间遂不复有纺纱者"。直至抗战爆发后，由于战时所需，而洋纱、洋布又无从输入，"纺纱始有利可图"，继而才恢复了土纱业。至于织布业，在清末民初发展实业的倡导下，致使民国初年醴陵县城一带"盛行仿造洋布及花纹布、电光布"，甚至曾一度多至数十家织布厂，每家多至百架织布机。[3]

---

[1] 《城陵矶近讯·本省近事》，《湖南官报》1903年第409期。
[2] 光绪《巴陵县志》卷7《舆地志·物产》，1891年刻本。
[3] 民国《醴陵县志》卷5《食货志·农业经济》，1948年铅印本。

即使光绪年间，洋布对湘潭的土布影响也不大。湘潭经销棉布、棉纱的大商店，主要是江西帮。其中，较大的有荣茂隆、恒和协、荣茂生、郑恒丰、生茂茂、怡记、仁昌、谦和等几个。据1907年统计，湘潭经销棉布销售量年值128万余两。就棉布来源，"以上海制品最多"，其次为美国制品，"至于日本制品，在市场上则看不到"。在湘潭经销的洋布，"都是染色以后才制成衣服，直接使用本色布者很少"。湘潭本地居民，大都为农夫舟子，服装粗陋，"所需棉布多为土布，用洋布者很少，故洋布输入为数不大"。清末十年，湘潭市场上仍是"土布销路压倒洋布"，甚至可以说"洋布所占比例，不过为土布的补充而已"①。

纺织与漂染密切相关，互为依存和发展。湖南"漂业盛衰，随夏布业及土布业为转移"。民国时期，由于"布业渐衰，漂业亦随之不振"，而洋纱的使用则是促进织布业发展的重要因子之一。湖南人采购洋纱织布，继而使染织业在清季"已颇发达"。其中，道光年间，醴陵南乡人开设"茂康染铺"。民国之后，随着"乡间织布者日多"，醴陵"染坊亦随之增多"，其产品以"清布最佳"，运销江西、湖北等地。但是，由于染织原料已"改为舶来"的黑靛粉，传统的染料蓝靛亦随之"绝迹"②。

蓝靛是植物染料中最为普遍的一种，湖南蓝靛业久负盛名。其中，醴陵"邑中所产除供给本县应用外，畅销于邻县"。如李家山、大小阳坑、漏水坪及老鸦山。醴陵人在山谷阴暗之地"多种植之，每年产量在百万斤以上"③。据《湖南之海关贸易》所载：1904年长沙开埠，洋靛进入湖南，从13000两增至700000两。④民国初年，随着舶来品黑靛粉、快靛、印度靛的输入，以致蓝靛的成色"不及远甚"，加之"制造不良，价值低落"，继而使醴陵的蓝靛种植者"逐年减少"，甚至有"几濒灭

---

① 日本外务省：《清国事情》（下册），日本外务省通商局1907年版，第253页，转引自李文治编《中国近代农业史资料·第一辑·1840—1911》，生活·读书·新知三联书店1957年版，第496页。
② 民国《醴陵县志》卷6《食货志·工商》，1948年铅印本。
③ 民国《醴陵县志》卷5《食货志·农业经济》，1948年铅印本。
④ 曾赛丰、曹有鹏编：《湖南民国经济史料选刊》第2册，湖南人民出版社2009年版，第138页。

种"之趋势。① 此外，邵阳蓝靛业也受到洋靛极大的打击，邵阳的染坊原料"旧法均用土靛"，但至民国开始，也逐渐开始使用洋靛。②

### 四 洋纱、洋布在湖南纺织市场的竞争

在湖南夏布产量骤减的同时，国内加强了实业发展，继而使国内外相继在湖南等地争夺洋纱、洋布市场。据1931年《嘉禾县图志》所载，嘉禾县土棉纺纱"间有不能给"，因而"多洋棉、湖棉"③，其洋纱主要来自广东、湖北及湖南本地。随着资本主义世界市场的不断形成，以及国内洋务运动的进一步推动，国内实业得到了一定的发展，不仅使湖南纺织技术得到了一定的提高，而且其生产规模也明显扩大。1875年，湘乡县城出现了第一家使用投梭布机的织布作坊。之后，湘乡织布机的数量不断增加，至1937年抗战爆发前，湘乡县城合计有大小不等的织布作坊和纺织厂70余家，织布机250多台，产棉布20多万匹，合200余万米。④

1894年甲午战争是日本纱战胜印度纱重要的转折点。据海关统计，1903年仅在岳州销售的洋纱约9000担，而销往其他各地的洋纱又有2300担。从洋纱的产地来看，输入岳州的洋纱以日本纱为主，占1644担，而印度纱仅有663担，岳州"销者日本纱约居二分，印度纱约一分"。甚至岳州关贸易资料还显示，在岳州、常德、澧州等地的织布者中，"近来全系参用洋纱"⑤。

洋纱输入湖南之前，湖南的布匹极为粗劣。洋纱输入之后，加大了竞争，以致不少地方开始改良土布，不仅幅门加阔，而且在设备上还采用了较先进的脚踏铁木机。洋纱与土纱作为织布的原料，织成品既结实又匀细，所以最为畅销，以致岳州开埠之后输入湖南的洋纱、洋布逐年增加，甚至成为湖南进口大宗。1903年，岳州销售洋纱为9000担，内地

---

① 民国《醴陵县志》卷5《食货志·农业经济》，1948年铅印本。
② 朱羲农、朱保训编纂：《湖南实业志》第1册，湖南人民出版社2008年版，第384页。
③ 民国《嘉禾县图志》卷17《食货》，1931年铅印本。
④ 湘乡县志编纂委员会编：《湘乡志》，湖南出版社1993年版，第337页。
⑤ 《光绪二十九年岳州口华洋贸易情形论略》，《通商各关华洋贸易总册》（下卷），京华出版社1990年影印本，第30页。

行销2100担。① 当时，洋纱在常德极受欢迎，以致洋纱"销场极旺，每年不下二百万两"。此外，洋布在常德的销售也逐渐增加，至辛亥革命之前，常德棉布市场的40%已被洋布所占领。②

1907年以前，湘潭的棉纱以湖北和上海制品居多数，印度次之，"至于日本制品，则寥若晨星"。据1907年日本外务省所载：两三年前，"日本纱忽然在这里得到销路，竟以一泻千里之势，驱逐并代替了汉口、上海和印度制品，独占了湘潭市场"。同时据湘潭人所言，由于日本纱有光泽，斤两也比其他棉纱每包多十数斤，所以人们相对喜欢日本纱，"本地人织制土布所用的洋纱，大多使用日本纱"，而"其他棉纱已不留踪影"③。

国内洋纱、洋布市场竞争力的增强与归国留学生和商人兴办实业的不断努力有着密切的关联。1902年，禹之谟从日本考察回国，带回4副铁木混合织机组件。1903年，禹之谟在湘潭租用西昌会馆，创办"湘利黔织布厂"。其中，"黔"意指平民，即该厂是有利于湖南民众的织布厂。同时，为扩大生产规模，该厂还附设工艺传习所，雇佣40多名员工，试图大力发展织布业。该厂不仅生产布匹，而且还制作毛巾，其产品经漂白、印花、熨烫、包装之后，与进口的货色相似，不仅质量好，而且价格便宜，供不应求。1904年禹之谟又将其设备迁至长沙，扩大生产规模，继续经营，主产品有毛巾、布匹。此外，禹之谟还设立工艺传习所，培养纺织技术人才，其艺徒遍及湖南省内，从而促进了湖南纺织业的发展。因此，时人指出，"湘省之有机织，自君始"④。

除了浏阳、醴陵所产的夏布与洋布争夺市场之外，宁乡县的夏布也较为兴盛，并远销外地。嘉庆年间，每年四、五月，宁乡"夏布盈市，余者亦捆载他售"⑤。湖南开埠之后，夏布更是大量远销海内外，具体

---

① 《湖南历史资料》编辑室：《湖南历史资料》（一九七九年第一辑），湖南人民出版社1980年版，第192—193页。

② 辜天佑编：《湖南乡土地理教科书》第3册，长沙会通学社1910年石印本，第7页。

③ 日本外务省：《清国事情》（下册），日本外务省通商局1907年版，第253—255页，转引自李文治编《中国近代农业史资料·第一辑·1840—1911》，生活·读书·新知三联书店1957年版。

④ 陈新宪等编：《禹之谟史料》，湖南人民出版社1981年版，第24页。

⑤ 嘉庆《宁乡县志》卷4《赋役志》，1817年刻本。

情况如表2-4所示。

表2-4　　　　1901—1912年湖南海关出口夏布量统计

| 年份 | 出口数量（担） ||| 出口价值（关平两） |||
| --- | --- | --- | --- | --- | --- | --- |
|  | 岳州 | 长沙 | 合计 | 岳州 | 长沙 | 合计 |
| 1901 | 63 | — | 63 | 3245 | — | 3245 |
| 1902 | 181 | — | 181 | 6822 | — | 6822 |
| 1903 | 553 | — | 553 | 20297 | — | 20297 |
| 1904 | 813 | — | 813 | 26964 | — | 26964 |
| 1905 | 30 | 1167 | 1197 | 1468 | 59629 | 61097 |
| 1906 | 19 | 1603 | 1622 | 1002 | 78455 | 79457 |
| 1907 | — | 943 | 943 | — | 47604 | 47604 |
| 1908 | — | 762 | 762 | — | 57565 | 57565 |
| 1909 | — | 1203 | 1203 | — | 160011 | 160011 |
| 1910 | 1 | 959 | 960 | 68 | 158067 | 158135 |
| 1911 | 1 | 1219 | 1220 | 72 | 188250 | 188322 |
| 1912 | — | 1182 | 1182 | — | 225626 | 225626 |

资料来源：曾赛丰、曹有鹏编：《湖南民国经济史料选刊》第2册，湖南人民出版社2009年版，第335—336页。

从表2-4可知，民国伊始，夏布可使湖南每年增加200余万元收入，"裨益农村经济实为重要"，但是由于印度绸物美价廉，"国人爱其美观，价亦不贵"，以致国人"多摒弃夏布不用，转而竞用此舶来品"[1]。但是民国时期，随着醴陵商人"自行漂染，运往各埠销售"，至少使"外间始知有醴陵夏布"[2]。

即使在洋布的冲击下，醴陵夏布也曾远销海内外，与洋布争夺市场。其中，尤以1933年"销路最旺"。之后，在国外毛葛、荷兰纺、印度绸的竞争下，加之日本"复苛征人口重税，限制销行"，致使夏布"营业一

---

[1] 湖南省银行经济研究室编：《湘东各县手工艺品调查》，内部发行1942年版，第66—67页。
[2] 民国《醴陵县志》卷6《食货志·工商》，1948年铅印本。

蹶不振"。上海、武汉沦陷之后，夏布"销场益蹙"。但是，1940年，除白兔湘、浦口市之外，醴陵夏布尚存5家，产品不仅运销长沙、湘潭、衡阳，而且亦远销至浙江金华，广东的曲江、坪石等地。虽然抗战爆发前，土纱备受洋纱冲击，醴陵棉花"旧产不多"，但抗日战争全面爆发后，"因纱价踊贵"，土纱再次兴起，因而"始多种者"。20世纪40年代后，"又有美棉种输入，结实比中棉多三分之一"，以致湖南等地大多改种美棉。据1941年调查，醴陵全县棉产量达2000担。①

洋纱、洋布与土纱、土布各有其优势。虽然洋纱物美价廉，且采用洋纱织布"轻细有余"，但是"厚暖则不足"，以至清末之时，"欲求一匹真土纱都布（岳州等地所产土布——引者注），几如披沙拣金"②。

纺织机器的购置和不断改良是近代纺织竞争的重要表现之一。1906年拉梭机与铁轮机相继从日本输入中国之后，湖南等地民众开始仿造。据1906年1月31日《时报》所载："近有某君在湘潭创办瑞锦机器织布公司"，其所织的洋纱、各种花布，"销售颇旺"，继而还在长沙、常德等处纷纷设立了分店。同时，《时报》还指出，近年来，湖南省增设的织布机坊，"不下数十家，皆用东洋纱，织成布匹，销场甚广"③。湖南人采用"东洋纱"织布，并远销云贵等地，这在一定程度上不仅推动了湖南纺织业的发展，而且也加强了国人对洋布的抵制。

就醴陵纺织机器而言，设备更新也较明显。最初醴陵纺织"皆用木机"、射机，之后改良为扯机，日产布匹由三丈增至五丈。1914年以后，醴陵又有梃子机、散丝机、纹机等，"于是花纹布皆可制造"。之后，醴陵使用铁机，日产布匹八丈。1921年冬，醴陵人士以赈捐余款筹设了醴陵第一平民工厂，购置60架铁机。1923年，醴陵平民工厂通过招商承租的形式，不仅扩大了生产规模，而且其"出品尚优"。1927年以后，该平民工厂停办，但1941年4月，醴陵县政府又设立了民生工厂，招募20名学徒，出产葛丝呢、花条布、花格布、白官布、白洋布、竹布、节花布、

---

① 民国《醴陵县志》卷6《食货志·工商》，1948年铅印本。
② 《光绪二十九年岳州口华洋贸易情形论略》，《通商各关华洋贸易总册》（下卷），京华出版社1990年影印本，第30页。
③ 汪敬虞编：《中国近代工业史资料》第2辑下册，科学出版社1957年版，第799页。

罗巾、毛巾和花门帘等十余种产品。①

在发展实业的影响下，上海等国产纱也大量输入湖南，从而使湖南的机制纱、机制布都有了较快发展。特别是平江布，经改良之后，闻名湖南各地，长沙、芷江、湘潭、洪江、邵阳等地的纺织从家庭工业逐步向机坊工业发展。据1908年估计，岳州布匹产量2万匹，而常德布匹则高达60万匹。②此外，实业救国和抵制日货运动等，在一定程度上也加强了湖南等国内纺织的竞争力。如清末夏布，其销路最旺，年产量达三四十万匹，价值约一百五六十万元，"除销本国外，尚运销朝鲜、日本南洋一带"③。即使是重视家庭纺织业的邵阳县，也已经根本被洋纱打倒了。

辛亥革命后，湖南与全国一样掀起了振兴实业的热潮，加强了自身的机械化程度和工业化进程。1912年，湖南都督府参议吴作霖"痛外货之充斥，生民之穷困"④，从而筹办了湖南纺纱厂，使湖南开启了近代机器纺织的发展历程。吴作霖的呈报获谭廷闿批准之后，向财政司借支湘纹银60万两，创办了官督商办的经华纺纱公司。该公司在长沙购地256.93亩作为厂址，陆续从英商安利洋行购置了4万锭纺纱机，3台锅炉。同时还向德商购置了3台550千瓦的透平交流发电机和260余台电动机。⑤

1913年"二次革命"失败，经华纺纱公司收归官办，易名为湖南第一纺纱厂。1916年，谭廷闿第二次督湘，任命财政厅厅长袁家普兼管纺纱厂，成立纱厂工程筹备处，"对于经营纱厂，不遗余力，网络专门人材，共策进行"，从而使其厂屋、烟筒等，以及"机械之装置亦先后完备"⑥。1917年经绅商朱恩绂等组织华实纺纱股份有限公司，承租纱厂。1920年，谭廷闿第三次主政湖南，仍任命袁家普经理厂务，从而完成了厂房建设和机器设备的安置，成为近代湖南第一家机器纺织厂。1921年

---

① 民国《醴陵县志》卷6《食货志·工商》，1948年铅印本。
② 彭泽益编：《中国近代手工业史资料（1840—1949）》第一卷，中华书局1962年版，第458页。
③ 《省银行经济半月刊》1941年2月25日，第8页。
④ 李敬三：《湖南第一纱厂之调查》，《实业杂志》1929年第146期。
⑤ 湖南省地方志编纂委员会编：《湖南省志》卷9《工业矿产志·轻工业·纺织工业》，湖南人民出版社1989年版，第527页。
⑥ 李敬三：《湖南第一纱厂之调查》，《实业杂志》1929年第146期。

该厂正式开工纺纱。1926年北伐军入湘,将纱厂收为公办,直属省建设厅,仍名湖南第一纺纱厂。1928年,彭斟蕤为厂长,除了扩充一万纱锭外,还筹办织布厂,从而将厂名易为湖南第一纺织厂。1932年,纺织厂建成,购置有248台布机,成为近代湖南第一个,也是骨干的纺织企业。

综上所述,在近代资本主义世界市场和工业化的强烈刺激下,随着洋纱、洋布的不断输入和工业革命的推动,湖南近代纺织业在前清发展的基础上,以及在备受打击的同时,不仅使纺织业获得了一定程度的发展,而且还推动了近代湖南与外地市场资源的整合和市场的联动,以及工业化进程。

## 第二节 民国时期湖南漂染业艰难发展的原因

漂染业是在纺织品基础上的再次加工,是"附属织造业中的一个重要部门"[①],主要包括漂白和染色两种工艺。目前学界不仅从美术、艺术的角度对漂染作了诸多的研究,而且也有学者对中国近代漂染业作了专题论述,但是对于近代湖南漂染业的发展则尚无专题论述。实际上,虽然湖南近代丝光机器染的兴起时间晚于上海,但是在各种漂染中,湖南"旧式染坊,则起源于逊清中叶",早于1848年"上海最早的染坊"[②]。在传统麻、丝、棉等布料中,蓝印花布素有"衣被天下"之称,而邵阳、凤凰又被誉为"蓝印花布之乡"[③]。因此,本节从洋靛冲击和战乱对湖南近代漂染业的消极影响,以及工商界和政府的积极作为进行综合论述,阐述湖南近代漂染业复杂、艰难发展的原因。

### 一 洋靛对湖南近代漂染业的冲击

虽然工业革命推动了全球漂染、纺织等经济技术的进步,但就方式而言,国外殖民侵略者则是通过军事侵略、强迫的方式才打开了中国市

---

① 中方:《落后的香港漂染业》,《纺建》1947年第2期。
② 中国近代纺织史编委会编著:《中国近代纺织史》(下卷),中国纺织出版社1997年版,第55页。
③ 2008年,凤凰县、邵阳县的蓝印花布印染技艺被列为国家非物质文化遗产,成为湖南11项国家非遗项目名录传统技艺类项目之一。

第二章　湖南近代染织业的发展及其影响　/　63

场。在殖民侵略过程中，英日等国凭借充足的资金、精湛的技术，"扩充漂染整理业务"，而后发外源型的中国，其"国厂未易匹敌"。即使清末民初在实业救国的推动下，中国纺织业有所发展，"我国粗纱大布纵能达于自给地位"①，但是由于国产细布等产量短少，整个中国"不得不大批仰给外厂，形成半殖民地工业特质，危机更属严重"②，特别是"染色之织物仍须仰给外洋"③。

在清末洋靛输入之前，湖南染坊颜料均为土产蓝靛。甚至可以说中国"国内染织业完全采用国产靛青为染料"，"每年需量颇巨"④。其中，湖南武冈、湘阴、平江、浏阳、常德土产颜料颇多，价格亦特别廉，每担不过10余元⑤。此外，邵阳、宝庆、湘西、醴陵也是湖南蓝靛的重要产地及其输出地。明末清初，邵阳就已成为湖南蓝靛的重要输出地。清光绪年间（1875—1908），湖南宝庆府邵阳县的靛、漆"皆出县西北乡隆回各都。漆较靛产为伙，靛以染成各色布匹，漆饰各器，光采夺目，销售自广，县城业靛生理者不减业漆，以多来自武冈、洞口各地，故隆回产靛终不如漆"⑥。据清末湖南调查局报告，宝庆蓝靛上出洞口，下达三湘、紫江一带，长沙、宝庆贩运蓝靛者"络绎不绝"⑦。

然而，随着清末德国矿物质染料的发明和侵入中国市场，加之国内苛捐杂税，国人"相率采用舶来品"⑧，邵阳等地的蓝靛产销逐渐走向衰弱。民国成立后，邵阳染坊"始采用洋靛"⑨。第一次世界大战之时，虽然洋靛来源缺乏，"价值亦复倍增"，使土靛"稍有抬注"，但是用户"究以洋靛便用，色亦鲜明"，从而使土靛"一时似未能与之争胜"⑩。甚

---

① 傅道伸：《设立新式漂染厂计划书》，《纺织之友》1932年第2期。
② 《纺织厂与漂染整理厂亟应密切联络》，《染织纺周刊》1936年第26期。
③ 傅道伸：《设立新式漂染厂计划书》，《纺织之友》1932年第2期，第214—215页。
④ 《国产蓝靛业之危机》，《工商半月刊》1935年第7卷第5期，第67页。
⑤ 朱羲农、朱保训编纂：《湖南实业志》第2册，湖南人民出版社2008年版，第994页。
⑥ 光绪《邵阳县乡土志》卷4《地理志·商务》，1907年刻本。
⑦ 湖南调查局编印：《湖南商事习惯报告书》，湖南教育出版社2010年版，第422页。
⑧ 《国产蓝靛业之危机》，《工商半月刊》1935年第7卷第5期。
⑨ 朱羲农、朱保训编纂：《湖南实业志》第1册，湖南人民出版社2008年版，第384页。
⑩ 《设厂仿制洋靛之动议》，《银行周报》1918年第2卷第15期。

至1934年左右，邵阳已"几乎无人过问"① 土靛。又如醴陵，受洋靛的影响也较为明显。醴陵县东乡出产蓝靛，在洋靛兴起之前，醴陵县和江西的萍乡、湖南的湘潭"各地咸取给焉"。蓝靛原料以"蒲蓝为上，状如苦荬，高三尺许，叶含靛白独多"。此外，醴陵还有蓼蓝、槐叶蓝"皆不及蒲蓝之佳"。虽然蓝靛每年可采三次，但是其染料，"靛质不纯，狡者且或羼以他物，则不适用。旧时每石值十五六元，一亩之田年可得纯利八九十元。又蓝性好阴，田中必兼植瓜芋等物，其所入足以当田租而有余"。但是自清末洋靛输入之后，"蓝靛价格骤落，山民皆去其种"②。

民国初年，随着黑靛粉、快靛、印度靛等舶来品的输入，醴陵"蓝靛成色不及远甚，因制造不良，价值低落，种蓝者逐年减少，有濒灭种"③。同样，永顺县的染靛也"多购快靛，而种者顿减"④。此外，由于受国外洋靛漂染的麻纱冲击，醴陵、浏阳等地夏布"销路日蹙"⑤。

在洋靛等工业品的渗透下，虽然湖南近代漂染业在染坊数量、设备更新、品种细化等方面有了一定的进步，甚至湖南乃至整个中国的漂染业也先于欧美，但是，由于"历来科学未昌，一成不变，遂无进步可言"，即使是中国漂染工厂第一的上海，旧式染坊只备一种发酵靛缸，"专染青蓝各色"⑥。据1943年何培桢所载，湖南有176家染织工厂，资金20000万元（每家50万—300万元不等），因而就数据而言，"已属惊人，但所有民间零星机织出品"，以及其他产品"尚不在内，事实上年有价值"12万元以上的染织产品，"供给后方千百万军民服用"。这176家染织工厂，"多系自纺自染自印"，每职工每日的工资在17元至26元之间，特别是生产精细提花布的职工，除了膳宿由厂方提供之外，最高可达36元，"染色印花工资亦相似"⑦。据1934年实业部调查，近年来随着日货丝光产品的倾销，加之颜料价格高涨，因而湖南丝光染纱厂无从与

---

① 朱羲农、朱保训编纂：《湖南实业志》第1册，湖南人民出版社2008年版，第618页。
② 民国《醴陵乡土志》第6章《实业·蓝靛》，1926年铅印本。
③ 民国《醴陵县志》卷5《食货志·农业经济》，1948年铅印本。
④ 民国《永顺县志》卷11《食货志·货类》，1930年铅印本。
⑤ 《川湘夏布调查》，《国际劳工通讯》1938年第5卷第7期。
⑥ 杨大金编：《现代中国实业志》上册，商务印书馆1938年版，第430页。
⑦ 何培桢：《记长沙手工业出品展览会》，《贵州企业季刊》1943年第1卷第4期。

之竞争，甚至汉口、上海袜子的输入量不断增加，直接影响了湖南袜厂的营业，继而"间接减少纱之销路"①。

在洋靛的冲击下，蓝靛产量减少，价格倍增，每担从之前的10余元增至100余元，因而诸多染坊大多采购外地染料。如靛青粉、速成靛、水靛、洋靛"皆系舶来品"，这些颜料由德商"谦信"洋行、"爱礼司"洋行，以及英商的"卜内门"洋行，美商的"恒信"洋行操控经销，以致湖南染纺业"每年漏卮甚巨"②。此外，染坊所需的漂粉也大多来自上海，即使牛胶、山粉、石灰可在湖南当地采集，但仅占染坊原料的少部分而已。

## 二 战乱对湖南近代漂染业发展的束缚

除洋靛影响之外，战乱也严重束缚了湖南漂染业的发展。第一次世界大战期间，由于德国染料出品减少，"价亦随昂"，而国产蓝靛"沿价未涨，需者舍贵取廉"，因而蓝靛"一时又渐有复活之势"。但是，欧战结束后，蓝靛市场再次被德国所产染料占领，全国各省数十万"恃种靛为活的农民足以靛销绝塞，顿失大宗收入，生计益感困难"③。

虽然醴陵乡间织布者逐步增多，染坊亦随之增加，但是所用颜料仍改为舶来的黑靛粉，从而使"蓝靛绝迹"④。醴陵所染缎青布最佳，销行衡州、常德，以及省外的江西、湖北等地。据1934年实业部调查，芷江土靛年产12600担，乾城年产149担，临武年产750担，合计13499担。就市场而言，这些蓝靛大多集中常德，然后转销武汉、上海，因而市面上大多将芷江所产的蓝靛称之为"常德蓝靛"⑤。

特别是民国成立后，军阀混战和随后的抗日战争，以致诸多漂染厂无法生存，工人纷纷失业，因而漂染业最为集中的长沙、湘潭漂染工人不断罢工。1913年1月，在中华民国工党湖南支部的领导下，长沙700余名染业工人进行了罢工，不仅要求增加工资，而且还请求实行8小时

---

① 朱羲农、朱保训编纂：《湖南实业志》第1册，湖南人民出版社2008年版，第998页。
② 朱羲农、朱保训编纂：《湖南实业志》第2册，湖南人民出版社2008年版，第995页。
③ 《国产蓝靛业之危机》，《工商半月刊》1935年第7卷第5期。
④ 民国《醴陵县志》卷6《食货志·工商》，1948年铅印本。
⑤ 朱羲农、朱保训编纂：《湖南实业志》第2册，湖南人民出版社2008年版，第618页。

工作制。然而,店主则以停业半年相威胁,拒绝工人的合理请求。同时,工人则建立"染业工厂"(后改名为"辉光染厂")独资经营,"坚持斗争到底"①。1924年、1937年,湖南第一纺织厂也多次举行了罢工。

1948年长沙木工经多日罢工,取得"甫告复工"的胜利之后,染织工人也相继要求增加工资,"各染织厂以年来手工产品受机器生产之压迫,销路锐减,已在不堪支持中,对工资增加绝无力负担,因而全部歇业停工"。据统计,长沙1000余工人"骤告失业"。1948年7月12日,长沙染织业全体工人向总工会请愿,"要求复工"。如果各染织厂"永远停业,则应发遣散费,总工会为求解决,已订期召开调解会"②。

在国货运动的倡导下,即使受洋靛和战乱的冲击,但是蓝靛在湖南省内各县仍有一定的市场。其中,亚湘丝光染厂百货部函请"湖南人民反日救国会""经济绝交委员会"向商会请示,饬令派员辨别各行业产品是否属于国产,还是日产,"如系仇货(日本货——引者注),自愿封存不售",反日救国会当场获"提审委员会派人办理"③。在反日救国的推动下,湘西永定县除染房销售外,还时常贩运至澧县下游出售,"约数千篓,价亦近万金"④。此外,醴陵所产的蓝靛除了供给本县应用之外,"畅销于邻县"的漏水坪、李家山、老鸦山、大小阳坑。醴陵山谷荫翳的地方,蓝靛户"多种植之",每年产量在100万斤之上。⑤

总体而言,1937年抗战全面爆发之前,特别是长沙轻重工业"均甚发达,手工机器,相辅并重"⑥。其中,仅长沙市就有58户染坊⑦,主要集中于老照壁、清泰街、坡子街、北正街、司门口、南正街等繁华区域。同时,醴陵县城染坊40—50户,集中于南门一带。特别是长沙、平江、湘阴、浏阳、宁乡等地,大大小小的染织工厂6万余家,职工200万人,

---

① 《中国工运史料全书》总编辑委员会编:《中国工会运动史料全书·轻工业卷》,北京图书馆出版社1998年版,第49页。
② 《长沙染织厂全部歇业》,《申报》1948年7月13日第2版。
③ 《反日救国会对于仇货限一星期补行登记》,《湖南通俗日报》1931年11月15日。
④ 民国《永定县乡土志》卷12《物产》,1920年铅印本。
⑤ 民国《醴陵县志》卷5《食货志·农业经济》,1948年铅印本。
⑥ 何培桢:《记长沙手工业出品展览会》,《贵州企业季刊》1943年第1卷第4期。
⑦ 曹铁安主编:《长沙大火》,岳麓书社1997年版,第299页。

出产青布，更是"驰名全国"①。但是，抗战爆发之后，湖南漂染业在艰难中生存。1931年左右，浏阳土靛输出量约800石②，但1937年至1938年，由于洋靛等舶来品"来源断绝，蓝靛业乘时复兴，数年来，蓝田阮阮，转胜于前矣"③。

然而，之后由于战时上海、广州、武汉等重要的海口被封锁，纱布和颜料运输困难，使染织厂"被迫减工停业，甚至出卖"④。其中，湖南自1938年长沙"文夕"大火之后，由于长沙、醴陵等地区均属抗战中损毁"最为严重的地区，诸如长沙的湖南第一纺织厂等诸多染纺企业大多被损毁"⑤。抗战胜利后长沙经四次大战的破坏，即使原有厂商力图恢复，但成效甚微。一方面，由于全国染织原料运输困难，导致"售价趋昂，大小染织工厂营业锐减，缩短工作时间，减低生产，接踵而至"⑥。另一方面，由于资本分散，力量单薄，棉纱与颜料等主要原料的采购无法集中于上海一带厂商"直接洽办"，受尽中间商人辗转耗费。再一方面，没有健全的组织，即使政府"广借配纱与救济手工业之低利贷款，亦无法取得"⑦。如1942年之后，由于社会购买力渐弱，"销路不旺，营业力衰"，从而使醴陵1937—1938年的染织工人从600余人降至1944年初的200余人，自染、代店染坊80余家。⑧

### 三　工商界在近代漂染业发展中的作为

在洋靛染料等舶来品的冲击下，全国工商界人士等掀起了轰轰烈烈的国货运动。即使是工业发达的上海，每年所需染料"向惟仰给舶来品"⑨。因此，在实业救国的推动下，"热心国货乘此时机，仿照洋靛质

---

① 民国《醴陵县志》卷6《食货志·工商》，1948年铅印本。
② 民国《湖南各县调查笔记·物产类》，1931年铅印本。
③ 民国《醴陵县志》卷5《食货志·农业经济》，1948年铅印本。
④ 张遵时：《最近染织业之难关》，《染织纺周刊》1940年第6卷第2期。
⑤ 曹铁安主编：《长沙大火》，岳麓书社1997年版，第299页。
⑥ 《海口封锁客销停顿，沪国货染织业衰落》，《纺织染季刊》1939年第1卷第1期。
⑦ 《湖南联大染织总厂招股启事》，《时论》1948年第2卷第1期。
⑧ 民国《醴陵县志》卷6《食货志·工商》，1948年铅印本。
⑨ 《染织界提倡国产》，《申报》1933年12月28日第12版。

地，以土靛制造电油，聘请技师，设厂教授"①。其中，除了上海成立了诸多的染织公司，"以挽巨大漏卮"②之外，湖南乃至全国工商界人士也都"起而改弦更张，一时国内机器纺纱厂之设立，风起云涌"③。为推动漂染业的发展，商人在减税和筹设大规模染厂方面也作了一定努力。其中，由于中国传统漂染受洋靛的冲击，"致土染一蹶不振"，加之市面不景气，"营业日趋衰落"，即使南京出产的染料，"素为全国染料之冠"④，但是因销路不佳，农民多未种植，从而影响了漂染业的发展。

在洋靛的冲击下，工商界人士为推动国产染料的发展，做出了诸多努力。一方面，部分工商界人士成立染织厂之后，向政府请求减税，从而推动了中国染织业的发展。其中，长沙福星染织厂向湖南省财政厅上呈减税理由，认为"色布加税事，涉事繁重，请准带票换票，验明放行，免予重征，以维工业"⑤。基于此，湖南省建设厅让财政厅转告福星染织厂，其"运单商标请准照通案，以原税换票，免再重征"⑥。1932年，湖南省建设厅批准了湘潭湘益公司呈请减免产销税的方案。建设厅公函指出，该公司所产布匹和毛巾与产销税征收章程第13条第3项规定"相符，应准免征产销税三年"，其余棉花、背面、线毯等项则按之估价银币1元抽税1分5厘，"以示提倡"⑦。为奖励工业，1935年奖励工业审查员会议第六次会议通过了"准予奖励各案"，其中染织纺"得列入减低运费"⑧。

另一方面，部分漂染经营者主张建立大规模染厂，并扩展销售市场。由于湖南所产布匹色泽未能统一、商标存在诸多分歧等问题，即使在国货运动的倡导下，学校、军队、机关等团体均不愿大量采购，因而部分商人建议设置大规模新式漂染厂，或在各大纺织厂内设立相当规模的漂

---

① 《设厂仿制洋靛之动议》，《银行周报》1918年第2卷第15期。
② 《染织界提倡国产》，《申报》1933年12月28日第12版。
③ 孟学思编：《长沙重要工厂调查》，湖南经济调查所1934年铅印本，第A1页。
④ 《染业请再发提倡国产颜料》，《中央日报》1936年6月25日第2张第3版。
⑤ 《长沙·湖南省财政厅第一科》，《湖南财政汇刊》1935年第42期。
⑥ 余籍传：《公牍·湖南省建设厅咨》，《湖南省建设月刊》1934年第41、42期。
⑦ 《训令各产销税局检发湘潭湘益染织公司运单商标分别免征税率仰遵照由》，《湖南财政汇刊》1932年第24期，第26页。
⑧ 《铁部核减国产运费》，《染织纺周刊》1935年第1卷第21期。

染部,"俾能染出大批色泽划一之标准化布匹",以供应各部队、学校织造服装之用。同时,各漂染厂还须对本省土靛染料,以及漂染进行研究与改良,"以期布匹花色之美术化、现代化",从而风行于全国各市场。①

再一方面,部分实业家还提出了诸多有效的改良和发展措施。其中,1932年纺织工程专家傅道伸宣称,为抵制外货,"我国纺织公司今后亟须兼营漂染,始足以言抵制外货,而挽回利权于万一也"。同时,傅道伸还专门就湖南漂染业的发展提出了一些切实可行的建议。傅道伸指出,若能在湖南第一纺织厂内设立一个新式的模范漂染厂,则可通过如下方法进行。第一,仿造市上最盛行的染色布匹。第二,设法改良无销场的土布,"使其能光彩夺目,以迎合社会之心理"。第三,研究何种布匹须用何种染料、如何不脱色等,"即可得美满之结果"。第四,仿造洋布、竹布、丝光麻纱等织物。第五,俟漂染有相当成绩后,即可逐渐试办印花,"以图染织工艺之完全发达"。此外,傅道伸还强调,在规模方面新式漂染工场可大可小。②

湖南第一纺织厂的成立是工商界人士集中努力的重要代表之一。该厂是民国初年在纺织工程专家、西北纺织管理局局长傅道伸,以及老同盟会会员、时任湖南都督府议员的吴作霖等政商倡导国货运动的推动下成立的集染织于一体的近代化企业。在日本、英国等加强漂染等工业的强烈冲击下,中国漂染整理业"处于四面楚歌,危机四伏之中"③。据统计,清末民初湖南进口棉布"年达五六百万两之巨,是吾人衣被所资,胥皆仰给于外人"④。如果湖南染纺业不加强自身发展,则湖南6万厂商、200万职工生活将陷于万劫不复之地位。⑤ 基于此,湖南乃至全国"亟须增设漂染部"⑥,而漂染部的设立和各种漂染机器设备的运用则是湖南现代化纺织及其漂染发展的重要表现。

---

① 周维梁:《湖南工业建设管见》,《湖南经济》1947年第2期。
② 傅道伸:《设立新式漂染厂计划书》,《纺织之友》1932年第2期。
③ 诸楚卿:《我国漂染工业坯布缺乏之危机及其他》,《染织纺周刊》1935年第1卷第20期。
④ 孟学思编:《长沙重要工厂调查》,湖南经济调查所1934年铅印本,第A1页。
⑤ 《湖南联大染织总厂招股启事》,《时论》1948年第2卷第1期。
⑥ 《湖南第一纺织厂业务概况(二十年度)》,《纺织周刊》1932年第2卷第43期。

除了第一纺织厂之外，经验丰富的漂染人员还集股在长沙设立了湖南染业公司。该公司"专办各种精良染料，不售低劣物品，久为各购用家之所深悉者，无俟赘言"。据1920年10月17日长沙《大公报》报道，由于近来营口"新华染料制造厂"新发明了一种"国货狮醒速成青"，不仅产品"物质优良，齐名欧产"，而且"价值低廉，尤合市用，诚为染料中首屈一指之佳品"。基于此，湖南染业公司特派专员将"国货狮醒速成青"染品运销到湖南各地，"以供同业之用，请速试之，当信斯言不谬，惟近日劣货充斥，恐生误会，特由该处商会备文，通知长沙总商会证明在案"。同时，湖南染业公司还声明，本公司除已将新发明的"国货狮醒速成青"产品分发湘潭、浏阳、衡州等处销售外，其余各埠"亦将派人督销，惟恐购用之家未悉此货真相，致有疑为仇货，而不肯用者，故特登报声明，请即咨询长沙总商会或营口总商会，当得其详，并望各埠维持会及爱用国货诸共相提倡，则本公司幸甚，国产前途幸甚"①。

1938年2月19日，长沙"志丰染织工厂"经理陈昆煌等人意图以合作方式，集中人力、财力发展湖南漂染业。一方面，他们争取政府廉价的配纱。另一方面，他们试图争取政府低利贷款，并直接向上海厂商大批采购颜料，以求成本之低廉，继而进一步购置新式机械，改良产品质量。在陈昆煌等工商界人士的倡导下，湖南各县漂染同业者群起响应，从而在长沙成立了染织厂筹备处。

染织厂筹备处成立后做了诸多的工作。首先，筹备处向各县染织同业者发起入股号召。筹备会宣称，凡是染织同人赞成本厂组织，且愿意参加入股者，"无任欢迎"，只要各县染织厂赞成本厂组织，并缴纳股本均可为本厂股东。股额按各厂织机多少，分甲、乙、丙、丁、戊、己六种。其中，甲种股棉纱2件、乙种股棉纱1件、丙种股棉纱0.5件、丁种股棉纱10件、戊种股棉纱5件、己种股棉纱2件。其次，筹备处在利润方面采取按股分配，一切厂规概由股东大会按照普通商业章则，"议定施行"。最后，筹备处统一各厂名称，将原有厂名一律改为本厂支部，以数字标明，而支部经济则可各自独立，"盈亏与总厂无涉"，支部产品既可

---

① 《湖南染业公司新到国货速成青广告》，《大公报》（长沙版）1920年10月17日。

第二章　湖南近代染织业的发展及其影响 / 71

集中总厂出售,也或自由出售,"不加限制"①。

### 四　政府对湖南近代漂染业的推动

在商人努力的同时,湖南省政府、国民政府相继对湖南漂染业进行了较合法化、程序化的管理。一方面,政府加强了染织专业人才的培养和管理。1914年,湖南省加强了对省立甲种工校染织科毕业生的管理,饬令毕业生将其履历呈报实业部进行管理。② 1917年8月24日,湖南省立甲种工业学校校长称,本校第二、第三两班染织科,第三班应用化学科等修业期满,理当对染织科其毕业成绩、履历等进行登记、存查。③ 1927年,蒋介石宴请上海商界代表之时,商界各行业代表几乎都纷纷与会,"均能表现政府与商界之联络"④。1933年10月,湖南省立第五职业学校校长吴绍麟招收染织艺徒,饬令附近郴州、桂阳等10县教育局在该年11月4日之前,从染织科遴选一名艺徒到其学校培训。⑤ 同时,教育厅还训令郴州、桂阳等10县教育局,要求它们根据第五职校请求在染织、陶瓷两科各选送一名艺徒的建议,"仰遵照办"⑥。

另一方面,湖南旅京筹赈会通过慈善方式,筹设平民染织传习所。该筹赈会在湖南省内设有染织工厂,分为中、西、南三路,每路男女工厂各1个,合计6个。1920年冬,筹赈会在长沙设总管理处,较快地推动了各路工厂的兴办,"未逾年,各路工厂悉次第举办焉"。最初,筹赈会筹设染织传习所的目的在于"以工代赈,较寻常施拯灾民更进一层"。由于预算经费"颇闻充裕",因而其计划书中强调"先办染织一科,以次推广金木工"。在实业救国的推动下,"一时舆论,感啧啧称羡,谓为从来未有之规",为发展慈善和工业,"趋就而愿尽义务者几于踵相接,植忝研染织,夙务实践"。但是,经过数月之后,当"正极力计划扩充,忽

---

① 《湖南联大染织总厂招股启事》,《时论》1948年第2卷第1期。
② 《咨湖南巡按使省立甲种工校染织科廖兆坤等应将入学资格补报希饬遵文》,《教育公报》1914年第3期。
③ 《咨湖南省长省立第一甲种工校机械染织应用化学三科学生谢秉乾等应准毕业文》,《教育公报》1917年第4卷第14期。
④ 浩然:《政商联络》,《新闻报》1927年7月6日第6版。
⑤ 《湖南省教育厅训令》,《湖南省政府公报》1933年第165期。
⑥ 朱经农:《公文·训令·湖南省教育厅训令》,《湖南省政府公报》1933年第165期。

而经费不继"。时至1922年7月，正当筹赈会派员前往衡阳开办第三男厂之时，在经费困难下，"各厂须陆续收束"①。

再一方面，湖南政府对湖南漂染进行了较严格、正规化的管理。1933年12月，湖南省建设厅再次饬令各县政府转饬各地染织工会，将其组织状况如实填写完整，并送建设厅，"以凭汇转"②。同时，建设厅还饬令各县政府查核各染织同业公会，要求在3日内据实填报，"分别详细查明填注"，以"毋稍违延为要"③。1934年，对于商民周振续等奏请在南县设立福民织染股份有限公司已经"备具营业计划"一案，建设厅曾奉实业部明令，对该公司进行了调查。调查表明，该公司"一切手续尚合"，因而除了需要将专件分别抽存备查，以及在执照费内扣支办公费之外，还需对该公司的登记文件费等"准予登记、填发"④。

最后，国民政府也对湖南漂染业进行管理，明令各染织厂必须登记备案，合格者给予颁发营业执照。1934年2月17日，国家实业部指令湖南省建设厅呈送长沙"福星机器染厂公司"补正登记文件，以便"复祈鉴核"。同月20日，实业部指令湖南省建设厅，呈送湘潭县染业职业公会章程会员名册、职员略历表、成立报告表，以便核实。⑤ 3月份，湖南省建设厅饬令湘潭县政府，声称奉实业部饬令该县染业职业工会准备案，"仰转饬知照"⑥。12月19日，对于福民织染有限公司成立登记，经实业部查核，"大致尚合，应予照准，填发执照一纸"。但实业部也强调，该公司也存在诸多须完善的地方，不仅其章程第十二条规定的公司公告方法，"系召集股东会，对于一般事项，未据订明，应即补订"，而且章程中第十三条"四柱清册"四字亦应改为"公司第一百六十六条规定各项表册"十六字。因此，实业部致函湖南建设厅，让其转饬福民公司"遵

---

① 黄植：《湖南旅京筹赈会筹设平民染织传习第三男工厂结束后之感言》，《工业杂志》（长沙）1923年第1卷第9期。
② 余籍传：《公牍·训令·湖南省建设厅训令·传字第字四九一号》，《湖南省建设月刊》1934年第40期。
③ 余籍传：《湖南省建设厅训令》，《湖南省建设月刊》1934年第40期。
④ 《建设厅呈实业部》，《湖南省政府公报》1934年第192期。
⑤ 陈公博：《实业部指令》，《实业公报》1934年第165—166期。
⑥ 余籍传：《公文训令·湖南省建设厅训令》，《湖南省政府公报》1934年第174期。

照修正，另缮全章，呈转备查"①。

特别是1935—1937年，实业部还多次饬令湖南省政府加强对漂染业同业工会等组织的管理。1935年10月23日，实业部饬令湖南省建设厅，对成立的德记染织无限公司进行登记管理，经"查核尚合，应予照准填发执照一纸"②。同年12月19日，实业部饬令湖南省建设厅，呈送一件有关"福民织染股份有限公司呈卖登记文件费银，请核准登记"③。1936年12月8日，实业部指出，虽然益阳县漂染职业工会组织"既经申请党部许可，所具章程复核大致尚合"，但是尚有应行改正事项，"除予改正编案外，相应填列附单，复请查照"。此外，实业部还饬令湖南省政府抄发改正附单给该县，"转饬遵照办理，并依法刊发图记，给予证书"，甚至将其图记、印模上呈县政府备查。④ 1937年3月15日，湖南省政府准咨送祁阳县染业职业工会组织章册，经予改正备案，相应填列。⑤

抗战时期，湖南染织业为抗战救国做出了很大的努力。湖南染织等手工业有着良好的发展基础，抗战爆发后"各种新兴手工艺产品，竟能如雨后春笋，星罗棋布，产量丰足，品质优良，人民之生计，得以解决，奇缺之物资，得有代替，农村经济，并因之繁荣"。据1943年《贵州企业季刊》所载，湖南漂染产品"近日以生产剩余，运销省区内外，或誉之谓新兴民族工业"。特别是长沙，"事实上年有价值十二万万元以上之染织产品，供给后方千百万军民服用"⑥。抗战初期，为支持武汉会战，除了民营工厂提供近1/3的军工产品外，还有湖南20多家大型纺织企业，他们主要承担了军医署所需的绑带生产任务，并运抵附近各战区。同时，湖南各小纺织厂还采用6万台铁木织机，织成近300万匹的大小布匹，用作军衣。

综上所述，虽然秦汉时期湖南印染就已较为出色，但是湖南旧式染坊来源已久，渐趋发达于民国初年。同时，在近代世界市场已融为一体

---

① 陈公博：《实业部指令》，《实业公报》1935年第211期。
② 陈公博：《实业部指令》，《实业公报》1935年第255期。
③ 陈公博：《实业部指令》，《实业公报》1935年第211—212期。
④ 《湖南省政府训令》，《湖南省政府公报》1937年第620期。
⑤ 吴鼎昌：《咨湖南省政府》，《实业公报》1937年第324期。
⑥ 何培桢：《记长沙手工业出品展览会》，《贵州企业季刊》1943年第1卷第4期。

和国内外政局动荡的大环境下，受洋靛的大量输入和战乱的影响，除了部分新式的机器漂染厂之外，其他大大小小的漂染厂，特别是传统的漂染作坊无法生存，工人纷纷失业、罢工，这些综合因素影响了近代湖南漂染业的进一步发展。基于此，在被洋靛冲击和战乱束缚的同时，为改变中国"半殖民地工业特质"，湖南乃至全国各地政商可谓"风起云涌"，做出了诸多的努力，不仅采取了股份制的经营方式，而且还从国外购置了近代化的机器漂染设备，甚至还引进了先进的漂染技术，纷纷设立诸如福星机器染厂、湖南第一纺织厂等"专办各种精良染料"的近代化企业，使其产品精良、经销和管理渐趋规范化。

## 第三节 湖南近代漂染业发展的表现

学界不仅从美术、艺术的角度对漂染做了诸多的研究，而且也有学者对近代中国漂染业做了专题论述，但对于近代湖南漂染业发展的表现则尚无专题论述。实际上，即使湖南近代丝光机器染的兴起时间晚于上海，但是在各种漂染业中，湖南"旧式染坊，则起源于逊清中叶"，早于1848年"上海最早的染坊"[①]。在传统的麻、丝、棉等布料中，蓝印花布素有"衣被天下"之称，而湖南邵阳、凤凰又被誉为"蓝印花布之乡"。有鉴于此，为阐述湖南近代漂染业和工业化发展历程，本节从湖南近代专业性漂染、设备更新，以及传统染坊与近代机器染厂的并存运行三方面着手，对湖南近代漂染业发展的表现进行专题论述。

### 一 浅层次发展：近代专业性漂染

专业性染铺及其质量的提高是漂染业发展的重要表现。晚清时期，湖南漂染业有了较大程度的发展。清道光年间（1821—1850），醴陵东乡的染业"已颇发达"，同时南乡的肖大俊在醴陵县城还开设了"茂康染铺"。当时，虽然东乡的蓝靛每石价格不过七八串，但是"惟品质掺杂"，

---

① 中国近代纺织史编委会编著：《中国近代纺织史》（下卷），中国纺织出版社1997年版，第55页。

因而肖氏"加工精制，生意日隆，集资至巨万"①。同治年间（1862—1874），湖南永顺桑植县生产青靛，"可染布帛"②。同时沅江府黔阳县东北太平里"多种之，俗呼靛"。春暮种植，秋初摘叶，孟秋再摘。据同治年间《黔阳县志》所载，最初黔阳青靛的栽种"无几，今大半南亩矣。倘值荒年，还有不可胜言者"。但是由于"愚民趋利，不计远图"③，因而青靛产量不稳。

行规的制定及其施行也是漂染业浅层次发展的表现之一。为维护本地同行业者的利益，湖南近代染坊在入帮、上行等方面都有严格的规定，特别是外来人员入行，其入行费明细高于本地人。从1891年5月长沙染坊条规可知，对于本地"新升正作"的染坊者，出入帮钱为4串文，每月入钱1串文，"不准推诿拖延，如违公同议罚"。然而，入帮也体现了排外性，如对于外来人员加入长沙染坊行业者，出入帮钱则高达12串文，每月入钱1串500文，"帮作"出钱8串文，每月入钱1串文。此外，外来拜师学艺者，出入帮费为8串文，只有缴清入帮费用才可正式入行上名，如果"恃强霸市，公同追取理阻"。同时，对于雇佣帮工、客师，染纺业的规定也较为严格，各店客师，若已议定长年做工，而在议定期限内却"希图贪利，往别店贸易，而停本店"，则"不准复用"④。

同时，漂染原料及其程序分化不仅是近代纺织发展的结果，而且也是漂染业发展的重要表现。民国时期，湘西人石启贵将蓝靛分为家靛、野靛，其中"家靛"属人工培植而成，"野靛"则为天然野生，两者制作方法有别，"染法亦属大异"⑤。同时，醴陵漂业也开始分为两类，漂业另立漂坊，职工亦另组工会。"漂业盛衰，随夏布业及土布业为转移。迩来布业渐衰，漂业亦随之不振"，如1943年醴陵尚有6家漂坊，60余名职工，但1944年初仅存3户，职工20余人。醴陵漂坊多设在南门沿河一

---

① 民国《醴陵县志》卷6《食货志·工商》，1948年铅印本。
② 同治《桑植县志》卷2《风土志·土产》，1873年刻本。
③ 同治《黔阳县志》卷18《户政·物产》，1874年刻本。
④ 彭泽益编：《中国近代手工业史资料（1840—1949）》第二卷，中华书局1962年版，第33页。
⑤ 石启贵：《湘西苗族实地调查报告》，湖南人民出版社1986年版，第96页。

带，取其近况元州，"便于漂晒也"①。

然而，醴陵漂染的条件和质量均无法与毗邻的浏阳相提并论。一方面，浏阳出产的麻不仅"宜于绩织"，而且在生产技术方面，绩工、织工"漂工特别精良"②。另一方面，浏阳有着天然的漂染条件。浏阳河水富含碱性，"特别清洁，宜于漂布"，加之河滩卵石、细砂较多，漂布时无须用漂粉，其产品就"精美异常"③。再一方面，醴陵商人起步较晚，使醴陵夏布多为布贩从民间收购，然后再转手浏阳商人漂白加工，最后再成捆外销。因此，直至民国初年随着醴陵商人的不断壮大，"乃有醴商自行漂染，运销各埠销售"，从而"外间始知有醴陵夏布"④。

此外，染坊数量的增加也是漂染业发展的浅层次发展表现之一。作为织布的副业，由于湖南土布"向称发达"，因而无论乡村，还是市镇，"染坊林立"⑤。虽然湖南染坊由来已久，但是直至民国初年才"渐趋发达"，尤其以1923年、1924年最为兴盛。⑥据1934年政府实业部国际贸易局调查，全省遍及21个县市，合计有175家染坊，40万元资本，1513名工人。⑦其中，长沙染坊起源于清乾隆年间（1736—1795），时至民国初年，其染坊户数才"日见增多"。长沙染坊营业尤以1918—1924年为最盛。之后，因地方军阀混战，"营业衰颓"。据1934年调查，长沙现"因农村破产，染业亦不振"，所染布匹以长沙、浏阳、平江者为多，但设备简陋，"皆系人工染色，并无机器"⑧，而使用机器者仅福星机器染厂1户，因而福星机器染厂是湖南织布业"最大之副业"⑨的现代化轻纺企业。

邵阳也是湖南较著名的染纺之地。清光宣年间（1875—1911），邵阳

---

① 民国《醴陵县志》卷6《食货志·工商》，1948年铅印本。
② 《川湘夏布调查》，《国际劳工通讯》1938年第5卷第7期。
③ 公英：《调查·浏阳醴陵之夏布》，《工商半月刊》1934年第6卷第16期。
④ 民国《醴陵县志》卷6《食货志·工商》，1948年铅印本。
⑤ 孟学思编：《长沙重要工厂调查》，湖南经济调查所1934年铅印本，第A38页。
⑥ 朱羲农、朱保训编纂：《湖南实业志》第2册，湖南人民出版社2008年版，第992页。
⑦ 中国近代纺织史编委会编著：《中国近代纺织史》（下卷），中国纺织出版社1997年版，第55页。
⑧ 朱羲农、朱保训编纂：《湖南实业志》第2册，湖南人民出版社2008年版，第279页。
⑨ 孟学思编：《长沙重要工厂调查》，湖南经济调查所1934年铅印本，第A36页。

染纺业"已渐臻发达"。之后，邵阳染坊户数继续增加，"营业颇称顺利"。据1934年调查，邵阳县染坊合计50户，资本101300元，职工362人，全年总产值350000元。[①] 据同年调查，长沙有数十家染坊，"专染青蓝布匹"，布匹多为土产，年营业额达一二百万元，但是"染法简陋，易脱褪色，未能若舶来品之鲜艳夺目，历久不变也"[②]。

近代以降，不仅专业性染坊数量增加，而且湖南染坊分布较广。这些染坊主要分布于长沙县、湘阴、浏阳、醴陵、湘乡、宁乡、邵阳、会同、岳阳、平江、南县、慈利、耒阳、桂阳、嘉禾、芷江、黔阳、晃县、湘潭、衡阳一带。就染坊户数而言，以长沙市为最多，邵阳次之，浏阳又其次，嘉禾、平江、醴陵、长沙县更次之。从资本来看，染坊仍以长沙市为最多，邵阳次之，醴陵又次之，浏阳、湘潭、宁乡、会同更次之。从工人人数而论，仍以长沙市最多，醴陵次之，邵阳又次之，湘潭、会同、浏阳、湘乡、平江、长沙县更次之。从染缸数量来看，仍以长沙市最多，邵阳次之，湘潭又次之，平江、醴陵更次之。具体如表2-5所示。

表2-5　　　　　　　　1934年湖南省各县染纺业统计[③]

| 地名 | 户数 | 资本（元） | 工人 | 地名 | 户数 | 资本（元） | 工人 |
|---|---|---|---|---|---|---|---|
| 长沙市 | 28 | 168100 | 830 | 平江县 | 10 | 8300 | 28 |
| 长沙县 | 10 | 6400 | 27 | 南县 | 1 | 1500 | 9 |
| 湘阴县 | 2 | 3200 | 11 | 慈利县 | 5 | 4530 | 21 |
| 浏阳县 | 15 | 27900 | 60 | 耒阳县 | 8 | 2460 | 16 |
| 醴陵县 | 10 | 35200 | 123 | 桂阳县 | 6 | 1250 | 6 |
| 湘乡县 | 6 | 7600 | 31 | 嘉禾县 | 11 | 3040 | 13 |
| 宁乡县 | 6 | 13100 | 22 | 芷江县 | 5 | 1050 | 7 |
| 邵阳县 | 20 | 81300 | 116 | 黔阳县 | 1 | 400 | 3 |
| 会同县 | 8 | 10200 | 37 | 晃县 | 3 | 7220 | 14 |
| 岳阳县 | 6 | 1650 | 12 | 湘潭县 | 6 | 14700 | 114 |
| 衡阳县 | 8 | 1460 | 13 | 总计 | 175 | 400560 | 1513 |

---

① 朱羲农、朱保训编纂：《湖南实业志》第2册，湖南人民出版社2008年版，第384页。
② 孟学思编：《长沙重要工厂调查》，湖南经济调查所1934年铅印本，第A36页。
③ 朱羲农、朱保训编纂：《湖南实业志》第2册，湖南人民出版社2008年版，第992页。

从表 2-5 可知，无论是染坊户数，还是资本、工人数量，湖南染坊均以长沙为主。民国时期，湖南漂染规模较大者有 20 户，资本额最低为 2500 元，最高 7000 元，其他 30 余户资本总额仅 20000 元。染坊的设备为碌石、染缸、染锅，规模越大，染缸、染锅亦越多，而小染坊则仅有碌石、染缸，而"不置染锅"。染色原料方面，"旧法均用土靛"①。同时洪江的染坊有 8 户，资本总额 10200 元，工人 37 名，其中人数以宝庆为多，均系代客染色，每染布 1 匹，染工可获 0.13 元，但实际仅获得 90%的收入，即每匹染布得 0.117 元，全年营业额约为 20200 元。② 据 1948 年统计，长沙、湘阴、平江、宁乡等县大大小小的染织工厂达 6 万余家，职工 200 万人，"出产青布，驰名全国"③。

## 二 根本变革：漂染机器设备的更新

相对于浅层次的专业化生产、规模相对扩大等方面而言，手工生产向机械或半机械化发展更是工业化的根本变革。近代以降，随着资本主义世界市场的助推和工业化进程的加速，各种机器相应而生。其中，1930 年范仲廉、汪勋臣集资 6 万元，租赁 300 方丈的土地，设 7 幢房屋，开设福星机器染厂。1931 年 10 月正式开工，以刘润湘为经理，专染布匹绸绫，尤其以布匹为主，占 80%，绸绫仅 10%，衣片为 10%。④ 虽然该厂规模不大，最初仅 3 万元资本，但时至 1934 年已增至 6 万元，因而该厂在湖南机器漂染、股份制运营方面"尚属创举"⑤。

从湖南机器染厂、丝光染厂的发展来看，无论从机器漂染的创设，还是产量、质量、市场等方面而言，福星机器染厂在湖南漂染业中均最为出色。第一，产量方面，福星机器染厂年产染色布 49500 匹，年产值 122200 银圆，产品主要为"阴丹士林布"，市场为湖南省各地。⑥ 第二，

---

① 朱羲农、朱保训编纂：《湖南实业志》第 1 册，湖南人民出版社 2008 年版，第 384 页。
② 朱羲农、朱保训编纂：《湖南实业志》第 1 册，湖南人民出版社 2008 年版，第 439 页。
③ 《湖南联大染织总厂招股启事》，《时论》1948 年第 2 卷第 1 期。
④ 朱羲农、朱保训编纂：《湖南实业志》第 1 册，湖南人民出版社 2008 年版，第 274 页。
⑤ 孟学思编：《长沙重要工厂调查》，湖南经济调查所 1934 年铅印本，第 A38 页。
⑥ 湖南省地方志编纂委员会编：《湖南省志》卷 9《工业矿产志·轻工业·纺织工业》，湖南人民出版社 1989 年版，第 530 页。

质量方面，由于该厂引进日造全新染色设备，"质量优良，永不褪色，以晴雨商标注册，声誉甚著"①。第三，市场方面，虽然该厂不及旧式染坊"取得一般人士之信仰"，但是仅通过三年的时间，就赢得了较为广阔的市场，不仅在省内衡州、宝庆、湘潭、洪江一带，"均销场无阻"，而且还在衡州设本地染坊，"以资分销"。总之，时至1934年，福星机器染厂营业三年"尚称顺利，每年皆有盈利"，但是盈利不多，如1933年盈余约2000元。②

在湖南第一纺织厂中，漂染机的全部传动装置都是近代化设备。如天轴、褂脚、培林皮带盘、电气马达等。在设置过程中，该厂"承造者须按照机器布置草图配置"。各种机器均用马达传动，分单独与团体两种，烧毛机、压水机、上浆烘干机、拉幅机、压光机，这些机器都"采用单独马达直接传动"③。1941年，漂染部购置染机4台，烘干机和刮布机各1台，投资200万元法币。时至1943年11月漂染部竣工投产，当年产量达3460匹色布，之后陆续添置设备，从1946年的5.12万匹色布增至1949年的6万匹（约200万米）的产量。④此外，漂染部还准备增设电灯、暖气、消防及换气等设备，甚至所需用的水管、滤水池和出水沟等，还单独由承造者出具详细平面图和说明书。

在更新机器设备的同时，为提高机器漂染生产的数量、质量，湖南第一纺织厂除了利用剩余的房屋添设漂染机之外，还在厂房侧面再建两间普通平房。两厂房分别用于堆放布匹、储存染料和药品，并在屋顶建设一水塔，专供漂染之用，其原动力约100匹马力，"本厂原动部足能供给"。漂染部除了坚持以自制的出品为原则外，还代客漂染、整理棉麻各种布匹，配置的各器械以漂染和整理30—50寸阔的棉布为标准。从产量来看，漂染部每日可漂布2—3吨，可染布250—260匹（大概染阴丹士林

---

① 中国人民政治协商会议长沙市委员会文史资料研究委员会主编：《长沙文史资料》第4辑，内部发行1987年版，第123页。

② 孟学思编：《长沙重要工厂调查》，湖南经济调查所1934年铅印本，第A38页。

③ 傅道伸、任尚武：《湖南第一纺织厂添设漂染部计划书》，《纺织周刊》1932年第2卷第36期，第994—995页。

④ 中国近代纺织史编委会编著：《中国近代纺织史》（上卷），中国纺织出版社1997年版，第357页。

布每日可产 250—300 匹，若专染普通颜料则每日可染 600 匹），质量上"各种漂染永不脱色"[①]。

漂染机器设备的使用及漂染品种的细化也是近代漂染的重要表现。湖南近代漂染可分为机器染厂、丝光染纱厂和旧式染坊三大类。其中，湖南丝光染厂是近代经济发展的产物，始于 20 世纪 20 年代中期。1925 年之前，湖南的丝光色纱主要来自上海、汉口，之后随着湖南针织业的发展，丝光色纱需求量逐渐增加，湖南丝光染纱厂应时而兴。在湖南漂染市场上，开始出现了湖南本地"民德丝光染厂"生产的丝光色纱。据统计，1929 年湖南丝光染纱厂多至 7 户，但因日本纱的输入，湖南丝光色纱厂"难以立足"，倒闭 2 户，时至 1934 年左右仅存 5 户，而且主要汇集于长沙一隅。其中，以 1926 年夏宇、黄式度等人发起并成立的"亚湘丝光染纱厂"的规模为最大，其他染坊"多改从他业"[②]。

湖南机器染厂略晚于丝光染厂，始于 20 世纪 30 年代的"福星机器染织厂"。该厂不仅设备完整，而且较为先进，购置有 7 对铁制往复式染机，以及烧毛机、洗布机、蒸布机、开布机、润湿机、轧光机、整理机、折布机各 1 架；接头机、上浆机、烘干机各 2 架；柴油和煤油引擎各 1 部，马力为 20—35 匹；储水塔 1 座，锅炉 16 具。其中，轧光机购置于德国，接头机和煤气引擎则购置于美国，其余则全为国产，设备购置费合计 29100 元[③]，年产 4.95 万匹[④]，运销湖南各地。

但总体而言，湖南近代机器漂染很少，主要还是手工漂染。据 1934 年实业部国际贸易局调查，虽然湖南近代漂染业在漂工技艺、产品精良、机器设备等方面均有所发展，但是对于其中的"旧式染坊，则起源于逊清中叶，百余年来，毫无进展"[⑤]。特别是随着农村破产，购买力的削弱，染坊营业随之衰落。据 1934 年左右实业部调查，湖南全省染坊合计 175 户，资本 400560 元，工人 1513 名，染缸 967 只。此外，湖南染坊为传统

---

[①] 《湖南第一纺织厂布疋附设门市部》，《砥柱》1933 年第 1 卷第 5 期。
[②] 长沙市志编纂委员会编：《长沙市志》第 7 卷，湖南人民出版社 2001 年版，第 431 页。
[③] 朱羲农、朱保训编纂：《湖南实业志》第 2 册，湖南人民出版社 2008 年版，第 991 页。
[④] 中国近代纺织史编委会编著：《中国近代纺织史》（上卷），中国纺织出版社 1997 年版，第 357 页。
[⑤] 朱羲农、朱保训编纂：《湖南实业志》第 2 册，湖南人民出版社 2008 年版，第 991 页。

手工部门，规模较小，其中较大者多为合资组织，小者则为独资经营，工人以本地为主，间或有来自江西、湖北，但仅占少数。染坊设备简陋，普通者仅置有数架踩石和数只染缸。[1]

### 三 新旧并存：传统染坊与机器染厂的运行

传统漂染的运行是在纺织基础上的再次加工，因而有论者认为漂染"实际无所谓生产"[2]，"染业为织布业最大之副业"[3]。然而，近代机器染厂、丝光染厂和传统染坊的漂染要求不同，其漂染程序有繁有简。其中，机器染厂最繁，染坊最简单。

随着机器漂染的运行，专业化的工人逐渐增多，且待遇相对提高。在湖南近代染坊工人待遇方面，除了染坊主提供膳宿外，可按月计资，每人每月可得4—10元。[4]特别是福星机器染厂的漂染职工待遇相对较好。该厂实行8小时工作制，月工资最高30余元，最低10余元，食宿由厂方提供，员工因公负伤和传染疾病，"概由厂方医治"。虽然该厂职工无例假，但是农历年节，"放假两星期"，端午节一星期，"工资照给"[5]。该厂14名职员每月薪资合计300元，50名工人每月工资合计620元。工人既有来自本地的，也有来自浙江绍兴的，每年开工160天，2—8月为生产旺季。[6]

相对于程序简单的染坊而言，机器染厂染布的生产程序则较为复杂。机器染布主要有接布、烧毛、上去浆剂、储存、高压釜、洗涤、开腹、染色、出水、酸洗、煮皂、烘干、上浆、润湿、亚光、折叠、整理、成包18种手续。机器染厂每年可染布49500匹，价值合计122200元。其中，以"阴丹士林布"最多。此外，丝光染纱厂的程序是先将纱线煮去垢，然后上光、上酸，但是丝光纱"须在染色前上丝光车"，以及上酸，而普通色纱则无须上光、上酸。据1934年实业部调查，长沙5户丝光染

---

[1] 朱羲农、朱保训编纂：《湖南实业志》第2册，湖南人民出版社2008年版，第992页。
[2] 朱羲农、朱保训编纂：《湖南实业志》第2册，湖南人民出版社2008年版，第995页。
[3] 孟学思编：《长沙重要工厂调查》，湖南经济调查所1934年铅印本，第A36页。
[4] 朱羲农、朱保训编纂：《湖南实业志》第2册，湖南人民出版社2008年版，第992页。
[5] 孟学思编：《长沙重要工厂调查》，湖南经济调查所1934年铅印本，第A38页。
[6] 朱羲农、朱保训编纂：《湖南实业志》第2册，湖南人民出版社2008年版，第461页。

纱厂，年染丝光纱 1060 件，总值 328140 元，毛纱 500 件，染价 2 万元。由于丝光纱"皆系染纱出售"，因而这里的价格已包括了丝光纱的原价。毛纱为代染，每件染水价 40 元。湖南各县普通染坊"皆以代染为主"，但间或亦染布出售。据 1934 年实业部统计，湖南全省染坊每年染布 1775588 匹，16400 丈，染水价 1296012 元。[①]

福星机器染厂组织结构较为严密。该厂由股东大会选举 7 名董事，2 名监察构成董监会，总揽该厂一切事宜。同时该厂推举 1 名总理，执行全厂业务，经理之下设会计、厂务、营业三个部门，各部门设 1 名主任，以及数名技师、职员。[②] 福星机器染厂成立之后，李玉松又在长沙开设了"裕湘染厂"。1933 年，福兴染厂"销路发达，营业年有进展"，在省内宝庆、洪江、衡州、湘潭等地，"均能畅销无阻"[③]，但 1938 年"福星机器染厂"和"裕湘染厂"均毁于"文夕"大火。1940 年，长沙又出现苏伯康开设的"永和染厂"、郭长锡等人开设的"华兴机染厂"。但是，这两厂均是在"裕湘染厂"留存废机具的基础上经过修理、拼凑而成。据统计，1949 年两厂产色布合计 2.74 万匹。[④]

丝光染厂按成品不同，有丝光染纱厂和染坊的染布厂。其中，长沙丝光染纱厂专染色纱出售。1934 年之前，长沙所有丝光色纱大多购自于上海、汉口，但 1935 年、1936 年之后，长沙"始有色纱厂之开设"。丝光染纱业与针织、织布业的发达互为关联、成正方向发展。如 1928 年、1929 年之后，受日本纱的倾销，国产丝光染纱"难与竞争"，同时袜厂不振，以致丝光染纱"因之衰落"[⑤]。

为增强湖南漂染业的实力，湖南机器染厂成立后又对其进行了完善。其中，1932 年"亚湘丝光染纱厂"改组，经理为黄玉龙，在长沙经武门外分路口租赁 20 亩，建 3 幢房屋。该染厂为合资组织，资本 2 万元，职员 9 人，月薪 200 元；工人 65 名，月工资 600 元。"亚湘丝光染纱厂"的

---

① 朱羲农、朱保训编纂：《湖南实业志》第 2 册，湖南人民出版社 2008 年版，第 995 页。
② 孟学思编：《长沙重要工厂调查》，湖南经济调查所 1934 年铅印本，第 A38 页。
③ 朱羲农、朱保训编纂：《湖南实业志》第 1 册，湖南人民出版社 2008 年版，第 274 页。
④ 中国近代纺织史编委会编著：《中国近代纺织史》（上卷），中国纺织出版社 1997 年版，第 357 页。
⑤ 朱羲农、朱保训编纂：《湖南实业志》第 1 册，湖南人民出版社 2008 年版，第 279 页。

工人来自乡间，工资按月计。①"亚湘丝光染纱厂"每年生产分上下两期，上期在2月初旬，下期则在8、9月之间，以染纱出售为主，代染较少。同时，实业部调查还指出，衡阳颜料店有14户，资本43500元，营业者59人，营业总额154800元。②

除了"亚湘丝光染纱厂"之外，长沙还有"针记公司""其昌""民德"，以及最小的"勤业"等染厂。这些染厂与"亚湘"一样，均为合资组织，且以染纱出售为主，各厂购有丝光车、染缸，每年春秋生产最旺，工人都以本地为主，河南次之，来自上海者较少。其中，"针记"成立于1927年的太平街，资本6000元，职员8人，月薪120元；工人16名，月工资200元，规模仅次于"亚湘"。"其昌"位于西湖桥，成立于1929年，资本5600元，职员6人，月薪90元；工人16名，月工资140元。"民德"位于吉祥庵巷，成立于1925年，资本5000元，职员5人，月薪75元；工人8名，月工资96元。"勤业"位于大西门外的流水桥，成立于1929年，资本4600元。③

湖南机器染厂与丝光染厂所需原料有布匹和颜料。其中，两厂的布匹大多购自于上海"永安"和"申新"诸厂，而颜料则由德国和英国商人提供。福星机器染厂以布匹为主，颜料来自长沙德商的"德孚"洋行和英国的"卜内门"洋行。福星染厂每年需15担"阴丹士林"布，价值27000元，15担"海昌蓝"，价值7875元，40担硫化颜料，价值2800元，全年合计约需76担颜料，总值39475元。湖南丝光染纱厂的原料为棉纱和颜料，棉纱仍大多来自上海的"永安"和"申新"，颜料源自英国、德国，染厂颜料"皆向长沙洋行采购"。据1934年实业部调查，长沙5个染厂年需1060件棉纱，其中"亚湘"染厂400件，"针记"200件，"其昌"180件，"民德""勤业"各140件。棉纱价格根据粗细（"支"越多则纱越细）不同而定，其中60支细纱每件420元，42支纱310元，32支纱296元，20支纱203元，16支纱192元，10支纱180元，

---

① 朱羲农、朱保训编纂：《湖南实业志》第2册，湖南人民出版社2008年版，第991页。
② 朱羲农、朱保训编纂：《湖南实业志》第1册，湖南人民出版社2008年版，第461页。
③ 朱羲农、朱保训编纂：《湖南实业志》第2册，湖南人民出版社2008年版，第992页。

8支纱150元。①

在市场方面，近代机器染厂、丝光染厂、旧式染坊三者有别。一方面，机器染厂的市场遍及湖南各县，而丝光染厂则主要集中在长沙，特别是染坊基本无市场可言，只有长沙、邵阳等地的旧式染坊，才在广东、四川等省外有一定的市场。长沙福星机器染厂出产"海昌蓝布""阴丹士林布""爱国蓝布""青布""西法蓝布""特别灰布""军衣灰布"和"黄布"8种。这些染布除一部分作为服装之外，主要为各界女士的日用品原料，因而销路"遍于湘省各县，营业颇有起色"。另一方面，湖南丝光染色厂出品有色纱、丝光纱，其产品主要为织袜原料，只有少许用于织布，因而市场以长沙为主，其次为益阳、常德、衡州、宝庆，最后为平江、新化、湘潭、宁乡、岳州等地。再一方面，至于旧式的染坊，由于主要为代客商染布，从中谋取染水价，因而"根本无所谓销路"②。绸布庄间或兼营染坊，其宗旨在染布出售，出品多为平民衣料，因而销路以本县四乡为主，邻县次之，但是长沙、邵阳、浏阳、醴陵、湘潭诸县出品较多，因而销路遍及湖北、江西、广东、四川，以及贵州等省。

湖南染制品市场交易以现金为主，但亦有例外，主要以营业之大小和信用而定。其中，长沙福星机器染厂按照10%—20%收款，丝光染纱厂则用30%收账方法，而其他旧式染坊因交易额数量甚小，大多以现金交易，只有长沙旧式染坊分半月或一月收款。醴陵旧式染坊，最多按照10%"必须收款"，邵阳按照大小月付款。总之，湖南染制品交易方式"视营业之大小，信用之优劣而异"③。

综上所述，随着近代资本主义经济和世界市场逐步融为一体，为改变中国半殖民地工业特质，湖南近代漂染业在专业化染坊、规模和设备更新、股份制经营模式等方面都有了一定程度的发展。既有浅层次的专业性漂染和规模的扩大等，也有机器生产等方面的根本性变革，出现了近代化的漂染设备和技术，设立了诸如"福星机器染厂"、湖南第一纺织厂等"专办各种精良染料"的近代化企业。

---

① 朱羲农、朱保训编纂：《湖南实业志》第2册，湖南人民出版社2008年版，第994页。
② 朱羲农、朱保训编纂：《湖南实业志》第2册，湖南人民出版社2008年版，第998页。
③ 朱羲农、朱保训编纂：《湖南实业志》第2册，湖南人民出版社2008年版，第999页。

# 第三章

# 湖南近代植麻及其夏布业

植麻业是夏布业的原料产业,其中湖南是中国植麻的重要区域,也是中国著名的夏布产地。特别是近代浏阳和醴陵,因其夏布产量颇丰、质量颇佳而畅销海内外,如今已发展成为中国著名的"夏布之乡"。在近代资本主义市场和工业革命的推动下,湖南近代植麻业有了明显的发展,植麻区逐步扩大、商品化程度明显提升、市场大为拓展。植麻业是在夏布市场所需,以及商人和夏布工人的合力推动下发展的。同时,近代湖南夏布业的生产和市场也发生了较大的变化。但是,由于醴陵受不利条件、战乱等影响,因而民国初年之前,"外间只知有浏阳夏布,而醴陵则无闻焉"[1],但实际上湖南夏布产量以醴陵最多[2],甚至"醴陵实居强半"[3]。

## 第一节 湖南近代植麻业的发展及其市场

植麻业是夏布业的原料产业,是中国纺织的活化石,被誉为"国纺源头,万年衣祖"。作为独一无二的苎麻大国,如今中国的苎麻产量已占全球总产量的80%—90%,而湖南苎麻产量从民国时期的第二位现已跃居中国榜首,年产量占全国的80%—90%。[4] 因此,民国时期就有论者认

---

[1] 民国《醴陵乡土志》第6章《实业·夏布》,1926年铅印本。
[2] 《日趋衰落之中国夏布业》,《国货月刊》1934年第21期。
[3] 民国《醴陵县志》卷6《食货志·工商》,1948年铅印本。
[4] 青先国等编著:《新世纪湖南农业——新的农业科技革命与湖南农业发展问题》,湖南科学技术出版社1999年版,第72页。

为苎麻"是一项值得国人提倡的事业"。一方面，发展植麻业可解决诸多人的生计问题；另一方面，发展植麻业可以增加国家的外币收入；再一方面，商人还可从中积累资本，"努力急起扩充振兴"①。然而，作为非物质文化遗产夏布的原料，湖南近代植麻业的发展及其市场等问题则尚无专题研究。因此，在湖南乃至中国现代化的过程中，很有必要对近代湖南植麻业的发展历程及其市场进行专题研究。

### 一　近代湖南植麻区域的变化

植麻与夏布是两个不同的产业，前者为原料，可谓植麻业，其纤维可做纺织，而后者则是以前者为原料制成的工业品。湖南的麻可分为苎麻、火麻、堂麻、荣麻等，但以苎麻最为常见，"无论荒野山腹"，还是"沟泽畦畔"，"皆可种植"②，而且用途也最广。

苎麻发源于中国，因而被国际誉为"中国草""汉麻"，而日本则称之为"南京麻"。这种植麻技术相继扩散至英国、法国、比利时等。从1958年浙江吴兴钱山漾出土的苎麻织物残片和1975年浙江余姚出土的苎麻绳索和完整的苎麻叶片可知，中国的苎麻种植可追溯至新石器时代长江中下游一带，其中前者距今4700年，是中国麻布最早的记录，而后者则表明中国早在7000多年前就开始利用苎麻进行纺织。商周时期，中国人已从野生植物中选育、栽培、利用苎麻。

湖南植麻历史悠久。从1954年长沙市北郊杨家湾战国墓出土的一只半苎麻鞋，以及1971年长沙市浏城桥一号墓发现春秋晚期的"麻织鞋底残片"可知，湖南最迟在春秋战国时期就有植麻的足迹，因而湖南植麻至少有3000年的历史。此外，从1972年长沙马王堆一号汉墓出土的三块粗麻布（幅度为45厘米，经纬密度为每平方厘米18根×19根，以及最长可达1.36米）可知，汉朝时期，湖南植麻及其加工技术已"达到了相当高的水平"，其纤维"都十分成熟"，"均已接近现代大麻纤维的

---

① 方柏容：《从速发展麻工业》，《纺织建设月刊》1948年第1卷第10期。
② 李文治编：《中国近代农业史资料·第一辑·1840—1911》，生活·读书·新知三联书店1957年版，第400页。

指标"①。

苎麻是中国早期的布料。从"苎"字的流变来看，秦汉前的古籍多用"纻"，尔后则演变为"芧""苎"。虽然其字形不同，但均可看出是一种草本植物，因而在诸多文献中有"芧麻""苎麻"。苎麻作为中国最早、最为普遍的纺织原料，在元朝棉花开始输入之前，中国"所为布皆以麻"，无论"上自端冕"，还是"下讫草服"②，均以苎麻为原料。春秋时期《诗经·陈风》中"东门之池，可以沤苎"③的论述应是苎麻种植的最早记载，其时间应为公元前9—前6世纪，而《周礼》中"苎之麻，草之物"的记载则说明西周时期已有专门管理苎麻的官员。此外，东汉末年郑玄《嗤注》中所谓的"典枲掌布缌缕苎之麻、草之物，白而细。疏曰苎"的记载，更是直观地反映出周朝时期已有专门管理苎麻生产的"典枲"官员。同时《嗤注》中还指出，"云草贡出山泽，顷苎之属，可缉绩者"④，这又表明苎麻已是中国云草中征收赋税的重要项目之一。

湖南适宜的经济地理不仅是农作物生长的基础，而且也是手工业就地取材的重要前提。诚如何辑五所言，"工业和农业有不可分性"，"尤其与各地之资源密不可分"⑤。如湖南资兴县，虽然水田适宜种植稻谷，"而南区水田宜苎麻"⑥，但是澧州石门县，虽然"女红克勤纺绩"，但是受土质和气候原因限制，以致"邑种桑麻甚少"，她们"多买木棉弹纺成布，比户机身轧轧"⑦。

从植物学的角度来看，苎麻生长在高温多湿的环境，其最适宜温度为18℃—30℃，因而最适宜于亚热带，"培植苎麻的地方以排水良好，而常能保持适当的水位为最佳"。但是苎麻较脆弱，不宜于沿海多风的地

---

① 老夯：《湖南麻类作物栽培史小考》，《古今农业》1991年第2期。
② 李长年主编：《麻类作物》（上册），农业出版社1962年版，第249页。
③ 袁愈荌译诗，唐莫尧注释：《诗经全译》，贵州人民出版社1981年版，第186页。
④ 香港树仁学院编著：《农业的起源和发展》，南京大学出版社1996年版，第400页。
⑤ 何辑五：《今后贵州经济建设之重点》，《贵州经济建设月刊》1946年第1卷第2—3期，第4页。
⑥ 民国《湖南各县调查笔记·物产类·资兴》，1931年铅印本。
⑦ 嘉庆《石门县志》卷18《风俗》，1818年刻本。

带，若遇暴风，则易被折损，即使之后能继续生长，"但产量少"①。如1922年，由于雨水调匀，麻苗得以良好长成，以致时论认为若"不发风潮"，将来收成则"定可十足"②。就苎麻适宜的土壤而言，"以表土深厚，轻松膨软，含有丰富养分的砂质土壤，黏质壤土，腐殖质壤土为最合适"③。同时，虽然苎麻宜种植于水田，但是也"宜山地"，每年可割三次④。基于此，苎麻主产于南方。如元朝王祯《农书》所载，"南人不解刈麻，北人不知治苎"。同期《农桑辑要》也指出，"苎麻本南方之物"⑤。

就种植区域而言，汉朝时期在南方各区域中苎麻又主要分布于长江中下游湖南、湖北、江西、四川一带。时至三国，湖南、湖北等地种植苎麻已相当普遍，可年产三次。⑥ 时至宋元时期，在政府的倡导下，湖南、湖北等南方地区已发展成为苎麻的主产地。如《梦溪笔谈》所载：政府"令民发去茶园，诱之使种桑麻"，以致"茶园渐少，而桑麻特盛于鄂、岳之间"⑦。特别是明清时期，在南方种植苎麻的各省中，"要以江西、湖南及闽粤为盛"⑧。

据乾隆年间的《清一统志·湖南省·岳州府》可知，当时岳州府"诸县皆出"苎麻。同治之前，湖南郴州、巴陵、武陵、道州"皆贡练苎"，但时至同治年间，浏阳"上供亦栽"，当时浏阳、醴陵、湘乡、茶陵、攸县"皆麻乡"。每当夏季，则出现"苎市，捆载以售"⑨。永兴县与郴州兴宁县四乡均产苎麻⑩，特别是兴宁县，因南乡水田"宜苎

--------

① 刘鸿骞编著：《我国的麻》（增订本），财政经济出版社1957年版，第11—12页。
② 《物品市周报》，《申报》1922年7月10日第14版。
③ 刘鸿骞编著：《我国的麻》（增订本），财政经济出版社1957年版，第11—12页。
④ 民国《湖南各县调查笔记·物产类·汉寿》，1931年铅印本。
⑤ （元）大司农司编，马宗申译注：《农桑辑要译注》，上海古籍出版社2008年版，第85页。
⑥ 香港树仁学院编著：《农业的起源和发展》，南京大学出版社1996年版，第400页。
⑦ （明）宋应星、（北宋）沈括著，顾长安整理：《天工开物·梦溪笔谈》，北方联合出版传媒（集团）股份有限公司、万卷出版公司2009年版，第395页。
⑧ 道光《植物名实图考》卷14《隰草类·苎麻》，1848年刻本。
⑨ 道光《植物名实图考》卷14《隰草类·苎麻》，1848年刻本。
⑩ 光绪《永兴县志》卷52《物产志》，1883年刻本。

麻，居民多以倍租佃田植麻，获利数倍"，四乡中尤以"南乡为多"①，继而在宁乡县五路中，南乡植麻的商品化最强，"惟南乡缺谷，多仰给于东路"②。

因此，清朝时期，虽然湖南植麻较为普遍，但主要集中在东南部与洞庭湖地区，如沅江、平江、益阳、浏阳、醴陵等地。就湖南经济地理而言，以沅江最宜植麻，该地位于滨湖，"土质极为肥沃"，因而"全县几无乡不产麻"，尤其是南、北乡所产"最丰"。如南乡所属的白河、永固等乡，以及北乡的临安，"均为重要产区"，常年产量约10万市担。③此外，沅江麻还有着悠久的植麻史，早在522年就有"药山苎麻"的美誉，因而被专称为"沅麻"。时至唐朝，"沅麻"在国内市场已享有美名，栽培范围也大为扩展。此外，嘉禾县与桂阳直隶州、郴州、新化等地均是湖南苎麻的主产地之一。其中，嘉禾县"山产麻"，每年"售金数十万"，"皆贾湘粤"④，常年产量均在100万斤以上，除一半自用外，另一半则外售。⑤桂阳直隶州植麻业也是遍及各地，可谓"皆无丝帛之利，麻枲足当之"⑥。新化县"人家园多种"苎麻。⑦此外，湘阴县也有苎麻种植。⑧

清道光年间是近代政治、经济的转型时期，湖南麻的种植范围也有了明显的变化。清道光元年（1821）之前，湖南巴陵（今岳阳市）、武陵（今常德市）、道州（今道县），以及郴州一带，"皆贡练苎"。道光之后，湖南植麻更是得以较大范围拓展，如浏阳、湘乡、攸县、茶陵、醴陵"皆麻乡"⑨，而这些地方均隶属于长沙府。实际上，早在康熙年间，长沙

---

① 光绪《兴宁县志》卷5《风土·物产》，1875年刻本。
② 因为东路是兴宁重要的稻谷产区。无论水田，还是"山上亦有种谷者"，山上稻谷被称为"旱禾"，但"必风雨均匀"的条件，才会有秋收之可能。参见光绪《兴宁县志》卷5，1875年刻本。
③ 黄其慧：《湖南之麻业》，《湖南经济》1948年第3期。
④ 民国《嘉禾县图志》卷17《食货》，1931年铅印本。
⑤ 同治《嘉禾县志》卷17《食货》，1863年续增刻本。
⑥ 同治《桂阳直隶州志》卷20《货殖》，1868年刻本。
⑦ 道光《新化县志》卷30《物产》，1832刻本。
⑧ 光绪《湘阴县图志》卷25《物产》，1881年刻本。
⑨ 道光《植物名实图考》卷14《隰草类·苎麻》，1848年刻本。

府、永州府、宝庆府等地就已出产苎麻。① 但时至同治年间，隶属长沙府的攸县，"邑山民近来栽种（苎麻——引者注）甚广"，即使是城中"隙地亦然"。当然，由于苎麻未能加工，而"只供贩运，未曾沤麻缉布"②。

民国时期，湖南植麻业几乎已遍及各县，并逐渐形成了沅江、嘉禾、桂阳等十余县的集中区。如民国时人所言，"湖南大概是无县不产麻"，而且每年产量颇丰，估计总产量有十五六万担。湖南苎麻"大多是输出口的"，因而是湖南的"摇钱树"③。据1935年10月出版的《中国实业志·湖南省》所载，湖南植麻面积达247467亩，常年晒干的产量为93915担，当年产量为86872担。湖南苎麻除自用织布、制绳之外，"尚有余额外销"。据20世纪30年代时人对湖南27个产麻县的调查可知，外销者为14县，外销总数合计31369担，占常年产量的32.36%，当年产量的36.11%。特别是1936年，湖南苎麻总产量更是增至16万担，占全国总量的7%，外销量7万担以上，常年运销英、法、德商所在的汉口洋行。其中，沅江县民众以植麻为生者占30%—40%，因而产额平均达5万担之多，是湖南植麻产量最多之地，"历冠全省"④。但是，就品种而言，湖南大部分为苎麻，年产量合计约15万、16万市担⑤，其植麻面积及其产量仅次于江西，位居全国第二。

民国时期，湖南植麻主要分布于沅江、平江、桂阳、大庸、耒阳、嘉禾等县。其中，沅江不仅植麻甚广，而且产量也最多，早在嘉庆年间，沅江"境内山乡种麻甚多，湖乡高阜处亦有之"⑥。其次为嘉禾、桂阳、耒阳、平江、大庸；再次为浏阳、醴陵、湘阴、临湘、湘潭、常德、益阳、汉寿、华容、南县、绥宁、新宁、郴州、永定、蓝山、慈利、安化、安仁、攸县、衡山、保靖、乾城等县，"可谓无县不产麻"，只是产量方面"多寡不一"⑦。其中，永定的麻质最佳，以致江西的麻均以

---

① 康熙《湖广通志》卷14《物产》，1684年刻本。
② 同治《攸县志》卷52《物产》，1871年刻本。
③ 蓓蕾：《湖南特产之一——苎麻》，《湖南省政府公报》1947年第60期。
④ 《沅江之苎麻栽培》，《湖南农事试验场季刊》1936年第2号。
⑤ 黄其慧：《湖南之麻业》，《湖南经济》1948年第3期。
⑥ 嘉庆《沅江县志·物产》，1810年刻本。
⑦ 黄其慧：《湖南之麻业》，《湖南经济》1948年第3期。

永定为标准，如1903年江西抚州知府何刚德撰写的《抚郡农产考略》所言，"抚属之麻，其佳者足与湖南之永定麻相埒"，甚至江西崇仁"有永定种"①。

从湖南麻的品种和收获来看，湖南麻业仍较为特殊。一方面，湖南植麻有"草麻""片麻""散丝麻""芦麻"之分。其中，"散丝麻"又名"棉麻"，以平江所产为最佳，纤维长5—8尺，颇有光泽。相对于"散丝麻"而言，"草麻"和"芦麻"均有所不及。如"草麻"不仅"色白而光泽不足"，而且纤维"亦粗且强硬"，因而在价格方面较低，与"芦竹青""大同小异"②。又如"芦麻"不仅纤维较短，而且色泽较黑，甚至质量较差，多用作麻绳。但是，据谭嗣同《浏阳麻利述》所阐述，浏阳县的苎麻有鸡骨白、青叶、黄叶三种。③

另一方面，就植麻和收麻而言，沅麻每年可收种三次。其中芒种前四五日，即农历五月初收种一次，俗称"头麻"，常年产量为年均每亩50市斤。之后，两个月又收种一次，曰"二麻"，常年年均每亩产量45市斤。接着，又通过两个月收种一次，曰"三麻"，常年年均每亩35市斤。④ 三次收种之后，则为麻田的4个月休眠期。

虽然湖南植麻较为普遍，但是在植麻程序方面，湖南麻的种植"极为简单"，农家大多在园圃或空隙的地方挑选肥沃而又润泽的地方"掘土成畦"。在麻苗繁殖方面，分普通繁殖和特殊繁殖。其中，普通繁殖有四种方法，即播种、扦插、修条、分根，以分根法"为最多"，每当分根"定植后"，迨次年四五月即可剥皮取麻，然后需以"有速效性之人粪牛粪等为佳"。但是，分根法第一年的"产量不丰"，大概需三年之后，才是麻生产的"全盛时期，乃可大量出产"。而且，八九年后麻的根株衰老，"又须掘出老苗，实行更植"⑤。

---

① 李文治编：《中国近代农业史资料·第一辑·1840—1911》，生活·读书·新知三联书店1957年版，第435页。
② 傅角今编著，雷树德校点：《湖南地理志》，湖南教育出版社2008年版，第132页。
③ 李文治编：《中国近代农业史资料·第一辑·1840—1911》，生活·读书·新知三联书店1957年版，第610页。
④ 黄其慧：《湖南之麻业》，《湖南经济》1948年第3期。
⑤ 黄其慧：《湖南之麻业》，《湖南经济》1948年第3期。

抗战爆发后，湖南植麻逐渐衰落，几乎大部分为洞庭湖周边的沅江等地所产。据研究，滨湖常年产麻约11.3万担，约占全省产量的70%，其中不仅产量方面仍以沅江为最多，每年达10万担，而且质量方面，"沅麻""色白、纤维细长，柔韧光泽"，被称为上品。据1939年国民党政府农林部统计处统计，湖南麻的产量为40.5万担。① 时至1942年，据农业改进所调查，湖南麻产量仅21.35万担②，特别是1946年湖南植麻面积为12万亩，产量仅16万担③。之后，国民党发动内战，以致湖南麻业继续衰落。据1948年统计，沅江每年三次麻产量每亩合计约收130市斤④，至1949年湖南植麻面积仅有8万亩，麻产量仅10万担⑤。

## 二　近代湖南植麻业商品化的发展

近代之前植麻主要为自家衣料所需，但之后植麻则随着商品化的发展而不断变化。其中，比较利益的驱动是民众选择农作物的主要动机和苎麻业兴衰的晴雨表，诸多佃农弃水稻而改植麻是比较利益驱动的重要表现。如清末由于茶船至汉口，"收茶不计值，湘茶转运近捷，茶者辄底巨富"，因而浏阳"皆舍麻言茶利"，"以素所植麻，拔而植茶"⑥。但是，当市场亟须苎麻之时，由于植麻经济效率较高，因而甚至早在乾隆年间，毗邻广东苎麻市场的兴宁县（今资兴）的佃农就有诸多凭借租佃水田而植麻，以致1742年兴宁县知县苏畅华曾感叹道："近来生齿日繁，食粟日众，民田多不种稻而种麻。"⑦ 1931年左右资兴居民"多以倍租佃田植麻，利获数倍"，继而在资兴县五区中，"惟南区缺谷，多仰给于东区"⑧。

苎麻的普遍种植，产量的增多，是近代植麻业商品化发展的重要表

---

① 老奚：《湖南麻类作物栽培史小考》，《古今农业》1991年第2期。
② 有学者认为这是湖南苎麻"历史产量最多的一年"，参见符少辉、刘纯阳主编《湖南农业史》，湖南人民出版社2012年版，第595页。
③ 老奚：《湖南麻类作物栽培史小考》，《古今农业》1991年第2期。
④ 黄其慧：《湖南之麻业》，《湖南经济》1948年第3期。
⑤ 符少辉、刘纯阳主编：《湖南农业史》，湖南人民出版社2012年版，第595页。
⑥ 谭嗣同：《浏阳麻利述》，《谭嗣同全集》，中华书局1981年版，第390页。
⑦ 光绪《兴宁县志》卷15《艺文》，1875年刻本。
⑧ 民国《湖南各县调查笔记·物产类·资兴》，1931年铅印本。

现。无论衡州府属的常宁县，还是永州府属的宁远县等地均普遍植麻，甚至桂东县的"贫者绩麻纺棉为事"①。光绪年间耒阳县的苎麻"本境销行"，年均1000余担，经陆运、水运出境，销售于韶州、坪市等地，年均10000余担。②湘潭县的苎麻有"紫麻"和"白苎"之分，"俱岁三刈，每亩可数十斤，贩贸南省，获利甚饶"③。特别嘉庆年间，桂阳府毗邻的郴州，其"田中一年所收之稻不敌一年三刈之麻"④，因而湖南的麻得以较快发展，如平江、浏阳，每当夏秋之际，"苏杭大贾云集，数十年前所未有也"⑤。

到同治末期，市场较为稳定，麻价高涨，以致植麻更为普遍。甚至部分佃户利用良田植麻，呈现出"有尽其所有之田而不种一粟者，有争佃富户之田而甘租以偿之者。数年来，田改为土，禾变为麻，浸以成风"。特别是在粤商大量收购苎麻的刺激下，兴宁农户变稻田为麻土的"效尤为甚"⑥。因此，直至光绪年间，郴州仍以苎麻为出口大宗。⑦据1875年《衡山县志》所载，衡阳河沙土"略种棉花，葛颇饶，苎为多"。虽然衡阳产棉，但是在纺织过程中，由于棉纺织"工省费轻"，因而在棉布、葛布、苎麻中，以棉布"最多，苎次之，葛又次之"⑧。由此可见，苎麻是仅次于棉布的重要产业。

虽然近代植麻的商品化较强，但是种植苎麻比较耗时耗力，成本较高。据1938年孙文郁等人介绍，苎麻每亩需62.8个工作日，但种植水稻仅需14.5个工作日，是苎麻的4倍之余。从成本而言，种植每市亩苎麻，需39.7元，其中栽培和打麻的人工费的比例最高，占66.37%，其次为肥料，占20.28%，地租与土地使用费占4.38%，其他诸如煤炭、房屋晒场使用费、农具等，约占1%。因此，就单位时间收益而言，"栽植苎麻，其利益虽然较其他作物为大，但因需要人工太多，支配困难，其栽培面

---

① 同治《桂东县志》卷9《风俗》，1866年刻本。
② 光绪《耒阳县乡土志》下编《物产》，1906年木活字印本。
③ 嘉庆《湘潭县志》卷39《风土下·土产》，1818年刻本。
④ 嘉庆《郴州志·卷终·附考》，1816年刻本。
⑤ 嘉庆《巴陵县志》卷14《物产》，1804年刻本。
⑥ 光绪《兴宁县志》卷5《风土志》，1875年刻本。
⑦ 光绪《郴州直隶州乡土志·实业》（下卷），1907年刻本。
⑧ 光绪《衡山县志》卷20《风俗》，1875年刻本。

积之不能尽量增大，此要为主要原因之一焉"①。

　　随着商品经济的发展，常德府属的沅江县发展成为洞庭湖一带苎麻最多的地区。嘉庆年间由于苎麻市场所需，以致沅江在"昔者山乡种田之外，栽树植竹，今则开垦为土，苎麻、红薯、茶叶极盛"②。其中，沅江不仅在生产方面最广，因而"沅江麻"成为湖南苎麻的代名词，"全县几无乡不产麻"，而且在品质和出口方面均较为突出，"实代表了整个湖南之麻，不但闻名国外，而且蜚声外洋"③。永定县植麻也是商品化发展的产物，甚至还有湖南"麻者，以永定为上，销行甚畅"的说法。据1920年《永定县志》所载，"苎麻，本境各乡特产，为土物上品"④。

　　在清末民初实业救国的倡导下，湖南植麻的商品化更为明显。据1935年左右统计，在湖南75县中已有27县植麻，植麻面积247467亩，常年晾干的苎麻产量为96915担，但是1933年湖南苎麻产量下降至86873担。⑤当然，如此多的苎麻外销，除了受市场所需之外，还与中国苎麻加工技术较差密切相关，因为"民间仅以之织麻线麻布，相沿成习"，反之，欧美的制麻法"极精"，因而"中国麻制出口者年多一年"⑥。民国时期，日本大量从中国购置苎麻。据1921年9月23日《申报》所载，"苎麻现届新货出市，洋庄活动，日本办去制造麻织品物"，特别是头号月丝等麻，"需要更繁"。苎麻原料的出口，以致苎麻"市价步涨"⑦。

　　民国时期，湖南植麻面积总体上以常宁为最大。据1935年左右调查，常宁植麻面积计83000亩，湘乡次之，计35000亩，华容又次之，计32370亩，耒阳25000亩，沅江14546亩，资兴10000亩。因此，湖南苎

---

① 金陵大学农业经济系调查编纂：《江西瑞昌湖北阳新大冶苎麻之生产及运销》，金陵大学农业经济系1938年版，第33—34页。
② 嘉庆《沅江县志·风俗》，1810年刻本。
③ 黄其慧：《湖南之麻业》，《湖南经济》1948年第3期。
④ 民国《永定县乡土志》卷12《物产》，1920年铅印本。
⑤ 朱羲农、朱保训编纂：《湖南实业志》第1册，湖南人民出版社2008年版，第574页。
⑥ 李文治编：《中国近代农业史资料·第一辑·1840—1911》，生活·读书·新知三联书店1957年版，第400页。
⑦ 《苎麻涨价》，《申报》1921年9月23日第14版。

麻常年产量以常宁为最多，常年产量近25000担，其余在万担以上者，依次为湘乡17500担，华容11392担，耒阳10000担，平均每亩产量为0.39担。但是，1933年湖南苎麻产量则以湘乡为最多，计21000担，而常宁则次之，计16600担。就单位面积而言，华容、耒阳产量相同，均为每亩0.35担。①

苎麻商人的出现及其资本的增多是苎麻商品化发展的重要表现。苎麻收获之后，麻商派人下乡收购，每担价值18—25元，不过这些麻商大多由杂粮行业者兼营，而独立经营者则甚少。②咸丰初年，广东麻商将千八百两银委以李光泰，十年后李光泰如数归还。民国时期，嘉禾县雷仕颉将捡拾的两三百银圆归还给作为失主的麻商。此外，蓝山县每年产麻3200担，其中3000担运销广东③，甚至罗永星、唐正银将嘉禾县的苎麻还运销广东韶州、佛山，发财后接济贫苦民众。

就沅麻当地商品交易而言，有两种方法。第一种，往昔收麻之后，汉口各洋行派人前来收购。第二种，"包盘交易"，即外来采购者，先于麻行订立交易单，注明货色等级、价格高低、交易日期等项目，待交易单订立后，"将全部价格交清"。之后，采购的麻商，"不负价格涨跌之责任"，麻行收到价款，即派人至产区代客收购，并代办打坑、包装、下力、税捐等"一切手续"。麻行在交货之时，向卖方抽取3%的"行费"，以及2%的"一切代垫杂费"。虽然全国麻的商品包装有统一的标准和机器打包的方法，但是"沅麻"的包装不仅"不一律"，而且其方法亦较为传统。据1948年《湖南经济》所载，中国麻出口包装的重量"略有规定"，即分为七级，但是沅麻在当地包装方法则"不一律"。如沅江第一区，在包装时先以人工用木炭坑干，然后再人工分成等级，捆绑而成。然而，一般洋行在收购之后，则"多分别等级另行用机器打成标准尺寸"。其中，一二等的长度均为25—40寸以上，但三等的长度则分为25—40寸及20—40寸两种。④

---

① 朱羲农、朱保训编纂：《湖南实业志》第1册，湖南人民出版社2008年版，第575页。
② 朱羲农、朱保训编纂：《湖南实业志》第1册，湖南人民出版社2008年版，第576页。
③ 民国《蓝山县志》卷21《食货中》，1933年刊本。
④ 黄其慧：《湖南之麻业》，《湖南经济》1948年第3期。

植麻业作为夏布原料的重要产业，其种植自然受商品化的影响。据经济调查局调查，夏布以大麻的皮，或大麻、苎麻、菠萝的纤维织成，"有时亦三种质料合制"。但是无论这三种质料怎么织成，"出品均佳"，是湖南、广东、福建、江西、四川、江苏等省的特产，"中外人咸购之"。从麻的出产时间来看，每年有春、夏、秋三季收成。其中，春季"收成最低劣"，夏季收成"质地较佳"，而秋季收成的麻，其纤维"更适于纺织"。织造之地"多在地窖，而尤以气候燥热之地为然"。湖南不仅是夏布的出口大宗之地，而且其纺织工业"膨胀甚速"，其重要产地为滨江、沅江、湘江、资江各地，每年产麻50万担，其中4%运销外省，其余均为本省消费。麻料的重要市场有长沙、浏阳、衡山、常德等地，织成的夏布质地"大致均佳"。总之湖南麻的纤维"较川、闽两省所产坚韧而细洁"①。

从上可知，无论从地理环境"宜于生产"，还是从"更拥有强大"的人力资源"可供利用"而言，湖南苎麻的商业化发展均有着良好的条件。但是民国时期，由于倡导之人不足，以及改良之术有限，甚至在生产与销售方面"均日趋萎缩"，如产量最多的沅江麻"未经由科学方法选种与培植"，以致"品质殊不一致"②，严重影响湖南经济的发展。基于此，有时人为"急忙起直追，力谋改进"③，提出了诸多改良措施。同时，时人鉴于湖南麻的生产方法"未能改良，以致产量不丰，品质欠佳"，从而倡议"唯有人人增加生产，改良品质"，"即行改用科学生产，机器制造"才能谋求发展。但是，这种欲望不是一蹴而就的，唯有"逐步予以改进"④方能有效。即首先就土法绩麻进行改良，其次利用机器生产，并推广麻的用途。

湖南植麻业在产量、质量方面因地而异，较为复杂。一方面，就产量而言，虽然直至近代"始噪声中外"⑤的浏阳夏布比醴陵夏布的影响大，也更为著名。但是在产量方面，即使醴陵夏布多于浏阳，醴陵是湖南夏布的最大产地，但是醴陵所需原料仍多来自湘潭、湘乡、攸县、沅

---

① 《中国夏布工业之调查》，《申报》1922年7月22日第10版。
② 黄其慧：《湖南之麻业》，《湖南经济》1948年第3期。
③ 黄其慧：《湖南之麻业》，《湖南经济》1948年第3期。
④ 《湖南夏布业之整顿》，《中外经济周刊》1924年第79期。
⑤ 民国《醴陵县志》卷6《食货志·工商》，1948年铅印本。

江等地，而"自出甚少，种植未兴，园艺不讲，甚憾事也"①。

此外，民国时期，无论产量，还是出口量，沅江麻均位居湖南麻业之首，但质量以嘉禾等地为佳。据时人所言，沅江南北乡苎麻常年产量约10万市担，经岳阳转运至汉口的英、法、德各洋行，每年约有7万市担之多，其产量、出口量均以沅江为主，"占绝对多数"。其次为嘉禾、桂阳、耒阳、平江、大庸等县，每年产量不过1万担左右。但是就品质而言，嘉禾、桂阳、耒阳所产的苎麻，"较沅江麻为优"，因而市价"几高出沅麻一倍"，每年各有数千担外销。就产量而言，嘉禾、桂阳等县"不丰"，无法与沅江麻相竞争。此外，虽然浏阳、醴陵的夏布业"甚为发达"，但是麻的产量"更微"，仅数千担或数百担而已，"恒不能自给，尚须仰给他地，殊无外销之可言"。基于此，就湖南全省而言，无论在品质，还是出口方面，沅江麻"实可代表了整个湖南之麻"，不仅闻名国内，而且"蜚声外洋"②。

虽然市场上以沅江麻的产量为最多，但实际上这些产量还包括了汉寿等地。汉寿县东南各乡"多种之"，由于汉口商人在沅江收购苎麻，因而即使是汉寿所产，亦被"均呼为沅麻"，实际上"亦汉寿山乡大宗出品"。据民国时期调查，苎麻是沅江的大宗产品，可分头、二、三季生产，全年产额约值150万元。但是由于1931年"水旱频仍，人民流离转徙"，无法继续生产，以致呈现"闾里萧然，生产量已非复从前之盛"的衰弱局面。③

另一方面，就质量而论，虽然湖南各地均宜植麻，但是就湖南所产苎麻的质量而言，存在一定争议。有的资料显示，湖南麻的质量当属浏阳为最佳，如乾隆年间《湖南通志·物产》所载，"麻出浏阳者质白而茎长，较他产独佳"④，"宜于绩织"⑤。也有资料显示"沅麻"为优。实际上，近代之前以浏阳为佳，近代之后则应为沅江麻，以致在1915年的巴拿马博览会上有"沅麻"的专称。由于"沅麻"质地"色白"，因而有

---

① 民国《醴陵乡土志》第6章《实业·夏布》，1926年铅印本。
② 黄其慧：《湖南之麻业》，《湖南经济》1948年第3期。
③ 民国《湖南各县调查笔记·物产类·沅江》，1931年铅印本。
④ 黄本骥编纂：《湖南方物志》，岳麓书社1985年版，第25页。
⑤ 《川湘夏布调查》，《国际劳工通讯》1938年第5卷第7期。

"鸡骨白""白里青""芦竹白""旱麻"四种。其中，前三者的纤维不仅"细长"，而且"柔韧"而有"光泽"，甚至"能耐水"，用作织物，"颇称上品"，但是产量较少。虽然"旱麻"光泽不足，但产量较高。[①] 总体而言，从沅麻生产来看，"生产不甚畅旺，每年不过数千担"[②]。

虽然湖南近代植麻业随着商品化的推动而得以不断发展，但是就近代湖南麻业的整体而言，其质量的确存在一定的问题。如产量较多的沅江麻，在选种和培植方面均"未经科学方法"，以致纤维细长、粗短不一，麻色白、黄有别，"品殊名异"，从而有鸡骨白、白里青、芦竹白三种。这三种麻"纤维细长，柔韧而有光泽，且能耐水"，可作夏布之用，而旱麻色白，"光泽不足，纤维粗短"。由于麻质在长短、色泽、柔硬方面不一，因而商家将其分为五等，以天、地、元、黄等字样加以区别。甚至鉴于品质不一，每年花色的配合，尺码的规定，"亦至不一律"[③]。

### 三　近代湖南植麻业的市场

近代之前，湖南麻的销售地主要为省内或邻省，但是随着近代门户的洞开，商埠的开设，资本主义市场的助推，植麻业和夏布业的市场均得以扩展至海内外。虽然1810年中国苎麻就由马歇尔输入英国，但是近代夏布出口则始于1860年汉口、九江开埠。1860年，汉口、九江开埠，为苎麻对外贸易兴起创造了条件，在当年就"输入比利时"[④]。汉口素有"九省通衢"的美誉，不仅是湖北的咽喉，而且湖南、广西等地货物"皆于此焉转输"[⑤]。

在汉口开埠之前，苎麻主要用途"大都为结网制绳"，实际上苎麻的最佳用途乃"制造夏布"，因而汉口、九江开埠后，备受外国人重视，除了制造麻布、绳子之外，"苎麻亦可作各种工业之原料"。由于近代之后，苎麻用途十分广泛，因而有了国内外市场，"需要自多"[⑥]，在贸易上成为

---

① 朱羲农、朱保训编纂：《湖南实业志》第1册，湖南人民出版社2008年版，第574页。
② 傅角今编著，雷树德校点：《湖南地理志》，湖南教育出版社2008年版，第132页。
③ 黄其慧：《湖南之麻业》，《湖南经济》1948年第3期。
④ 《武汉之工商业（十八）：（四十三）苎麻夏布行业》，《汉口商业月刊》1936年第4期。
⑤ （清）刘献廷著，汪北平、夏志和标点：《广阳杂记》，中华书局1957年版，第193页。
⑥ 《武汉之工商业（十八）：（四十三）苎麻夏布行业》，《汉口商业月刊》1936年第4期。

重要的商品。清末，仅湖南平江苎麻产量就高达1万担。① 此外，湘西植麻也较为普遍，如光绪末年永定县（今大庸市）以苎麻为其大宗产品，每年约5000捆，运销江西、广东等地。②

永定县植麻业的市场较为广阔。其麻料不仅远销江西、广州、汕头，而且还"水运出洋"，每年约5000捆，价值10余万钱。永定县制麻的做法是先将麻刮取其皮，经晾干后成捆运销汉口、香港、广州、汕头一带，甚至"贩卖出洋"。其中，每年粤商至永定县采运，"岁可数千捆"，价值12万钱左右。在湖南农作物商品化方面，"麻者，以永定为上，销行甚畅"，特别是运销江西，以作夏布练麻线之原料，但是就运销量而言，运销江西者"不如广东之多"。虽然永定县本地也织造夏布，但是由于技术较差，所做的麻布、麻线，"差供民用，不如迁地之良也"③。

近代商埠的开放使湖南植麻市场得以扩展。1899年岳州开埠，湖南苎麻获得了较快发展，不需转至汉口和九江，而是从本省就可直接运销海外，形成三口并立的苎麻出口贸易。岳州开埠之前，"为湘北水陆交通之要冲"④，是湖南与长江中下游和北方货物的必经之地。1910年，自日本吞并朝鲜开始，中国夏布备受日本机制纺织品冲击，但是在1927年日本"实行加税收"⑤ 之前，夏布出口量仍然很大。如湖南，从1910年岳州苎麻出口值不足3万海关两增至1922年927348海关两。⑥ 湖南苎麻从岳州，经长江水运至汉口、上海，或直接出洋。特别是麻产量最多的沅江，除运销广东潮州之外，还出口英国、日本、德国，常年出口值在150万元至160万元。⑦

在粤汉铁路尚未通车之时，岳阳、汉口、九江是中国三个主要麻业

---

① 湖南省平江县志编纂委员会编：《平江县志》，国防大学出版社1994年版，第200页。
② 光绪《永定县乡土志》卷4《商务》，1895年刻本。
③ 民国《永定县乡土志》卷12《物产》，1920年铅印本。
④ 实业部国际贸易局编纂：《中国实业志·湖南省》，实业部国际贸易局1935年版，第102页。
⑤ 重庆中国银行编著：《四川省之夏布》，中国银行总管理处经济研究室1936年版，第217页。
⑥ 黄其慧：《湖南之麻业》，《湖南经济》1948年第3期。
⑦ 《沅江之苎麻栽培》，《湖南农事试验场季刊》1936年第2号。

集散市场，湖南的麻"几全部由岳阳转运汉口"。但是，粤汉铁路南段通车之后，则出口路线有了变动。1938年10月汉口沦陷后，湖南麻转销"韶惠（韶关、惠州——引者注）等地"，从而使湖南麻又开拓了广东市场。1945年抗日战争胜利后，湖南麻分运至汉口和广东转销，其中尤以北运汉口"居多数"，南运惠港者次之。沅麻集散市场当"首推"沅江县城，不仅集中了县内各乡麻，而且邻近的汉寿、华容、南县、湘阴等县所产麻"亦多运至沅城销售"。其次为华容的北景港，汉寿的辰阳镇，耒阳的小水铺和灶市街等。但是，在交易量方面，这些均"远不若沅江县城交易额之大"①。

除汉口、岳阳、九江之外，上海也是湖南植麻业的重要市场。据1922年6月12日《申报》所载，沅江等产地行商听闻"不日已将"新麻运销至上海，其价格约18两。当时，沅江麻已抛出洋庄100吨，价值17.6两②，但是同年7月10日《申报》指出，沅江麻每吨价值73英镑③。据1928年7月6日所载，前周一千二三百件头批沅江麻运至上海之后，又有一批运至上海，但是"货身似较头批为优"。全标开价20.06两、20.08两，而其他各地特产的丝麻亦运至上海。就价格而言，头批开票头20.02两，标头二号开19.2两，"仍较沅江麻为廉，实因陈货尚有万余件"，以致新货"难免受其掣肘"。第二批"到货较好"，即开出全标为22.5两，头号19.6两。④1929年运销至上海的苎麻"陈货告罄后，中断者仅旬日之间，而新货即络绎"运至上海。如苎麻、沅江麻、毛把麻等"均相继开出"，其中纯丝全标在20两左右，次头二号15.8两，"以较上年稍好"，市面与陈货"不相上下"⑤。

在植麻业市场拓展的同时，战乱的环境却成了国内外市场进一步发展的瓶颈。军阀混战，社会动荡，以致麻市较为萧条。如1928年4月26日《申报》所载，上海的存货尚有二万数千件，"市面经跌再跌，一泻千里"，其形势"似难砥定"。同时，上海的麻料来源"日趋零落"。当时，

---

① 黄其慧：《湖南之麻业》，《湖南经济》1948年第3期。
② 《新麻年岁颇好》，《申报》1922年6月12日第14版。
③ 《物品市周报》，《申报》1922年7月10日第14版。
④ 《新麻上市后之趋势》，《申报》1928年7月6日第17版。
⑤ 《新麻来源日旺》，《申报》1929年7月23日第17版。

所开的盘面不分头、二、三丝，"价格相近"。市面上亦标头"居多"，而二、三、四等号交易"甚少"。从价格而言，由于"近来洋行虽陆续少数有交，然不肯放价"，以致"一时不易有起色之望"，即使沅江麻全标"亦只"19两。①

除了夏布，苎麻原料也是朝鲜的进口大宗，因而湖南乃至全国苎麻的出口量、价格均受朝鲜市场影响而波动。第一次世界大战以前，中国苎麻出口"以欧洲为最多"，而出口朝鲜等国仅占20%或30%。② 但是，一战结束以后，由于欧洲各国"受经济恐慌"，在远东市场上"一蹶不振"，因而对于麻类"仅承销湘产沅江及平江之麻"，而湖北大冶、武昌、蒲圻的麻则"完全绝迹于西欧"。同时，日本为抢占中国在国外的苎麻市场，"乘机发展制麻工业，力图扩充，广设制麻工厂"③。基于此，日本苎麻需求量大增，成为中国苎麻最大的国际市场，以致中国79%的苎麻出口日本。④

然而，湖南乃至全国麻料大多被洋商把控。据1936年《实业部月刊》所载，中国年均26万担，价值900万元。但是，由于近代中国备受列强干涉，办理出口事宜"多由外人经手"，其中以"日商为最多"，英国、德国次之，而华商则仅占15.63%。虽然中国产麻，但是麻工业"至不发达"，即使在近代化发达的上海，也仅有2家麻纺织厂，其中一家为日商经营，一家为中外合资。因此，在工业化的大背景下，对中国经济发展明显不利，"以生麻出口，而麻制品供给，转仰赖于外人"，成为列强原料产地和工业品倾销地。据1935年海关统计，每年进口的麻料、麻制品，价值1300余万元。⑤

1937年抗战全面爆发之前，中国麻"本供外销"⑥，尤其"以欧洲销场为最巨"⑦。当时，湖南乃至全国苎麻主销于日本、朝鲜、新加坡，其

---

① 《一蹶不振之麻市》，《申报》1928年4月26日第11版。
② 褚乙然：《一年来之麻业》，《国际贸易导报》1937年第1期。
③ 《汉口猪鬃业苎麻业之最近调查》，《汉口商业月刊》1934年第10期。
④ 陈绍光：《提倡及改良我国麻业之管见》，《工业合作》1943年第2—3期。
⑤ 《我国麻工业之衰落》，《实业部月刊》1936年第1卷第7期，第237页。
⑥ 《苎麻暴涨》，《申报》1946年7月14日第7版。
⑦ 《麻类市面平平》，《申报》1946年5月14日第6版。

次为德国、法国、比利时，中国苎麻出口"北至朝鲜，南至印度"①，尤以日本控制下的朝鲜市场为"最大"②。因此，虽然日本"历年均高居前位"，但是"朝鲜实为最大之输出国"，平均占中国麻总输出量的70%—90%，日本购买中国"廉美"的麻作为麻纺织厂的原料，占总量的60%。③ 就湖南外销情况而言，在湖南27县中有14县的苎麻外销，外销总数为31369担，占常年产量的32.36%。1933年，外销量甚至达36.11%。④

但是自1937年八一三事变上海沦陷之后，湖南等地的麻业大受影响。不仅中国苎麻"外销受阻"，而且国内运输"亦不圆滑"，以致上海来源"因此中断"⑤。"我国仅有之麻田原幼稚麻纺织业，亦备受战祸摧残"，以至"减产停工，濒于绝境"⑥。因此，湖南乃至全国麻业的市场亦随之萎缩，仅"北至朝鲜，南至印度"⑦，其中以朝鲜为"最大"⑧。由于社会动荡，交通阻塞，加之麻商卡秤压价，麻业"因战后价高"，出口贸易"不甚踊跃"。1938年武汉沦陷后，湖南省苎麻仅有长沙、湘潭、衡阳各路商人购运，销路多从曲江、金华转销至上海，但"总以销不活泼，市多盘旋"。即使数月间，销售额也仅在六七万之间。⑨

就整体而言，战后受洋纱输入和战乱等影响，种麻者不一定用麻，而用麻者不一定种麻，从而在制麻业中出现了分工，麻农将麻成捆地卖给麻店，被称为绩工的用麻者至麻店零星地买麻，但是湖南乃至全国苎麻和夏布产量均明显减少。其中，湖南历年苎麻产量如表3-1"湖南历年苎麻产量"⑩ 所示。

---

① 《促进对朝鲜贸易惟赖夏布》，《经济旬刊》1935年第1期。
② 《日趋衰落之中国夏布业》，《国货月刊》1934年第21期。
③ 黄其慧：《湖南之麻业》，《湖南经济》1948年第3期。
④ 朱羲农、朱保训编纂：《湖南实业志》第1册，湖南人民出版社2008年版，第575页。
⑤ 《麻类市面平平》，《申报》1946年5月14日第6版。
⑥ 黄其慧：《湖南之麻业》，《湖南经济》1948年第3期。
⑦ 《促进对朝鲜贸易惟赖夏布》，《经济旬刊》1935年第1期。
⑧ 《日趋衰落之中国夏布业》，《国货月刊》1934年第21期。
⑨ 《苎麻暴涨》，《申报》1946年7月14日第7版。
⑩ 元生朝、刘俊利：《两湖（湘鄂）苎麻的产量分布和生产成本估计（1950年调查）》，专刊第2号（1951年10月），武汉大学农艺学系印行。湖北省档案馆藏编号：ZNK—422。

表 3-1　　　　　　　　　　湖南历年苎麻产量

| 产麻地 | 1937 年前产量（担） | 1938—1944 年战时产量（担） | 1947 年植麻面积及产量 种麻面积（亩） | 1947 年植麻面积及产量 产量（担） | 1949 年 |
|---|---|---|---|---|---|
| 沅江 | 100000 | 70000 | 60000 | 60000 | 应战乱与洪灾，苎麻产量递减，无统计资料 |
| 大庸 | 10000 | 500 | 3000 | 3000 | |
| 平江 | 10000 | 3000 | 3000 | 3000 | |
| 耒阳 | 8000 | 2000 | 7000 | 70000 | |
| 嘉禾 | 8000 | 5000 | 7000 | 7000 | |
| 浏阳 | 2000 | 1000 | 2000 | 2000 | |
| 汉寿 | — | — | 4000 | 4000 | |
| 乾城 | — | — | 5000 | 5000 | |
| 全省合计 | 约 160000 | 约 130000 | | 约 14000 | 约 70000 |

即使抗战胜利之后，运至上海的麻"迄未畅通"，直至 1946 年春，"稍有来货，然仅少数"，与之前运销上海货相比，仅十分之一二而已。同年 5 月份，虽然运至上海的麻有所增多，但"外销未见交易，专供内销"。基于此，从事麻业者"均不感兴趣"，以致市面"一时难期发展"，价格"涨跌不大"。就价格而言，1946 年初各类麻号售价，其中白麻与沅江麻均为每市担 6.5 万元，而青麻则 6 万元。[1] 此外，据 1946 年 7 月 14 日《申报》所载，"近因内销发动，均是织造夏布之用"，以致市面"突然暴涨"，市面"最高号"捆麻，计每市担"须十万元光景"，沅江麻亦 9 万元。[2]

简言之，中国是麻业的原产地，而湖南又是中国植麻业的重要产地。一方面，从湖南植麻业的发展来看，特殊的经济地理、气候条件为其植麻创造了前提，而近代商品化的发展则进一步推动了湖南植麻业的发展，使其植麻区域从清朝时期主产于洞庭湖一带发展至民国时期"湘省几无县不产麻"。其中，"夏布之乡"浏阳和夏布产量最多的醴陵均存在麻料不足的问题，"恒不能自给，尚须仰给他地"。"他地"指的是"蜚声外洋"，"实可代表了整个湖南之麻"的沅江。另一方面，从市场来看，虽

---

[1]《麻类市面平平》，《申报》1946 年 5 月 14 日第 6 版。
[2]《苎麻暴涨》，《申报》1946 年 7 月 14 日第 7 版。

然 1810 年中国苎麻就由马歇尔输入英国，但是近代湖南植麻业及其加工后的夏布出口则始于 1860 年汉口、九江开埠，其中商埠的开放是湖南植麻业市场扩展的重要渠道，而战乱的环境则是影响湖南植麻产量、市场价格及其出口量的重要原因。

## 第二节　湖南近代夏布业的产销及工商的活动

虽然学界对江西近代夏布等作了诸多论述，但是对民国时期植麻产量已位居全国第二[①]的湖南夏布产销实况[②]，以及自行贩卖的夏布庄和代客买卖牙行性质的差异，甚至直接赴浏阳、醴陵采购夏布，并运销于国内外的汉口帮和大多销售于本省的长沙各夏布庄的区别[③]等工商活动的诸多问题尚无专题研究。有鉴于此，为揭示湖南近代夏布的复杂性及其发展历程，本节就所见资料，主要从湖南近代夏布生产、市场，以及工人和夏布商人的活动四部分进行专题论述。

### 一　近代湖南夏布的生产

作为中国传统的手工业，夏布是最古老的布料之一，现已成为国家非物质文化遗产。夏布的历史可追溯至夏朝时期的丧服和因"被体深邃"而闻名的"深衣"等。从 1972 年长沙马王堆出土西汉女尸可知，西汉时期湖南的夏布织物不仅平整光滑、质地坚实而富有光泽，而且其精度和密度水平均非常高。每厘米有 32—38 根，"与现代的细麻布相仿"[④]。同时古墓中还"有数量惊人，品种繁多的纺织品。其中就有不少加工精细的苎麻织物"[⑤]。

夏布具有清凉透气、吸湿不粘身、易于排汗的功效，适宜于酷夏穿

---

[①] 青先国等编著：《新世纪湖南农业——新的农业科技革命与湖南农业发展问题》，湖南科学技术出版社 1999 年版，第 72 页。

[②] 即使产量最大的江西萍乡、袁州夏布"亦系采自醴陵、浏阳"，参见朱羲农、朱保训编纂《湖南实业志》第 1 册，湖南人民出版社 2008 年版，第 305 页。

[③] 朱羲农、朱保训编纂：《湖南实业志》第 1 册，湖南人民出版社 2008 年版，第 305 页。

[④] 中国人民政治协商会议九江市委员会文史资料研究委员会编：《九江文史资料选辑》第 5 辑，内部资料 1989 年版，第 248 页。

[⑤] 李宗道编著：《麻作的理论与技术》，上海科学技术出版社 1980 年版，第 98 页。

着，因而被称为"夏布"。遇天气炎热，"长衫衣料以夏布为最合宜"①。因此，棉花输入中国并被大规模种植和运用于衣料之后，即使夏布的主导地位逐渐被取代，但由于夏布具有透风、凉爽等特点，因而仍被作夏服和蚊帐之用。诚如1948年黄其慧所言，即使棉花输入中国后，"国人始多改用棉布，然丝麻之服用，迄未少衰"②。特别是最为著名的浏阳夏布可作为商号开幕的礼品相赠，如1928年上海天宝华洋商号在"不日开幕"前，经两月之多筹备之后，还运入大批浏阳夏布、花素线等，以便在6月26日正式开幕时"大赠品三天"③。

夏布是近代纺织中重要的经济产业。夏布由苎麻而成，因而又名"苎布"④"火麻布"，绩工"绩麻而织布，极粗黑"⑤，因而夏布业又名"麻织业"。虽然其织造的重要性"不及棉布与丝绸"，但是在湖南、四川、江西等产苎麻的省份，"亦是一种极普遍的工业"，特别是在1928年中国夏布出品"最盛"之时，竟高达26623担，价值5794844海关两。1933年湖南夏布产量为200千匹，产值800千元，占全国9.6%。⑥据统计，1937年抗战爆发前湖南夏布产量高达约15万匹。⑦

麻的生长需要充足的水分，因而以麻作为原料制作的夏布主产于南方多雨的湖南、四川、江西、广东、福建等省。就其生产状况而言，除了江西的上高县产量"最大"⑧，以及四川夏布最为著名之外，还有湖南"历史悠久，素负盛名"⑨的浏阳、醴陵夏布。其中，湖南夏布"较之四川更为著名"⑩，而湖南又以浏阳最为出色，"质量是最好"⑪。即使是江

---

① 《浏阳夏布廉价》，《申报》1926年7月16日第22版。
② 黄其慧：《湖南之麻业》，《湖南经济》1948年第3期。
③ 《商场消息》，《申报》1928年6月11日第19版。
④ 同治《浏阳县志》卷7《食货》，1873年刻本。
⑤ 光绪《干州厅志》卷13《物产》，1877年复印本。
⑥ 彭泽益编：《中国近代手工业史资料（1840—1949）》第三卷，中华书局1962年版，第797页。
⑦ 刘克祥：《棉麻纺织史话》，社会科学文献出版社2011年版，第183页。
⑧ 《日趋衰落之中国夏布业》，《国货月刊》1934年第21期。
⑨ 《浏阳醴陵夏布产销近况》，《申报》1947年6月30日第6版。
⑩ 《川湘夏布调查》，《国际劳工通讯》1938年第5卷第7期。
⑪ 《日趋衰落之中国夏布业》，《国货月刊》1934年第21期，第7页。

西著名的麻布，为赢得市场也"托为浏阳夏布"①。如1934年国民政府实业部调查，萍乡、袁州的夏布"亦系采自醴陵、浏阳"②。醴陵夏布不仅产量最高，是长沙等地夏布所需原料的主产地，而且还有资料显示，其"质量之佳，冠于全国"③，但是醴陵的夏布直至近代才"始噪声中外"④。

湖南夏布不仅历史悠久，而且生产较为普遍。虽然湖南醴陵、浏阳等地绩麻的风尚"自古已然"，但是浏阳、醴陵夏布直至近代才开始蜚声于海内外，并成为湖南出口的大宗商品。其中，浏阳所产夏布质量较佳，"工细不缄湖纱"，因而价格方面也较高，"有值二三钱银一尺者"⑤。但是，相对于浏阳而言，醴陵夏布生产更为普遍，其乡村妇女"多俭朴，勤操作"⑥，她们以绩麻、纺纱、织布为业。醴陵县境内东南西北四乡皆产麻布，不过质量方面以西、南两乡"稍为粗糙"，而东、北两乡"较为精细"⑦。特别是民国时期，由于"纺织工业膨胀甚速"，因而滨江、沅江、湘江、资江各地成为湖南夏布的重要产地。特别是沅江，不仅是产麻最多的地区，而且还是华容、汉寿、南县、湘阴、益阳等苎麻的集散地。同时，由于湖南产麻"较川、闽两省所产坚韧而细洁"，因而"布匹质地大致均佳"⑧。

当然，由于近代夏布加工产品不同，其经营存在着新式股份制和传统家庭手工生产的区别。民国时期，虽然中国产麻丰富，除自销外，"尚有多量余额输出海外销售"，但是麻业加工"尚属幼稚"。其中，新式制造者"仅有少数制造麻布口袋公司"，而制作衣服所需的夏布则"概属家庭工业，由妇女用手制织"⑨，仍处于纯家庭手工生产状态。如在绩麻、上机、织布、漂白、染色、印花五道工序中，"纺织夏布系用木机，其机

---

① 同治《浏阳县志》卷7《食货》，1873年刻本。
② 朱羲农、朱保训编纂：《湖南实业志》第1册，湖南人民出版社2008年版，第305页。
③ 民国《醴陵乡土志》第6章《实业·夏布》，1926年铅印本。
④ 民国《醴陵县志》卷6《食货志·工商》，1948年铅印本。
⑤ 黄本骥编纂：《湖南方物志》，岳麓书社1985年版，第25页。
⑥ 民国《醴陵乡土志》第6章《实业·夏布》，1926年铅印本。
⑦ 朱羲农、朱保训编纂：《湖南实业志》第1册，湖南人民出版社2008年版，第474页。
⑧ 《中国夏布工业之调查》，《申报》1922年7月22日第10版。
⑨ 《中国夏布之产销概况》，《中外经济周刊》1925年第125期。

型与乡间纺织纱布者无异"①，而同时期棉纺织的织布机则经历了多次变革。

从夏布品种来看，按照原料粗细不同可分为粗纱和细纱。粗细夏布是以麻的多寡为标准，其中每匹粗布需4斤原麻，每斤可绩成净麻14两。每匹麻布需原麻3斤，每斤可绩成麻12两。每匹细布需原麻2斤，每斤可绩成麻10两②。此外，夏布生产质量通常以色彩为标准。如愈白则需漂工愈多，色愈深则所需染料亦愈多，因而价格"亦因之稍贵"。同时，夏布价格还以纱之粗细区分，"经纱多则布细，经纱少则布粗"，其中普通粗布经纱数在400至500根之间，最高价格值每匹十一二元，最低价每匹八九元。若经纱数在1000至1200根，甚至1300根之间，最高价则高达五六十元，而最低价也值二三十元。鉴于民国时粗细夏布有别，因而产量有异。如粗夏布"岁可三匹"，而细夏布则"仅一匹，或不足一匹"③。此外，夏布还可分为帐夏、印（花）夏、中漂、中细、上细、特细数种，市价每匹（计五市丈）为10万—20万元。④但是，夏布生产受战争影响较大，1931年九一八事变之后，浏阳、醴陵夏布产量不过100万匹，总值不足100万元。⑤

根据夏布粗细、颜色、用途、目的、经纬组织不同有五种分类方式。第一，夏布优良"概以组织之精粗为标准"，将其分为粗布、细布和中庄布。其中，粗布的经线在500根以下，为平民衣料，中庄布在500至1000根之间，而细布则在1000根以上。第二，根据颜色可分为本色布、漂白布和染色布、印花布等。其中，本色布又称原坯、黄布、生布等，即未经漂白染色及印花。漂白布则俗称白布、漂布。染色布通常以蓝色、青色及玉色为最多。印花布即印上白底色花或色底白花。第三，依照用途可分为衣料、帐料、挑花料、帆布料等。第四，根据制造目的不同，可分为"家机布"和"市售布"两种。据1948年黄其慧所言，"家机布"为农家自织自用，不出售，"多精制而耐用"，而"市售布"即农家

---

① 《四川夏布之产销概况》，《四川月报》1937年第5期。
② 公英：《调查·浏阳醴陵之夏布》，《工商半月刊》1934年第6卷第16期，第45页。
③ 民国《醴陵县志》卷6《食货志·工商》，1948年铅印本。
④ 《浏阳醴陵夏布产销近况》，《申报》1947年6月30日第6版。
⑤ 《川湘夏布调查》，《国际劳工通讯》1938年第5卷第7期。

织成运销市场销售的夏布，因"粗制滥造，不能耐用"。第五，鉴于夏布经纬线组织不同，可分为"平布"和"罗纹"两类。"平布"的经纬组织通过一上一下而织成四边形，此种夏布以经数愈多，"价值愈高"，而"罗纹"的经纬组织则为一上多下的四边形和六边构成的圆形两类，这种夏布有三丝罗、五丝罗、七丝罗之分，"专供制蚊帐之用"①。

夏布生产是近代中国政治、经济中的重要活动。为发展实业，民国时期，夏布成为时人提倡的重要产业。夏布在中国出口中占有重要地位，发展夏布具有多方面的作用，"是一项值得国人提倡的事业"②，需从速发展。加强夏布生产不仅可增加农户农闲时额外的收入，而且还可增加国家的外币收入。据1935年前后调查，湖南每年夏布出口可增加200余万元的财政收入，"裨益农村经济实为重要"③，甚至商人通过参与夏布的经销，还可积累其资本，"努力急起扩充，振兴"国家实业。④ 特别是为了战时需要，夏布在中国政治、经济中均占有重要地位。从1937年5月国民经济建设运动委员会总会在国立美术馆举行的"全国手工艺品展览会"，以及6月《实业部月刊》刊行的"农村副业与手工业特大号"的事实可知，国民政府将发展手工业"作为我国经济建设的重要项目加以重视与讨论并不是一件新显的事"。据统计，参加此次手工艺品展览会合计有23个省市。⑤

即使机器生产排挤手工是历史发展的必然，"为历史上无可幸免之铁的事实"，但是抗战时期主张发展战时手工业者有四大基本理由。第一，中国机器工业尚不发达，而手工业品"在工业生产中仍占统治地位"。第二，长期以来，手工艺品是中国工业生产的特点，抗战前诸多手工艺品在国际"享过盛名"，若战时加以提倡、加紧发展，"必能内可裕民生，外可振国誉"。第三，抗战时期中国农民生计日趋困难，加之"农闲时间极长"，因而复兴手工业"必可增补农家的收入"。第四，战时全球经济恐慌，欧美发达国家正提倡和推行工业分散化，因而在原有经济基础上

---

① 黄其慧：《湖南之麻业》，《湖南经济》1948年第3期。
② 方柏容：《从速发展麻工业》，《纺织建设月刊》1948年第1卷第10期。
③ 朱羲农、朱保训编纂：《湖南实业志》第2册，湖南人民出版社2008年版，第830页。
④ 方柏容：《从速发展麻工业》，《纺织建设月刊》1948年第1卷第10期。
⑤ 《记全国手工艺品展览会》，《申报》1937年6月14日第4版。

发展中国乡村手工业，"以免再蹈工业先进国之覆辙"①。

此外，即使国民政府对手工业并无一贯的政策，但是基于战时所需和中国长期处于农业国的现实，1944年就有论者提出中国要工业化，"就必须先使农村能'工业化'"，而农村工业化就"必须充分发展"诸如湖南夏布等农产品加工业。同时为战时筹集军需物资，1939年国民政府还向地方士绅做出特别说明，宣称对于各种小规模手工业，"更应由地方士绅，利用原有规模，加以扶持，或接济其资本，或扩充其产量，或改良其方法，或推广其用途，凡属可资实用，足以适应战时需要之物品，应集各方才能资力以赴"②。总之，相对机器工业而言，提倡手工业"事属轻而易举"之事。③

### 二 近代湖南夏布的市场

夏布贸易是中国古老的经济生活之一，它与巨商大贾密切相关。汉朝时期，"麻织品已经发明了，使用织花机"。南北朝刘宋初年，夏布生产以吴兴、新安、宣城、庐陵"出名"，其"麻制品产量很大"，但此时湖南不在此列。虽然浏阳、湘乡、攸县、茶陵"皆出苎布"，其中"世称浏阳最佳"，但是，在湖南夏布中，"其实浏（阳本）土所出货，（质量）高而（产量）少"④，不及醴陵，因而江西等地夏布均以浏阳夏布之名营销于国内外市场。早在北宋时期，湖南浏阳、袁州、筠州等五地就向朝廷进贡精品苎布，其中浏阳的白苎布不仅数量最多，而且"质量好，誉满京华"⑤。

湖南夏布产品的差异使其有着不同的市场。醴陵夏布产品有未经漂染的"皂夏"，以及再由"皂夏"漂成白色的"漂夏"，甚至染成深浅不同色彩的"蓝夏"三种。其中，"皂夏"运销于国内华北，以及出口国外高丽各地，而"漂夏"因粗细不同，以致价格有别，与"蓝夏""普销

---

① 吴半农：《战时手工业问题》，《时事类编》1938年第16期。
② 吴大琨：《经济建设论》，国民出版社1944年版，第95页。
③ 吴半农：《战时手工业问题》，《时事类编》1938年第16期。
④ 同治《浏阳县志》卷7《食货》，1873年刻本。
⑤ 赵屺、田源编著：《织锦》，中国社会出版社2009年版，第83页。

国内，海外只销白色一种"①。此外，湖南向上海出售的粗细夏布，"向为各界所赞许"。但是，由于受军阀混战等诸多方面的影响，"市面凋敝，交通不便，特将全部夏布移至上海三马路大新绸庄出售"，"定价异常克己，实为夏季制衣之好机会"。为赢得市场，该商号陈列样机，"任人参观"，从而出现了"购买者甚为拥挤"②的繁荣景象。基于此，夏布产量及其销售自然随市场变动而起伏。据1948年《湖南经济》所载，湖南夏布"久已驰名宇内"，每当国货展览时，"皆膺特美"，素为湖南地方外销产品。特别是在全盛时期，湖南夏布每年外销数量高达100余万匹，"裨益地方经济，诚非浅鲜"③。

　　总体而言，湖南夏布市场越来越广。自明末清初开始，湖南乃至整个中国资本主义在萌芽的同时也得到了一定程度的发展。清嘉庆年间（1796—1820），宁乡县夏布生产已较旺，每年四、五月，"夏布盈市，余者亦捆载他售"④。晚清时期，湖南夏布市场得以明显扩展，不仅畅销汉口、上海、宁波、烟台及长江流域，而且"浏阳夏布，盛时且运销外洋，尤以朝鲜为最大销场"⑤。特别是醴陵夏布，每年输出"均在百万元以上"⑥，远销汉口、南京、上海、苏杭、两粤、华北各省，甚至出口南洋、爪哇和法国、美国等。如1903年《抚郡农产考略》所言，浏阳庄"可做帐"，幅宽1尺4寸，长5丈6尺，远销烟台、牛庄，甚至"远及高丽"⑦。民国时期，浏阳作为湖南夏布的贸易中心，"畅销各埠"⑧，年销量18万匹⑨。

　　湖南近代夏布以浏阳最为著名，市场也最为广阔。清咸丰年间（1851—1861），不仅山东"谦益祥"商号在浏阳开设夏布庄，年均收购

---

① 朱羲农、朱保训编纂：《湖南实业志》第1册，湖南人民出版社2008年版，第474页。
② 《商店消息》，《申报》1927年5月27日第17版。
③ 黄其慧：《湖南之麻业》，《湖南经济》1948年第3期。
④ 嘉庆《宁乡县志》卷4《赋役志》，1817年刻本。
⑤ 黄其慧：《湖南之麻业》，《湖南经济》1948年第3期。
⑥ 朱羲农、朱保训编纂：《湖南实业志》第1册，湖南人民出版社2008年版，第474页。
⑦ 光绪《抚郡农产考略》（下卷），1903年铅印本。
⑧ 《日趋衰落之中国夏布业》，《国货月刊》1934年第21期，第7页。
⑨ 实业部国际贸易局编纂：《中国实业志·湖南省》，实业部国际贸易局1935年版，第35页。

7万余匹①，而且浏阳本地商人还在京、沪、粤、汉等省的炮庄中兼营夏布。特别是"在清末之际为最旺"，浏阳夏布年产量达三四十万匹，值150万—160万元。② 1901年，浏阳夏布开始运销日本、朝鲜、南洋等地。据1904年《东方杂志》所载，浏阳夏布"在东省销路颇广"③。1910年在南洋劝业会上，浏阳夏布荣获优秀奖。浏阳夏布不仅直至"清末销路未减"，而且即使是民国初年浏阳夏布"亦尚不弱"④，"差不多没有什么减少"⑤，"夏布岁出六千六百匹有奇"。甚至1926年出版的《湖南年鉴》仍指出，浏阳夏布年产量为3.2万匹，其中2.5万匹销售于外县。⑥

然而，1912年中华民国成立之后，湖南与其他各地的夏布销量因民风变动和税率也曾有所波动。一方面，由于"民风习尚奢华，购用舶来布匹"，以致夏布备受其害，加之全国丝业衰落，丝绸价格递减，"几与夏布相等，夏布遂走入厄运，销路因而益狭"⑦。据统计，1912年以前醴陵每年销量25万匹⑧，但自1913年开始则夏布呈现出了"厥后岁有涨落"的不利局面。另一方面，税率的变动对夏布销量的影响亦较大。1927年之前，日本对夏布征税分为四等，即顶粗布每百斤18元，粗布21元，稍细32元，细布40元。但随着夏布销场的拓展，当1927年中国夏布出口朝鲜之时，日本"复苛征入口重税"⑨，顶粗布每百斤22元，粗布34元，稍细52元，细布72元。1932年，日本借口细布宽十九英寸，加税三成半。1933年夏，日本又对粗布加三成半。1934年，日本分别对每百斤顶粗布、粗布、稍细、细布增至32.4元、45.9元、70.2元、97.2元，税率增加十分明显，"几乎是值百抽百"⑩，并"限制销行"，致使夏

---

① 赵屹、田源编著：《织锦》，中国社会出版社2009年版，第83页。
② 朱羲农、朱保训编纂：《湖南实业志》第1册，湖南人民出版社2008年版，第474页。
③ 《实业·各省工艺汇志》，《东方杂志》1904年第6期，第103页。
④ 朱羲农、朱保训编纂：《湖南实业志》第2册，湖南人民出版社2008年版，第828页。
⑤ 《日趋衰落之中国夏布业》，《国货月刊》1934年第21期，第7页。
⑥ 朱羲农、朱保训编纂：《湖南实业志》第2册，湖南人民出版社2008年版，第828页。
⑦ 朱羲农、朱保训编纂：《湖南实业志》第1册，湖南人民出版社2008年版，第474—475页。
⑧ 《日趋衰落之中国夏布业》，《国货月刊》1934年第21期，第7页。
⑨ 民国《醴陵县志》卷6《食货志·工商》，1948年铅印本。
⑩ 《日趋衰落之中国夏布业》，《国货月刊》1934年第21期。

布"营业一蹶不振"①。其中,浏阳夏布已从明末清初的每年18万匹"已经减少了一半"②。

除民风和关税之外,夏布市场受战争、国际市场的影响亦较大。第一次世界大战期间,湖南夏布与其他各省经济一样,因欧洲大国忙于战争,都不同程度地得到了一定的发展。其中,1918年浏阳夏布经长沙、岳州出口量达4853担,价值近100万海关两,但1921年之后各帝国主义卷土重来,湖南夏布与其他行业一样,渐趋衰弱。据统计,1921年经长沙、岳州出口的湖南夏布从1920年的2161担递降至804担。③ 当然,在汉口,湖南夏布也曾在一战后短期内受到消费者的青睐。1919年"夏布奇涨",通常每尺夏布在汉口的售价为三四百文,特别是1922年农历三月运销汉口,不仅"各疋头行号,争先购买,销场颇称畅旺",而且所定市价亦比1921年高。但同年直奉战争之后,"北省客商之裹足不前",因而汉口夏布匹头受时局影响,未能正常开放营业,"夏布暂难发展"④。

基于此,1912—1921年是湖南夏布出口"最旺之期",最低的输出值常在20余万两。其中,1918年更是高达约100万两,但1921年之后夏布出口贸易不仅"日趋衰落",而且"极不稳定",除1926年之外,出口值不及20万两,甚至还出现了仅数千余两的出口值。⑤ 1928年湖南夏布出口量更是仅有976担。⑥

特别是20世纪30年代之后,受水灾和资本主义经济危机等影响,湖南乃至全国夏布市场大为萎缩。1931年长江大水之后,浏阳夏布"销售最少",不足2万匹。⑦ 1929—1932年受资本主义经济危机的影响,以及受国外毛葛、荷兰纺、印度绸之竞争,1932年湖南夏布仅出口11担。⑧

---

① 民国《醴陵县志》卷6《食货志·工商》,1948年铅印本。
② 《日趋衰落之中国夏布业》,《国货月刊》1934年第21期。
③ 中国人民政治协商会议九江市委员会文史资料研究委员会编:《九江文史资料选辑》第5辑,内部资料1989年版,第248页。
④ 《湖南夏布与汉市销场》,《大公报》(长沙版)1922年5月17日第7版。
⑤ 刘世超编:《湖南之海关贸易》,湖南经济调查所1934年版,第77页。
⑥ 李育民主编:《近代湖南与近代中国》第1辑,湖南师范大学出版社2006年版,第15页。
⑦ 《日趋衰落之中国夏布业》,《国货月刊》1934年第21期。
⑧ 李育民主编:《近代湖南与近代中国》第1辑,湖南师范大学出版社2006年版,第15页。

资本主义经济危机之后，虽然在1933—1934年湖南乃至全国夏布出口量一时得以增加，但是总体上仍不如前。其中，1933年中国夏布"销路最旺"①，总产值高达829.5万元②，出口夏布2349担，其中朝鲜占1459担；细夏布4877担，其中朝鲜占4390担③。1934年中国夏布输出9200余担入朝，价值958万余海关两。④据1934年实业部调查，醴陵夏布在昔日每年输出均在100万元以上，运销汉口、南京、苏杭、两广、华北各地，以及南洋、爪哇，甚至法国、美国等地。⑤30年代之后，即使1932—1933年浏阳夏布产量"略有增加趋势"，但是1934年之后每年仍不足5万匹。同时，醴陵也从民国之前每年平均销售25万匹减少到1934年的10万匹。⑥

全面抗日战争时期，湖南夏布几乎局限于国内市场。1931年之前，浏阳、醴陵夏布"营销全国远东"，甚至南洋、美洲，1937年全面抗战之后，湖南夏布在"抗战期间，国内销路颇佳"⑦，而在国外的"销场日蹙"⑧。甚至在国内，湖南夏布市场也仅局限于广西、贵州等邻省，销售量不及盛时的百分之二三十。⑨因此，全面抗战时期湖南夏布生产极为萧条，如1940年醴陵除白兔潭、普口市之外，其县城的夏布庄"尚有五家"，运销长沙、湘潭、衡阳，甚至浙江的金华，广东的曲江、坪石。⑩又如浏阳，1943年浏阳夏布为4.3万匹，其中"皂生"1.5万匹，漂白0.8万匹，染色0.5万匹，经长沙运销湘潭、益阳，以及湖北通城、鄂城、阳新等地2.5万匹；经衡阳转运至祁阳、耒阳等湖南各地1万匹；通过常德转运至沅水、洋水流域各县0.5万匹；通过桂林转运西南各省1万

---

① 民国《醴陵县志》卷6《食货志·工商》，1948年铅印本。
② 巫宝三：《中国国民所得（一九三三年）》，商务印书馆2011年版，第422页。
③ 《日趋衰落之中国夏布业》，《国货月刊》1934年第21期。
④ 民国《醴陵县志》卷6《食货志·工商》，1948年铅印本。
⑤ 朱羲农、朱保训编纂：《湖南实业志》第1册，湖南人民出版社2008年版，第474页。
⑥ 《日趋衰落之中国夏布业》，《国货月刊》1934年第21期。
⑦ 《浏阳醴陵夏布产销近况》，《申报》1947年6月30日第6版。
⑧ 民国《醴陵县志》卷6《食货志·工商》，1948年铅印本。
⑨ 湖南省地方志编纂委员会编：《湖南省志》卷9《工业矿产志·轻工业·纺织工业》，湖南人民出版社1989年版，第608页。
⑩ 民国《醴陵县志》卷6《食货志·工商》，1948年铅印本。

匹，合计5万匹。①

总体而言，战争对湖南乃至全国近代夏布产销的影响均较大。据1948年黄其慧所言，浏阳夏布在盛况之时，夏布商除了在当地设庄收购、运销外，还在京、沪、汉等地设分庄，甚至外地客商到浏阳"直接收购者亦多"。每当秋冬时候，浏阳"四乡产户即络绎于途，踵接于市"，将其夏布出售给夏布商。但是，"近来则冷落不堪矣"②。即使抗日战争结束之后，由于国外纱布"源源倾销，国产夏布竟至无人问津"。同时，从绩麻线到织成麻布，由于纯属手工，工具为木质抛梭矮机，劳动强度大，不仅耗时，"需时有多达半年者"，而且"产量不多"，"成本亦昂"③。因此，1948年黄其慧指出，1945年"复员迄今，仍未恢复，国内销数，近年亦锐减，不及战前什一，以是湘省夏布业，实已一落千丈矣"④。

### 三 近代夏布工人的经济生活

近代农村夏布纺织不同于农村家庭棉纺织。虽然农村棉纺织家庭手工业具有不同类型，但这些家庭通常是一个完整的生产单位或生产组织，或植棉、纺纱、织布整个过程为一家成员完成，或是从市场购入棉纱，然后利用家庭劳力织布。一般情况下，农户有条件自己纺纱时，是不购买棉纱的。但是近代麻布制作需要绩工在自己家里，根据不同种类的麻制成可以织布的麻丝，然后"拿着麻团到集上求售"于资金较为雄厚的机户。⑤ 此外，绩麻不仅需要一系列的准备工作，而且还需要进行有技术含量的专门沤制，然后再由制麻农户进行专业性的经纬线绩麻。

基于夏布织造过程的难度远远大于棉纺织，因而近代以降，除了夏布工人前期的准备工作和绩麻之外，夏布织造通常还分为绩麻、织布、精制三个程序。这些大多分别由不同的操作者完成，然后再由商人或通过市场联结，体现出夏布织造不同的生产技术、生产关系和生产体制，

---

① 湖南省地方志编纂委员会编：《湖南省志》卷9《工业矿产志·轻工业·纺织工业》，湖南人民出版社1989年版，第608页。

② 黄其慧：《湖南之麻业》，《湖南经济》1948年第3期。

③ 《浏阳醴陵夏布产销近况》，《申报》1947年6月30日第6版。

④ 黄其慧：《湖南之麻业》，《湖南经济》1948年第3期。

⑤ 《日趋衰落之中国夏布业》，《国货月刊》1934年第21期。

同时也体现了机户对绩工、织工的剥削。机户购买绩工的麻团，然后雇佣织工织夏布，从中获取利润。

近代农村夏布织造的内部分工、性质和报酬与农村、农民的生存环境、家庭生产要素的合理配置、不同地区的农作物特点密切相关。一方面，绩麻是将麻料织成麻线或麻团，其工作主要由农户的妇女在农闲时候作为家庭副业进行，因而这种工作通常是不计工资和劳动报酬的。即使计算报酬，她们的工资也是极低的。另一方面，织布是织工将麻线织成生布，其"织工"通常是独立的工匠，或兼具小老板，他们的报酬可以按消费者支付的麻布价格进行计算。再一方面，精制工序很复杂，即需要将生布漂白、染色、印花、浆扎等①，因而精制分工明细，专业性更强，其报酬通常根据其熟练程度而定。

就浏阳、醴陵夏布织工的报酬来看，两者在计算方面有所不同。前者按照布匹产量而定，而后者则按布价计算。其中，浏阳生产本色细布的织工报酬最佳，生产每匹粗布的工资为 0.5 元，漂白每匹细布 1.2 元，中等布每匹 0.7—0.8 元，而每匹本色细布则高达 4 元。就单位时间而言，每匹粗布"需时二工至三工"，每月可织 7 匹中细布、5 匹上细布、8 匹中漂布。绩工是妇女在家生产，"难以计算工资"，而醴陵织工则受雇于他人，除了雇主提供伙食外，还根据夏布的价格发给工资。如布价为 10 元，则织工可获 2 元。机工或机户具有一定的资本，通常向妇女购买麻丝"自行织造"，名曰"做买纱"。这类机工皆自备 1—2 台或 4—5 台布机"在家织造"。其售卖布匹所得的利润，即包括工资在内。②

近代夏布工人是工人阶级的重要组成部分。据 1929 年湖南全省自治筹备处调查，湖南全省工人有 130172 人，其中纺织工人数仅次于化学工人，有 24504 人，占全省工人总数的 23.34%，每户平均有 2.76 名。从浏阳、醴陵的工厂职工来看，浏阳有 13978 人，醴陵有 3121 人。就资本额而言，以纺织工业为最多，计 4192600 元，占湖南全省工业资本总额的 34.51%，其中棉纺业独占 310 万元，而漂染业等在 50 万元以上，纺织业

---

① 《成本加高运输不便，川省夏布销路大减》，《申报》1947 年 6 月 16 日第 6 版。
② 公英：《调查·浏阳醴陵之夏布》，《工商半月刊》1934 年第 6 卷第 16 期。

中平均每户资本占473.09元。① 但是受抗日战争、解放战争动荡时局的影响，时至1949年湖南夏布工人仅有3000人。②

从湖南工人的规模而言，纺织是湖南的第二大工业，而绩麻又是仅次于纺棉的重要手工业，因而湖南各地夏布工人的生产极为普遍。全面抗战前浏阳夏布分布于东、西、南三乡，每年输出3000余筒，每筒10—20匹，每匹三四元至二三十元不等，年收入合计10万元以上。③ 据1934年《工商半月刊》所载，浏阳东、西、南乡的工人最多，其中东乡有50家机户、135台布机、135名织工、1458名绩工；西乡有100家机户、270名织工、7290名绩工；南乡也有100家机户、281名织工、3890名绩工。同时醴陵夏布绩工、织工户合计约有8000户，妇女负责撕麻，男工则负责织造。④ 他们将麻劈成丝，"绩成欼"，每年可绩三匹，细者"仅一匹或不足一匹"，而织成的夏布"纱匀而有光泽"⑤。

从生产者来源而言，绩工与织工"均系当地人"。其中，绩麻的妇女，织布的机工，"多系家庭手工业者"。但是，绩工与织工不同，前者不受季节限制，而后者则有淡、旺季之分。就生产季节而言，妇女从事的绩麻"不分季节"，而从事织工的男子则每年织布以春、冬为旺季，而夏季则为"营销时期，产不旺"，秋季比春季淡，大致每年上半期生产，即从农历1月中旬至端午节4个月。下半年则从农历6月底至12月中旬，约5个月。⑥

除了醴陵、浏阳等地生产夏布之外，湖南其他各地亦较为普遍。如清嘉庆年间，澧州石门县"女红克勤纺绩，邑种桑麻甚少，多买木棉弹纺成布，比户机身轧轧"⑦。衡山府衡山县以"棉最多，苎次之，葛又次

---

① 朱羲农、朱保训编纂：《湖南实业志》第1册，湖南人民出版社2008年版，第157—162页。

② 中国近代纺织史编委会编著：《中国近代纺织史》（下卷），中国纺织出版社1997年版，第74页。

③ 民国《湖南各县调查笔记·物产类·浏阳》，1931年铅印本。

④ 公英：《调查·浏阳醴陵之夏布》，《工商半月刊》1934年第6卷第16期。

⑤ 民国《醴陵县志》卷6《食货志·工商》，1948年铅印本。

⑥ 公英：《调查·浏阳醴陵之夏布》，《工商半月刊》1934年第6卷第16期。

⑦ 嘉庆《石门县志》卷18《风俗》，1818年刻本。

之。妇女无分贫富，皆勤纺绩"①。但是近代之后，随着日本人造丝等舶来品的冲击，湖南夏布备受其害，"农家赖此为副业收入者，现已无形减削，数千机工多改行失业"②。

在近代夏布生产过程中，绩工与织工的工资有较大差距。夏布工人在层层剥削下进行生产，以致绩麻的女工和织布的男工即使再怎么努力，仍然"只是给机户，雇主和庄家老板造成了优厚的利润"③。其中，绩工"获利甚微"，而织工"故意奇昂"。据1926年《醴陵乡土志》所载，按照惯例，织工工资是按布价的10%提取，但是"近织工乃擅改为"取20%，因而价值10元的夏布，若绩工以10月完成，"每月所得不过" 0.8元。同时绩工还需成本及伙食费，因而每日"仅一二分"，但是织工则三四日所得工资，乃多达2元，是绩工一个月的2倍之多。基于此，绩工往往将绩成的麻团、麻线"售于织工，不愿自织"，而织工也愿意"沿门收买"④。

**四　商人在湖南近代夏布的作为**

商人是连接工人生产及其相应市场的桥梁。早期的商人兼营生产、销售，但随着商品化的发展，则发展为专门的贸易者，甚至有的商人还发展成为产品的管理者，对其质量、经销等进行监督、管理。

夏布机户收买的布匹粗细不匀，色泽互异，仍须再次加工出售。光绪初年，醴陵夏布每匹为四丈八尺，名曰"加二扣，宽一尺四寸"，但时至光绪末年则"减为四丈四尺"。特别是到了民国时期，醴陵夏布"仅及四丈，而时行衣制宽大"，每匹裁长衣两件，"至少须"四丈四尺，"短则常不足裁"。其布匹"短尺减扣，空纱烂尾，或表里异色，以是布值益落"。基于此，为重振夏布业的信誉，浏阳、醴陵、萍乡的布商"呈准各县署布告整顿夏布尺码，例须"四丈六尺，"否则拒不收买，又改九折钱为十足"。但是，由于夏布被织工控制，绩工"绩布日见减少，欲自学

---

① 光绪《衡山县志》卷20《风俗》，1875年刻本。
② 公英：《调查·浏阳醴陵之夏布》，《工商半月刊》1934年第6卷第16期。
③ 《日趋衰落之中国夏布业》，《国货月刊》1934年第21期。
④ 民国《醴陵乡土志》第6章《实业·夏布》，1926年铅印本。

织,又购机不易,将图革新,唯有由布业收欵",招收女工自织,然后"加其欵价,庶乎可望发展"①。此外,浏阳、醴陵商人还联合江西萍乡夏布同业工会,共同议决整顿夏布办法,规定裁尺,每匹长四丈四尺,宽一尺四寸,"如有违背定案,一致拒不收卖,并呈文商团,请其转咨县署备案、布告,饬令城乡织户一致遵守"②。

夏布庄商人的性质较为特殊,属于自行贩卖性质。他们不仅与代客买卖的牙行有别,而且"多兼营"猪、油等买卖,各庄全年可销夏布2000筒(每筒18匹),价值252000元。③同时,夏布庄的买办商在产销中的嫁接作用也较为明显,他们的交易与织工一样,都有淡季和旺季之分。其中,夏布交易"无固定季节",以春季为旺,商人设庄收购,农家则将其夏布送至市场,"庄号视质量之优劣估价收买,成交后付以现金"。夏布庄商人将农家织成的"生布"加工漂染,最终制成"熟布"④,然后再运销外埠或出口。

即使同属夏布包买主,但是浏阳和醴陵的包买主形式也存在一定的差异。其中,浏阳夏布大多为农户妇女绩成麻纱,之后主要由居间的包买主进行大宗专业性收买,再雇工织成麻布。然而,醴陵从外县输入的片子麻和散丝麻"全系原麻,在织布以前尚须妇女绩成麻。绩成之麻丝多系乡间直接买卖,由机户与农家妇女交易,并无大宗专业原麻之买卖",仅是"间亦有居间商人收集后再行运销者,但为数亦不甚大"⑤。

夏布交易以夏布庄为中心。汉口、上海、长沙,以及浏阳、醴陵本地均有专营或兼营的夏布庄。其中,汉口夏布中以"谦祥益"和"怡和"为最大。汉口帮直接赴浏阳、醴陵产地进行采购,不经长沙而转运国内外,而长沙的夏布庄营销范围则"大都以本省为限"⑥。据1934年《工商半月刊》所载,湖南本省夏布庄以长沙为最多,有11户,年销2000筒左右。浏阳、醴陵的夏布庄有专营、兼营和附营三种,其中浏阳专营者5

---

① 民国《醴陵乡土志》第6章《实业·夏布》,1926年铅印本。
② 《湖南夏布业之整顿》,《中外经济周刊》1924年第79期。
③ 朱羲农、朱保训编纂:《湖南实业志》第1册,湖南人民出版社2008年版,第305页。
④ 朱羲农、朱保训编纂:《湖南实业志》第1册,湖南人民出版社2008年版,第475页。
⑤ 公英:《调查·浏阳醴陵之夏布》,《工商半月刊》1934年第6卷第16期。
⑥ 朱羲农、朱保训编纂:《湖南实业志》第1册,湖南人民出版社2008年版,第305页。

家，兼营者4户，附营者则无法查明，而醴陵专营者有7户，兼营者6户。①

稳定外埠市场是商人的重要活动。如1922年直奉战争时期，由于北方客商裹足不前，湖南夏布在汉口的市场大受波动。基于此，夏布商人见其市况日下，"城恐不可收拾，连日集议，决定维持方法，无论市面如何停滞，所定市价，万不更改，但嘱第二批来货停止运汉"②。

在稳定市场的同时，商人还试图通过舆论宣传加强在上海的夏布贸易。如1925年6、7月，上海北四川路9号洋房"足安有限公司""举行大减价"，特将浏阳夏布大减价21天，每匹四丈六尺售价9洋元—30洋元。③ 又如上海小东门内开设50余年的"何昌绸缎局""营业甚发达"，购买浏阳夏布的客户"甚多，价亦廉"④。据1922年7月16日《申报》所载，在上海发行的浏阳夏布，"货真价实，信用昭著，无如射利之徒"，拟将从7月12日至同月22日止，"放盘十天惠购"⑤。上海三马路石路东首的恒泰绸缎局，其浏阳夏布，每尺0.23元，每匹售价4.4元，麻纱纺每尺0.28元。⑥ 上海虹口天潼路恒兴号在从浏阳购置的"雪白银丝夏布"中，将多种长衫裤料"每匹减沽"7.5洋元—14.5洋元。⑦ 此外，恒兴号云纱每当入夏以来，"门市大为畅旺"。其中，最优等的新花老牌云纱和纺绸拷等销场最少。浏阳多种夏布到达上海，其"底质纯滑"，每件长衫料售价8.5洋元—16洋元。⑧

质优价廉是商人在上海舆论中的重要宣传词。据1927年6月8日《申报》所载，上海南京路二十号华商"三和公司现直接至湖南浏阳运到大批夏布，廉价发售，连日仕女往购者颇为踊跃"⑨。据1928年6月9日《申报》所载，上海四马路石路口的"同顺余绸缎局"的促销活动较成

---

① 公英：《调查·浏阳醴陵之夏布》，《工商半月刊》1934年第6卷第16期。
② 《湖南夏布与汉市销场》，《大公报》（长沙版）1922年5月17日第7版。
③ 《足安公司周年纪念减价》，《申报》1925年7月1日第17版。
④ 《何恒昌之纱布新货》，《申报》1923年7月4日第17版。
⑤ 《真浏阳夏布放盘》，《申报》1922年7月16日第12版。
⑥ 《纱布罗纺之新货》，《申报》1923年7月5日第17版。
⑦ 《浏阳夏布廉价》，《申报》1926年7月16日第22版。
⑧ 《夏布条纺廉售》，《申报》1926年6月27日第23版。
⑨ 《商场消息》，《申报》1927年6月8日第17版。

功,自5月19日"减价以来,各货均特别削码售价,故前往购料者踵相接焉"。基于此,该绸缎局又添置浏阳夏布,其"质料洁白,定价甚低,全匹尤为克已",被时论"预料此数日内营业当较前更为拥挤"[1]。同年7月20日《申报》还宣称"纱圆细洁,永不起色,色白漂亮,天然雅观,价亦从廉",作为国产推销,浏阳等夏布"如蒙赐愿,无任欢迎"[2]。

虽然20世纪20年代初夏布大为减价,但是仍比洋货贵。如上海同昌夏布庄为"优待顾客起见,不日将举行大减价"。其中浏阳、万载的夏布"质料细洁,经久不破,售价公道"。但相对而言,其余的"疋头洋货,更为便宜"[3]。

夏布商在打折促销的过程中,不同时期的目的有别。如上海大新绸缎局,按照绸缎业习惯,"每年廉价总在五六次以上",以致其"号召力至为薄弱",但是据1928年7月10日《申报》所载,"该局此次廉价,与平时不同,各货均照进货"增加5%出售,因而"廉价以来,生意较平时增至三分之二"。从出售的产品来看,以浏阳夏布、盛泽纺等"为多"[4]。此外,上海四马路石路口的"维大绸缎局",自1928年春季"大减价以来,营业非常踊跃,门市批发均极忙碌"。该局采购大批浏阳夏布、湘绣等名产,可谓"应有尽有",陈列于商场,"任客选购",其售价均按照原价"再打八折,廉价并送赠品"[5]。

夏布商人打折促销也是抵制日货、提倡国货运动的重要举措。1928年6月15日《申报》指出,四马路石路转角夏布自召开第三届以来,营业异常畅旺,如湖南浏阳夏布、江西万载夏布、名产女机夏布等,销数尤巨。鉴于济南五三惨案,夏布业等同人"十分愤痛","决定对日经济绝交,并将名产银丝夏布万余疋"等商品,"不顾血本,大减价八折出售,以示提倡国货,杜绝漏溢"[6]。又如上海三马路石路的"中天福绸局"亦实行"大减价",以致营业"异常发达"。同时,该局为"提倡国

---

[1] 《商场消息》,《申报》1928年6月9日第23版。
[2] 《湖南夏布之特色》,《申报》1928年7月20日第19版。
[3] 《商场消息》,《申报》1929年6月12日第20版。
[4] 《农工商局派员视察廉价商店》,《申报》1928年7月10日第14版。
[5] 《商场消息》,《申报》1928年3月30日第23版。
[6] 《商场消息》,《申报》1928年6月15日第23版。

货起见，即日起照原价再打八折，以示提倡国货之意"。此外，该局至广东云拷浏阳夏布时，"令绸缎纱罗绮纺等为数甚巨，皆在减价之例"①。1927年北伐胜利，"凡属商人有共同庆祝之义务"，如天福绸缎"举行特别廉价三天，籍表庆意"。从廉价的物品来看，有万载的夏布，亦有浏阳的夏布等，"无论整批、另剪，以及定制男女各色衣装，均一律八折"②。

在促销夏布的同时，夏布商人为提倡国货还试图请求政府减免夏布出口税。据1931年6月4日《申报》所载，湖南夏布业代表章国柱、四川夏布代表段玉良等中华国货维持会联名致电实业部，"请免征夏布出口税"，以维持各地夏布等特产，"而利推销"。他们强调夏布乃农村副业，是妇女以苎麻为原料，经手工绩织而成，每年全国有2000余万元产额，其中1000余万元出口朝鲜。然而，随着国内军事频发，各省捐税重叠，加之朝鲜、日本采取排斥外货政策，"重加进口开税"，若长此以往，夏布营业前途"其衰落情状将有不堪设想者"。因此，他们呼吁"应时代之要求，本商业之学理"，电请实业部按照商业政策，"熟货出口应予免税，并首先列举营销朝鲜之夏布为应予免税之第一种"③。

夏布商人的促销和请求政府减免夏布税的一系列活动在一定程度上引起了政府的重视。1941年，湖南省建设厅鉴于其夏布产量不高、织造方法陈旧等问题，专门对浏阳、醴陵两县的夏布进行了调查，从生产方式、工具、加工等方面提出了五条建设性的意见。第一，改进绩麻方式。第二，改良机器，用铁木机制造宽幅度成品。第三，用化学药品精炼漂白。第四，利用棉麻交织，织造秋冬季服装材料。第五，由政府奖励增产，统筹销路。④

当然，在促进夏布贸易的同时，夏布商人也有盘剥生产者的一面，继而影响了夏布产销。据1944年时人所述，"近年来生产者虽然因时机的关系，得利颇丰"，但是包买主的"居间人较生产者，获利还多"。因此，夏布生产者"利润微薄，资本短小，势必受居间人统制运销"。如浏

---

① 《商场消息》，《申报》1927年7月21日第17版。
② 《工商界庆祝北伐胜利》，《申报》1927年6月19日第21版。
③ 《国货会请免征夏布出口税》，《申报》1931年6月4日第14版。
④ 《十月份之湖南工业》，《湖南省政府公报》1941年第1056—1057期。

阳绩麻妇女"吃亏不少，因资本有限，或布急于求售，以致耗折甚大，影响生产量之减少，殊非浅鲜"。当时"居间人"的剥削伎俩，"百出不穷，一运之劳，而获利甚厚"[①]。

总之，对于从民国夏布原料位居全国第二到如今跃居第一的湖南而言，虽然浏阳、醴陵夏布历史悠久，早在16世纪就已被列为朝廷贡品和作为大宗出品外销，但是直至近代才开始蜚声于中外。特别是醴陵，由于交通不便、商人资本短缺和信用不佳等问题，以致其夏布直至民国初年才被他人知晓。在近代市场方面，即使销路以清末醴陵为最旺，但是湖南夏布在国内外均以浏阳最为著名。甚至产量最大的江西，不仅直接去浏阳、醴陵采购，而且还在运销方面亦假托为浏阳夏布之名，以赢取较大的市场。同时，在湖南近代夏布的产销过程中，既有绩工与织工两倍之多的工资差距，同时又有商人促销夏布积极的一面和盘剥夏布生产者的伎俩。

## 第三节　近代浏阳与醴陵夏布闻名及其衰落的原因

民国时期，醴陵夏布就已成为国际商品，销行于海内外[②]，虽然江西、四川的夏布颇为著名，但是湖南夏布较之四川更为著名[③]，尤其是以浏阳最为出色，品质最好[④]，即使是江西著名的麻布，为赢得市场，也曾假托浏阳夏布之名。诚如1933年民国地理学家傅角今所言，湖南夏布"布匹质地，大致均佳，其纤维较川闽两省所产坚而细洁"。其中，"浏阳、醴陵所出之夏布，其纱细，其质坚，其色光，虽用日久，而布面不毛，他处均所不及"[⑤]。在浏阳与醴陵夏布之间，后者不仅产量最多，而且其品质佳[⑥]，不过浏阳、醴陵的夏布直至近代才开始蜚声中外。虽然学

---

[①] 周源岐：《浏阳经济概况》，《湖南省银行经济季刊》1944年第1卷第6期。
[②] 朱羲农、朱保训编纂：《湖南实业志》第1册，湖南人民出版社2008年版，第471页。
[③] 《川湘夏布调查》，《国际劳工通讯》1938年第5卷第7期。
[④] 《日趋衰落之中国夏布业》，《国货月刊》1934年第21期。
[⑤] 傅角今编著，雷树德校点：《湖南地理志》，湖南教育出版社2008年版，第230页。
[⑥] 民国《醴陵乡土志》第6章《实业·夏布》，1926年铅印本。

界在论述湖南手工业时，对醴陵、浏阳夏布原料有所涉及，但是对两种近代夏布的比较则尚无专题论述。有鉴于此，本节从浏阳夏布比醴陵夏布著名的原因，以及长达14年的抗战对近代浏阳、醴陵夏布的直接影响和其他因素的加速三方面进行专题论述。

### 一 浏阳夏布比醴陵夏布著名的经济地理原因

夏布是中国纺织文化的活化石，因轻薄而素有"西绸"的美誉。其中，湖南浏阳、醴陵因适宜夏布生产的经济地理条件而颇为著名。经济地理"是晚近始有的一种新的命题"，随着经济的发展"使其时间与空间的关系越来越密切"①。经济地理是经济建设的蓝本和根据，全国各地自然和人文环境有别，因而经济发展水平有异。其中，湖南醴陵、浏阳的夏布有着悠久的历史文化，是湖南麻纺业的主体。②虽然醴陵、浏阳有着"自古已然"的夏布生产风俗，但是直至近代，浏阳、醴陵夏布"始噪声中外"③，并成为湖南出口的大宗商品。其中，浏阳所产夏布质量最佳，"工细不减湖纱"，因而价格方面也较崇，"有值二三钱银一尺者"④。

近代夏布属家庭手工业，由妇女手工制织而成。近代湖南夏布不仅关系到"国计民生"，而且在国际贸易中"亦占重要数字"⑤。民国初年之前，虽然"外间只知有浏阳夏布，而醴陵则无闻焉"⑥，但实际上，湖南夏布产量以醴陵最多⑦，甚至"醴陵实居强半"⑧。据民国时人统计，醴陵夏布每年输出价值为70万元—80万元，不仅畅销汉口、南京、上海、苏州、杭州、广东、广西、山东等地，而且还输出南洋爪哇等市场，甚至醴陵夏布的庄客还在浏阳、萍乡、袁州、万载等地设庄，由醴陵县"商贩与之"⑨。

---

① 丁道谦：《贵州经济地理发凡》，《贵州企业季刊》1943年第1卷第2期。
② 朱羲农、朱保训编纂：《湖南实业志》第2册，湖南人民出版社2008年版，第828页。
③ 民国《醴陵县志》卷6《食货志·工商》，1948年铅印本。
④ 黄本骥编纂：《湖南方物志》，岳麓书社1985年版，第25页。
⑤ 湖南省银行经济研究室编：《湘东各县手工艺品调查》，内部发行1942年版，第1页。
⑥ 民国《醴陵乡土志》第6章《实业·布》，1926年铅印本。
⑦ 《日趋衰落之中国夏布业》，《国货月刊》1934年第21期。
⑧ 民国《醴陵县志》卷6《食货志·工商》，1948年铅印本。
⑨ 民国《醴陵乡土志》第6章《实业·夏布》，1926年铅印本。

(一) 醴陵的不利条件

民国初年之前，醴陵夏布不如浏阳夏布著名主要有五方面原因。第一，醴陵交通滞塞，不及浏阳可直达长沙，特别是夏秋水涸更是不便于舟行。醴陵县境内商货由水陆运输，其中陆路多为人力小车，分土车和高车，土车专门载货，高车则两旁均可载人和货物。1905年株萍铁路通车后，铁路旁多设转运公司，因而火车载货"尤多，商旅往来殆十倍于往昔"[①]，不仅商货大多由火车运输，而且粤汉铁路还将醴陵县的西部与湘江连接起来，"沿湘江而上"，从而使醴陵交通日益发达，对其文化、商业产生了深远的影响，醴陵本地商人自卖夏布的情况得以出现。据1926年《醴陵乡土志》铅印本所载，"近始有醴商运往各埠销售，而外间亦渐知浏阳夏布实出自醴陵，醴陵之布乃得直接自卖"。但是，由于浏阳夏布比醴陵夏布更为著名，因而即使醴陵商人在外地售卖夏布之时，仍有"假浏阳籍者"[②]。醴陵夏布运销主要为国内市场（参见表3-2）。

表3-2　　　　　　　　　醴陵夏布国内市场概况

| 运销地点 | 转运地点 | 运销数量（匹） | 备注 |
| --- | --- | --- | --- |
| 长沙 | 附近各县 | 16000 | 各色中庄 |
| 湘潭 | 湘乡、宁乡等县 | 8000 | 帐料各色中庄 |
| 衡阳 | 各省各县 | 8000 | 特细漂白最多，帐料、蓝色次之 |
| 祁阳 | 附近各县 | 4000 | 中庄 |
| 桂林 | 西南各大城市 | 4000 | 各色特细 |
| 合计 |  | 40000 |  |

资料来源：民国《醴陵县志》卷6《食货志·工商》，1948年铅印本。

第二，醴陵商人起步较晚，且资本有限，从而影响了醴陵夏布的名气。在众人知晓醴陵夏布之前，由于醴陵经营夏布者"无大资本，类皆收诸民间"，因而醴陵"无本地庄客，不能大批收买直接输出"[③]。同时，在出售夏布之时，由于浏阳优越的地理条件，从而使"贩商多设庄于浏

---

[①] 民国《醴陵乡土志》第6章《实业·运输》，1926年铅印本。
[②] 民国《醴陵乡土志》第6章《实业·夏布》，1926年铅印本。
[③] 民国《醴陵县志》卷6《食货志·工商》，1948年铅印本。

阳县境，往醴陵大批收集，转运外埠销售"，继而使"外间只知有浏阳夏布，而醴陵无闻焉"①。直至20世纪20年代之后，随着醴陵本地商人的逐步成长，他们才纷纷在长沙、浏阳等地设立诸多夏布商号。据统计，20世纪30年代，醴陵出现了诸如"生盛祥""大吉祥""益生祥""顺生和""德庆昌""万和荼"等夏布庄号。

第三，自古以来，醴陵就崇尚一种慎终追远、安土重迁的家族乡土观念，因而"商务不甚发达"。在醴陵商务活动群体中，其资本稍微雄厚者多为江西帮。铁路通车之后，"商务始渐有起色"，但又遭军阀混战，不仅"元气凋伤"、"商民资本缺乏，无万金之帮"，而且政府增加厘税，"军差频繁"，除夏布、瓷业"略有输出外，余仅取给日用而已"。20世纪20年代，醴陵农林之利"既未振兴，工作所出又甚鲜少"。

第四，在商业方面，在外无团体组织，在内又无雄厚资本，如夏布、瓷业"受人卡买"②。在1918年以前，醴陵经营绸业者"多为江西帮"。

第五，醴陵夏布自身商业不发达，对外依赖较强。抗战初期，浙江金华"来货甚多"，湘潭、长沙的商人"常有来此采购者"，因而醴陵营业"极为发达，而本县土布亦行销甚广"，在抗战前数年间，"获利百万以上者"30余家。但是，浙江金华沦陷后，"生意稍衰"，加之社会购买力"日弱，土布销路亦疲滞"，以致1943年盈利"远不如前"，绸绫生意，"尤不畅旺"。此外，在知晓醴陵夏布之前，"布贩信用低落，外商不敢径来批迕"。因此，醴陵所产夏布大多经浏阳再转销外地，醴陵夏布之名"遂为浏阳夺其席"③。

这些不利因素直至民初才逐渐淡化。民国初年，醴陵每年输出价值七八十万元夏布，畅销于汉口、上海、烟台等地。特别是朝鲜人，"尤喜用作衣料，并用以裹尸"。1918年，醴陵大火，"几乎全部焚毁"，江西帮大受打击，"本帮逐渐抬头"。当时，醴陵县城30余家，其中本帮60%，江西帮40%。④ 1921年冬，醴陵县人士用赈捐余款设立了醴陵第

---

① 朱羲农、朱保训编纂：《湖南实业志》第1册，湖南人民出版社2008年版，第474页。
② 民国《醴陵乡土志》第6章《实业·商业》，1926年铅印本。
③ 民国《醴陵乡土志》第6章《实业·夏布》，1926年铅印本。
④ 民国《醴陵县志》卷6《食货志·工商》，1948年铅印本。

一平民工厂，订立章程，组织董事会，"先办织染一项"，购置染房器具，"召集艺徒试办"，并"呈准政府免厘"。1923年冬，醴陵招商承租，"出品颇优美"。1931年后，醴陵"商务渐盛"，直至1937年抗战爆发前，醴陵每年夏布输出量为二三十万匹。基于此，从醴陵、浏阳夏布的优劣势对比可知，直至民国初年，随着醴陵商人的不断壮大，"乃有醴商自行漂染，运销各埠销售"，从而"外间始知有醴陵夏布"①。

总之，醴陵有着诸多的不足条件。从醴陵贸易来看，前清时期，醴陵夏布多由浏阳鞭炮庄贩运外埠销售，"亦混称浏阳夏布"②，其商贾除盐政外，"皆单独营业"，即使有会馆，"多为祀神公会会所，于个人商业无涉焉"。光绪年间"首推红茶"，直到清末，"交通便利乃有醴陵商人自行运外销售"。在营业兴盛之时，醴陵每年输出夏布达100万元以上，粗细夏布约25万匹。1909年，醴陵知县刘曦奉命设立醴陵商会，"各商无论资本大小，皆呈报注册"。据《醴陵县志》所载，民国之前，醴陵县城有江西帮、本帮两大商帮，江西帮势力明显大于本帮。除夏布、土瓷等之外，其余布匹、杂货"均属西帮"。因此，直到20世纪二三十年代"始有醴陵商人直接运销外埠"，从而才使外间"稍稍知有醴陵夏布，其势将直接与外埠交易矣"③。

(二) 浏阳的优势

浏阳夏布比醴陵夏布更为出名、影响更大有其深厚的原因。一方面，浏阳夏布贸易有着悠久的历史。虽然浏阳、醴陵均是湖南夏布主产区，但是民国之前，"外省仅知浏阳出产之夏布，而不知醴陵夏布之出产量"。16世纪，浏阳夏布已作为湖南大宗商品外销。时至明末清初，浏阳夏布"畅销各埠"，年销量"可销万筒"，即18万匹。清末，浏阳夏布销量"未减"，民国初年"亦尚不弱"④，特别是极盛时期，甚至可达100余万匹⑤。因此，即使在产量方面，醴陵"实在浏阳之上"，但是由于湖南人

---

① 民国《醴陵县志》卷6《食货志·工商》，1948年铅印本。
② 公英：《调查·浏阳醴陵之夏布》，《工商半月刊》1934年第6卷第16期。
③ 朱羲农、朱保训编纂：《湖南实业志》第1册，湖南人民出版社2008年版，第474页。
④ 公英：《调查·浏阳醴陵之夏布》，《工商半月刊》1934年第6卷第16期。
⑤ 中国近代纺织史编委会编著：《中国近代纺织史》(下卷)，中国纺织出版社1997年版，第74页。

以浏阳夏布的品质"较醴陵为佳"①，因而外间只知浏阳夏布之名，而未知晓醴陵夏布。

另一方面，醴陵不仅交通远不及浏阳之便利，而且漂染条件更是无法与于天然的浏阳河相比拟，因而醴陵所产夏布多为布贩从民间收购，然后再转手给浏阳商人漂白加工，最后再成捆外销。浏阳河水富含碱性，有益于漂洗布匹，加之河滩卵石、细砂较多，因而浏阳河成了天然的漂场。天然的浏阳河水为其漂工提供了优越的条件。此外，浏阳河水为山溪水，"特别清洁，宜于漂布"，漂布时无需用漂粉，即使以白碱石灰和浏阳河水漂白，其产品亦"精美异常"②。

再一方面，浏阳出产的麻不仅"宜于绩织"，而且在生产技术方面，绩工、织工"漂工特别精良"，因而成为湖南乃至中国夏布的代表出现于国际市场。浏阳夏布、醴陵夏布在产量方面，虽无精确数字，但是在最盛之时，行销省内外各埠者，浏阳为1万筒，醴陵为1.4万筒，按照每筒18匹计，合计43万匹，价值200余万元。但是在四川、江西夏布，以及国外麻纱的竞争下，湖南夏布"销路日蹙"③。

总之，从民国调查来看，浏阳夏布质量最佳的原因有四方面。第一，原料好。浏阳出产的鸡公白、黄泥麻、散丝麻三种麻料，"均极优良，宜于绩麻织布"。第二，绩工好。浏阳东、南、西三乡妇女"心细工巧，绩麻甚佳"，尤其以西乡最为出色。第三，织工好。浏阳织工多为男子，他们"素习此道，手艺特别精良"。第四，漂工好。因此，调查者指出浏阳有此四方面优势，"乃能取得湖南夏布之代表地位"④。如1904年《东方杂志》所载，由于浏阳夏布在山东"销路颇广"，以致山东潍县人刘氏"今已购机织造"⑤。

**二　战乱对浏阳、醴陵夏布衰落的直接影响**

1931年是浏阳、醴陵夏布衰落的转折点。1931年，日本制造了九一

---

① 《川湘夏布调查》，《国际劳工通讯》1938年第5卷第7期，第97页。
② 公英：《调查·浏阳醴陵之夏布》，《工商半月刊》1934年第6卷第16期。
③ 《川湘夏布调查》，《国际劳工通讯》1938年第5卷第7期，第97页。
④ 公英：《调查·浏阳醴陵之夏布》，《工商半月刊》1934年第6卷第16期。
⑤ 《实业·各省工艺汇志》，《东方杂志》1904年第6期。

八事变,使中国长期处于战乱的状态,严重影响了湖南的夏布出口及其普遍生产。夏布向来以朝鲜为最大市场,九一八事变之前即使日本控制了朝鲜,但是日本征收的税"仅值百抽五十",因而中国夏布输出额恒在五六百万元左右①,浏阳、醴陵乡村妇女绩麻也"皆习为之"②。据统计,九一八事变之前中国每年向朝鲜输入夏布价值约600万元③,但之后东三省销路被日本所阻,加之关税逐渐增加,输入韩国的夏布"已呈渐减倾向"④,而输入朝鲜仅200万元左右⑤,具体如表3-3所示。

表3-3　　　　　1931—1937年夏布出口量及减少趋势

| 年代 | 数量（担） | 价值（海关两） | 数量指数（1913=100） |
| --- | --- | --- | --- |
| 1913 | 15550 | 1566305 | 100 |
| 1931 | 24741 | 4943925 | 159.1 |
| 1932 | 9556 | 1102477 | 61.5 |
| 1933 | 7230 | 786584 | 46.5 |
| 1934 | 10673 | 1092540 | 68.5 |
| 1935 | 8579 | 946650 | 55.2 |
| 1936 | 11629 | 1270281 | 74.8 |
| 1937 | 9583 | 1107997 | 61.6 |

资料来源:彭泽益编:《中国近代手工业史资料（1840—1949）》第三卷,中华书局1962年版,第477页。

从表3-3可知,1913—1931年,湖南夏布出口量、出口值均有了明显增加。但是,之后受抗日战争影响,湖南夏布出口量总体上有所减少。1921年至1927年,浏阳、醴陵一带受军阀混战影响,"战时不断",民众避难逃亡不暇,"奚能从事生产",不过随着"剿匪军事进展颇速",浏阳、醴陵"早告安靖,四民均已复业",湖南夏布出口贸易得以恢复。其

---

① 张觉人:《农村手工业品的对外输出》,《实业部月刊》1937年第2卷第6期。
② 民国《醴陵县志》卷6《食货志·工商》,1948年铅印本。
③ 《夏布之危机》,《国际贸易情报》1936年第1卷第2期,第9页。
④ 张觉人:《农村手工业品的对外输出》,《实业部月刊》1937年第2卷第6期。
⑤ 《夏布之危机》,《国际贸易情报》1936年第1卷第2期,第9页。

中，浏阳最为著名，而醴陵则产量最大，1933年两县夏布销量约为149千匹，而湖南其他各县产量仅及浏阳、醴陵的25%，湖南省总产量为200千匹①，但1937年抗战爆发后则逐渐减少，如1940年浏阳、醴陵两县产量已减至100千匹②。

抗日战争全面爆发后，浏阳、醴陵夏布在外地开设的分庄也遭到破坏。战乱之前，浏阳、醴陵夏布在生产比较旺盛之时，除了本地有多数夏布庄专营外，在京、沪、粤、汉均设有分庄，同时分设的鞭炮庄"甚伙"，甚至客商直接收购者"亦众"。但是，京、沪、粤、汉沦陷后，这些地方的分庄也毁于一旦，加之浏阳、醴陵地处战区，交通被破坏，客商"几亦绝迹"，以致夏布"完全局促于"湖南本省及东南一隅，以及毗邻的桂林西南各城市，"损失之大，数以百数万计"③。据1940年调查，浏阳、醴陵夏布产量"未及盛时"20%或30%，"价格上涨亦殊有限"或"未涨丝毫"，甚至"竟下落也"④。

战乱时期夏布衰落的原因主要有四方面。其一，全面抗战爆发后，夏布区域外市场如京、沪、粤、汉相继沦陷，"广大之销场尽失"⑤，市场不得不从之前的京、沪、粤、汉远距离市场局限于本省的长沙、湘潭、衡阳及附近的桂林等地⑥。其二，民众"习用舶来品织造物"，即使全面抗战爆发6年之后，仍"尚无大量采用夏布之倾向"。其三，因浏阳、醴陵地处抗战前线，"屡受战局之波动"，民众处于战乱之中，"无心沉着谋生产复兴工作"。其四，夏布乃纯手工产品，生产成本较大，耗时"而所得工资至为微薄"，"难敷日常费用"，一般妇女"多改寻常较有利之工作"，继而使浏阳、醴陵夏布"进入最悲惨之时代"⑦。

从绩麻原料操作至纺织成夏布，"需时有多达半年者。是以产量不

---

① 实业部国际贸易局编纂：《中国实业志·湖南省》，实业部国际贸易局1935年版，第40—42页。

② 湖南省银行经济研究室编：《湘东各县手工艺品调查》，内部发行1942年版，第71—72页。

③ 湖南省银行经济研究室编：《湘东各县手工艺品调查》，内部发行1942年版，第80页。

④ 湖南省银行经济研究室编：《湘东各县手工艺品调查》，内部发行1942年版，第83页。

⑤ 湖南省银行经济研究室编：《湘东各县手工艺品调查》，内部发行1942年版，第67页。

⑥ 湖南省银行经济研究室编：《湘东各县手工艺品调查》，内部发行1942年版，第83页。

⑦ 湖南省银行经济研究室编：《湘东各县手工艺品调查》，内部发行1942年版，第68页。

多，而成本亦昂"。但是，相对国内外所产绸纱布料价格而言，"仍属低廉"。1947年，浏阳、醴陵夏布生产量"为数甚少"，若一次性收购四五十匹，"即感无法凑集"①。

由此可见，醴陵夏布产额在战前与战后的变化极为明显。据统计，在营业旺季之时，醴陵每年可高达100万元以上，但至1937年，已"一落千丈，年不过"40万元。②据20世纪40年代初湖南省银行经济研究室调查，浏阳、醴陵夏布市场"往岁每届秋冬，络绎于途者，多为贩送夏布之乡人，拥挤于柜台者，多为贩送夏布之乡人在论价也"，但如今"皆寥寥无几矣。今日正式开设门面之庄号"，浏阳仅有9家，醴陵仅5家。③总之，抗战爆发后湖南乃至全国苎麻和夏布产量明显减少，其中湖南如表3-4所示。

表3-4　　　　　抗战前后湖南苎麻及其夏布产量

| 产麻地 | 1937年前产量（担） | 1938—1944年战时产量（担） | 1947年种麻面积（亩） | 1947年产量（担） | 1949年 |
| --- | --- | --- | --- | --- | --- |
| 沅江 | 100000 | 70000 | 60000 | 60000 | 战乱与洪灾，苎麻产量递减，无统计资料 |
| 大庸 | 10000 | 500 | 3000 | 3000 | |
| 平江 | 10000 | 3000 | 3000 | 3000 | |
| 耒阳 | 8000 | 2000 | 7000 | 70000 | |
| 嘉禾 | 8000 | 5000 | 7000 | 7000 | |
| 浏阳 | 2000 | 1000 | 2000 | 2000 | |
| 汉寿 | — | — | 4000 | 4000 | |
| 乾城 | — | — | 5000 | 5000 | |
| 全省合计 | 约160000 | 约130000 | | 约14000 | 70000 |

资料来源：元生朝、刘俊利：《两湖（湘鄂）苎麻的产量分布和生产成本估计（1950年调查）》，专刊第2号（1951年10月），武汉大学农艺学系印行。湖北省档案馆藏编号：ZNK—422。

---

① 《浏阳醴陵夏布产销近况》，《申报》1947年6月30日第6版。
② 周寰轩：《手工艺品出路之检讨》，《实业部月刊》1937年第2卷第6期。
③ 湖南省银行经济研究室编：《湘东各县手工艺品调查》，内部发行1942年版，第80页。

因此，1937年抗战全面爆发前，夏布生产有两大特征。第一，商业资本支配下的手工生产。夏布主要原料为麻，但是种麻者不一定用麻，而用麻者不一定种麻，从而出现了分工，麻农将麻成捆地卖给麻店，被称为绩工的用麻者至麻店零星地买麻。贩运麻者被浏阳称为"短贩子"，他们下乡收买夏布，然后再将其运至布庄售卖。在旺季，夏布庄常派人下乡收买夏布，他们要么"代客买卖"，要么"自买自卖"。1934年左右，浏阳除了有5家专营夏布庄，4户兼营夏布庄之外，还有其他商店和零售散贩客经营。据1934年统计，最近每年收买夏布48600匹，价值275586元。醴陵有7家专营夏布庄，6家兼营夏布庄，每年收买10万匹，价值40万元。此外，上高2家夏布庄在生意兴旺时，每年收买夏布值100万元，但1934年左右降低到20余万元。① 第二，夏布庄集中在较发达的城市和夏布主产区。1935年，长沙、醴陵、浏阳的夏布庄分别有11、13、9家。②

然而，1937年抗战爆发后，浏阳、醴陵夏布等纺织品也曾出现过畸形繁荣。南京、上海等区域外市场相继沦陷，国外机制洋纱、洋布输入量减少，因而国内手工纺纱有利可图。据1947年《申报》所载，醴陵县每户至少"必有一纺车"，"曩者农家妇女几无不绩麻，北乡尤盛"，从而使湖南夏布在"国内销路颇佳"③。

即使1945年抗战结束后，浏阳、醴陵等夏布产业仍受国内战乱影响。其中，醴陵"因夏布业衰，绩者渐少"④，加之国外洋布再次"源源倾销"，以致"国产夏布竟至无人问津"⑤。此外，1946年国内再次动乱，以致醴陵妇女绩工为避难，"多不自织"，而是由织工"沿门收买，其欸恒混粗细不同，色泽互异者于一机"，因而"出品多劣，甚或减短其丈尺"，继而使布价降低。时至1948年左右，醴陵夏布庄收集四乡夏布，

---

① 元生朝、刘俊利：《两湖（湘鄂）苎麻的产量分布和生产成本估计（1950年调查）》，专刊第2号（1951年10月），武汉大学农艺学系印行。湖北省档案馆藏编号：ZNK—422。
② 朱羲农、朱保训编纂：《湖南实业志》第2册，湖南人民出版社2008年版，第1241—1248页。
③ 《浏阳醴陵夏布产销近况》，《申报》1947年6月30日第6版。
④ 民国《醴陵县志》卷5《食货志·农业经济》，1948年铅印本。
⑤ 《浏阳醴陵夏布产销近况》，《申报》1947年6月30日第6版。

加以漂染印花，然后运销各地，"花样翻新，又渐惹人注意矣"①。

### 三 其他因素对浏阳和醴陵夏布衰落的加速

除九一八事变的影响之外，1931年遍及长江、珠江、黄河、淮河等流域的特大洪水灾害也是湖南近代夏布衰落的转折点。之前，浏阳、醴陵夏布"行销全国远东及南洋、美洲"②。之后，即使湖南政府鼓励"生产丰足者，听其自由运销各地，在全省境内应绝对自由流通"③，但是由于"各地经济不振，销路愈少"，即使"略见恢复"，仍因市价"低落甚巨"④。如1931年洪灾之后，由于短期内麻料供应不足等影响，从而使浏阳夏布"更不堪，年销不及千筒"⑤，"销售最少"，不到2万匹⑥。

此外，比较利益的驱动也是夏布衰落的重要原因。其中，光绪之前，夏布"亦有极细者，直低于葛布而昂于棉布"⑦。光绪时期，由于茶船至汉口，"收茶不计值，湘茶转运近捷，茶者辄底巨富"，因而浏阳"皆舍麻言茶利"，"以素所植麻，拔而植茶"，继而是浏阳夏布产量递减，"岁入之利，骤减六七十万"⑧。时至清末，由于国内外对夏布的需求有所增加，从而使浏阳农民又改种苎麻，麻纱的产量渐趋于增加，但仅几年时间，在外国麻纱输入中国市场的打击下，麻纱等销路再次萎缩，生产随之凋敝。民国时期，因民风追求舶来洋布，以致"农家亦因无利可图，织布者日行减少"。据20世纪30年代调查，醴陵全县仅有织户8000户，织机2000架，全年夏布产量仅10万余匹，总值40万元⑨。

然而，1912—1921年湖南夏布也曾得到了短时期的发展。这个时期是湖南夏布出口的黄金时期，最低出口值在20余万两，而最高出口值则

---

① 民国《醴陵县志》卷6《食货志·工商》，1948年铅印本。
② 《浏阳醴陵夏布产销近况》，《申报》1947年6月30日第6版。
③ 《湖南省建设厅水灾奇重请加拨赈款的文书》，卷宗号：422-2-1159，中国第二历史档案馆藏。
④ 《川湘夏布调查》，《国际劳工通讯》1938年第5卷第7期。
⑤ 《浏阳至夏布》，《工商半月刊》1934年第16期。
⑥ 《日趋衰落之中国夏布业》，《国货月刊》1934年第21期。
⑦ 光绪《衡山县志》卷20《风俗》，1875年刻本。
⑧ 谭嗣同：《浏阳麻利述》，《谭嗣同全集》，中华书局1981年版，第390页。
⑨ 朱羲农、朱保训编纂：《湖南实业志》第1册，湖南人民出版社2008年版，第474页。

为1918年的970124两，但是1921年之后，湖南夏布出口值则逐渐下滑，如1933年仅有866两。① 据1933年巫宝三统计，全国手工麻织业产值为8295千元，其中湖南产量为20万匹，产值80万元。②

同时，湖南夏布还受国际市场的制约。日本在朝鲜设麻纺织厂对中国夏布冲击极大，其产品不仅"推广于世界"，加之我国关税繁重，特别是品质长短不齐，因而湖南夏布"难维持在朝鲜之销路"③。特别是随着国内人造丝的不断增多以及国外人造丝的不断输入，无论在出口量还是价格方面，湖南夏布均备受人造丝打击。人造丝质优价廉，"国人爱其美观"，且"价亦不贵"，因而国人"多摒弃夏布不用，转而竞用此等舶来品"④。

由此可见，随着西方舶来品的输入，中国各区域的风俗和消费心理发生了不同程度的变化。作为出口大宗，浏阳出售的粗细夏布，"向为各界所赞许"，1927年5月"往购买者甚为拥挤"⑤。醴陵夏布销路"在清末之际为最旺"，年产三四十万匹。⑥ 总体上，民国时期浏阳、醴陵夏布"久已驰名宇内"，每当国货展览时，"皆膺特美"，对于湖南地方经济的发展"诚非浅鲜"⑦。但是，由于民国时期"民风习尚奢华，购用舶来布匹"，以致夏布备受其害，加之全国丝业衰落，丝绸价格递减，"几与夏布相等，夏布遂走入厄运"，以致销路市场狭小。⑧

此外，夏布还受资本主义经济危机的影响较深。20世纪30年代，资本主义波及全球，以致中国夏布市场"存货堆积如山，亦无市价"⑨。民国初年，浏阳尚可销售18万匹夏布，但是20世纪30年代，因资本主义经济危机，浏阳夏布销路"一落千丈"，出产减至10万匹，"计费不过"

---

① 曾赛丰、曹有鹏编：《湖南民国经济史料选刊》第2册，湖南人民出版社2009年版，第334—336页。
② 巫宝三等：《中国国民所得》（下册），中华书局1947年版，第113页。
③ 《夏布之危机》，《国际贸易情报》1936年第1卷第2期，第9页。
④ 朱羲农、朱保训编纂：《湖南实业志》第2册，湖南人民出版社2008年版，第830页。
⑤ 《商店消息》，《申报》1927年5月27日第17版。
⑥ 朱羲农、朱保训编纂：《湖南实业志》第1册，湖南人民出版社2008年版，第474页。
⑦ 黄其慧：《湖南之麻业》，《湖南经济》1948年第3期。
⑧ 朱羲农、朱保训编纂：《湖南实业志》第1册，湖南人民出版社2008年版，第474页。
⑨ 《我国夏布销韩停顿：受鲜人排华影响》，《贸易周报》1931年第4期。

40万元。据1934年《工商半月刊》所载，夏布作为农家的副业收入，"现已无形消减"，数千机工"多改行失业，今不如昔矣"①。1933年7月24日《申报》亦指出，"土布业之衰落，至今日而极"，如在价格方面，1932年十六匹的浏阳夏布价格50两，但1933年则为49元。② 1930—1933年，即使年销量"略有恢复"，但不过2700筒而已。③ 此外，据1938年《国际劳工通讯》所载，湖南夏布从5年前每匹价值10元已降至6元，使其产量明显减少。其中，浏阳、醴陵夏布产量不过1万筒，"总值不满"100万元，"其衰落情形，于此可见"④。

湖南夏布产量的降低与国际上洋纱、洋布的输入，以及夏布价格的降低密切相关。岳州、长沙开埠之后，洋纱大量输入湖南，冲击苎麻和夏布市场，以致价格和产量均明显降低，具体价格如表3-5所示。

表3-5　　　　　　　1901—1933年湖南夏布出口价格

| 年份 | 出口数量（担） | | | 出口价格（关平两） | | |
| --- | --- | --- | --- | --- | --- | --- |
| 1901 | — | 63 | 63 | — | 3245 | 3245 |
| 1902 | — | 181 | 181 | — | 6822 | 6822 |
| 1903 | — | 553 | 553 | — | 20297 | 20297 |
| 1904 | — | 813 | 813 | — | 26964 | 26964 |
| 1905 | 1167 | 30 | 1197 | 59629 | 1468 | 61097 |
| 1906 | 1703 | 19 | 1622 | 78455 | 1002 | 79457 |
| 1907 | 943 | — | 943 | 47604 | — | 47604 |
| 1908 | 762 | — | 762 | 57565 | — | 57565 |
| 1909 | 1203 | — | 1203 | 160011 | — | 160011 |
| 1910 | 959 | 1 | 960 | 158067 | 68 | 158135 |
| 1911 | 1219 | 1 | 1220 | 188250 | 72 | 188322 |
| 1912 | 1182 | — | 1182 | 225626 | — | 225626 |
| 1913 | 1408 | 8 | 1416 | 243377 | 884 | 244261 |
| 1914 | 1619 | — | 1619 | 237030 | — | 237030 |

① 公英：《调查·浏阳醴陵之夏布》，《工商半月刊》1934年第6卷第16期。
② 《土布业之衰落及其救济》，《申报》1933年7月24日第18版。
③ 公英：《调查·浏阳醴陵之夏布》，《工商半月刊》1934年第6卷第16期。
④ 《川湘夏布调查》，《国际劳工通讯》1938年第5卷第7期。

续表

| 年份 | 出口数量（担） | | | 出口价格（关平两） | | |
|---|---|---|---|---|---|---|
| 1915 | 1550 | — | 1550 | 206339 | — | 206339 |
| 1916 | 1849 | — | 1849 | 206203 | — | 206203 |
| 1917 | 3295 | 12 | 2307 | 489603 | 1456 | 491059 |
| 1918 | 4853 | — | 4853 | 970124 | — | 970124 |
| 1919 | 2741 | 17 | 2758 | 537873 | 1962 | 539835 |
| 1920 | 2078 | 83 | 2161 | 454693 | 9688 | 464381 |
| 1921 | 798 | 6 | 804 | 220722 | 598 | 221320 |
| 1922 | 397 | — | 397 | 110510 | — | 110510 |
| 1923 | 208 | 1 | 209 | 56280 | 105 | 56385 |
| 1924 | 289 | — | 289 | 34036 | — | 34036 |
| 1925 | 160 | — | 160 | 50154 | — | 50154 |
| 1926 | 1162 | — | 1162 | 331591 | — | 331591 |
| 1927 | 154 | 4 | 158 | 41337 | 500 | 41837 |
| 1928 | 196 | 8 | 204 | 63847 | 1030 | 64877 |
| 1929 | 100 | — | 100 | 33442 | — | 33442 |
| 1930 | 634 | — | 634 | 185438 | — | 185438 |
| 1931 | 35 | — | 35 | 9725 | — | 9725 |
| 1932 | 11 | — | 11 | 2906 | — | 2906 |
| 1933 | — | 6 | 6 | — | 866 | 866 |

资料来源：曾赛丰、曹有鹏编：《湖南民国经济史料选刊》第2册，湖南人民出版社2009年版，第335—336页。

洋纱、洋布舶来品的输入更是夏布衰落的重要原因。嘉禾妇女大多直接购买洋纱作为原料，少植麻、棉，因而嘉禾"实为外货一大销场"[①]。又如醴陵，在洋纱输入之前，妇女大多绩麻、纺纱，但是洋纱"畅销以来，纺土纱者甚少"[②]。特别是在岳州等通商地方，妇女织布采用洋纱更为普遍，如1903年岳州海关所载，岳州、常德、澧州等地织户"近来全

---

① 民国《嘉禾县志》卷17《食货篇》，1931年铅印本。
② 民国《醴陵县志》卷5《食货志·农业经济》，1948年铅印本。

系参用洋纱"①。此外，益阳县仍如此，出现了"仍用土纱者，已不多见，因而当地纺纱，渐已淘汰"②的局面。特别是民国之后，随着"外货日增"，"手工艺命运日蹙"。质优价廉的洋纱取代了夏布，"人民多不喜服用国货夏布，多以舶来品为替代"，以致夏布"一落千丈"③，加之夏布"产地地方不靖"，继而使浏阳、醴陵夏布出产减至10万匹，价值不过40万元。

除了上述外因，湖南夏布庄口不一、资金不足、质量不行等自身问题均是其衰落的根本原因。一方面，庄口不统一和季节性生产是湖南夏布衰落的重要因素。湖南各种夏布的庄口"颇不一律"，普通夏布除浏阳、醴陵之外，每匹长度为市尺5丈，宽为市尺1尺5寸。从销售来看，湖南夏布因季节性而存在"营利稍差"的情况，但是从用途而言，则极为广泛。④

另一方面，有限的资金是湖南近代夏布生产的瓶颈。浏阳夏布等土货生产"多半还是农民的副业"⑤，他们资金极为短缺，因而夏布仅能以家庭手工生产为主，作为农户的副业。湖南夏布无法进行大规模机械生产，"乡农织造夏布，多系借本备机，大致每户须一二百元，每月月利率为二分"。不仅收益甚少，而且工人收益极为不稳定，特别是淡季之时，"工利所获，仅足抵付利息"。即使是专营的夏布庄，其营业"亦无多大资本，往往须仰求于钱庄之周转及上庄之接济"⑥。

再一方面，夏布生产中存在偷工减料的弊端。本来浏阳夏布是中国"一种顶有名的手工业"，但是乡农在织造夏布之时，"多系借本备机，绩工织工因工资微薄，往往偷工减料，止图浪产，致品质低落，更以外国麻纱竞争市场，销路益不振"⑦。由于民国初年社会经济"困难"，以致绩工、织工"往往偷工减料，致出品渐形低落"，特别是随着四川、江西

---

① 《光绪二十九年岳州口华洋贸易情形论略》，《通商各关华洋贸易总册》（下卷），京华出版社1990年影印本，第30页。
② 《益阳工商业调查》，《工商半月刊》1934年第6卷第15期。
③ 公英：《调查·浏阳醴陵之夏布》，《工商半月刊》1934年第6卷第16期。
④ 黄其慧：《湖南之麻业》，《湖南经济》1948年第3期。
⑤ 典琦：《几段随感录》，《布尔塞维克》1928年第23期。
⑥ 朱羲农、朱保训编纂：《湖南实业志》第2册，湖南人民出版社2008年版，第835页。
⑦ 周寰轩：《手工艺品出路之检讨》，《实业部月刊》1937年第2卷第6期。

外地夏布，以及国外麻纱市场的竞争，浏阳夏布的"销路乃惨落"①，时至1927年"已经减少了一半"②。即使是后来"略有恢复"，但"亦不过"2700筒。③因此，醴陵夏布销行海外"甚旺"，但是由于织户在织造夏布之时，"任意短缩尺码"，以致醴陵夏布出口"大受影响"④。

由此可见，偷工减料等手段使其品质低劣，继而影响了夏布市场。醴陵夏布曾远销南洋爪哇、朝鲜等，但因后来在生产过程中，出现了诸多偷工减料的问题，从而使其信誉降低，夏布产销受到了较大影响。一方面，在尺寸大小方面，"短尺减扣"。如光绪初年，"醴布每匹定为四丈四尺"，但后来则"仅及四丈，而时行衣制宽大"，每匹裁长衣两件，"至少须四丈四尺，短则常不足裁"。另一方面，在质量方面，出现"空纱烂尾，或表里异色"，因而"以是布值益减"⑤。基于此，1904年巴陵"布业条规"强调，"如有短欠尺码者，一经查出，罚钱贰串文入城隍公会"。同时在布料染织方面也做出了规定，若"皂色布疋有坏名誉，务须大同振刷，剔除罄净。至于染坊射利之徒，以伪杂真，亦不得徇情收回，违者由值年公同议罚"⑥。

最后，政府苛捐杂税也是湖南夏布衰落的原因。1934年前后，在苛捐杂税和遍地灾荒的摧残下，夏布生产逐渐衰弱，"全国最大多数人底购买力底降低"，加之列强麻布的输入，从而使国产夏布市场日趋萧条。此外，长期的资本主义经济危机，以及各国的关税战，"阻碍了夏布"出口贸易，使绩麻和织布工人大多失业，或者"更加紧地被剥削"⑦。湖南、四川等夏布业的衰落实可代表"历陈农商艰难"，以及夏布衰落和"亟应维持情形"。基于此，时人恳请实业部将夏布"提交立法院复核，实行免税，以维持特产而利推销"。同时，他们还宣称，夏布乃手工制品，为夏季"普通用品"，因而应请准按照手工土布一样，"推销国内外者亦一体

---

① 公英：《调查·浏阳醴陵之夏布》，《工商半月刊》1934年第6卷第16期。
② 《日趋衰落之中国夏布业》，《国货月刊》1934年第21期。
③ 朱羲农、朱保训编纂：《湖南实业志》第2册，湖南人民出版社2008年版，第829页。
④ 《湖南夏布业之整顿》，《中外经济周刊》1924年第79期。
⑤ 民国《醴陵乡土志》第6章《实业·夏布》，1926年铅印本。
⑥ 彭泽益编：《中国工商行会史料集》上册，中华书局1995年版，第265页。
⑦ 《日趋衰落之中国夏布业》，《国货月刊》1934年第21期。

免税"①。然而，湖南沅江县政府则擅自加税，协和麻行行头易林芳阻挠税务，属不法行为，除电饬沅江县长拘留此人之外，勒令其照章完税，并严切惩究。②

当然，由于湖南各地区域位置不同，影响程度有别。如在夏布处于最悲惨之时，浏阳、醴陵夏布的发展有所不同，不过产量均不高。其中，浏阳"产量为之大减，即使浏阳东、西、南三乡仍有夏布生产，除内销外，合计亦不过4万余匹，甚至北乡夏布已无出产可言"。相对而言，醴陵夏布东、南、西、北四乡则"皆尚有出产"，合计5万余匹。据1940年调查估计，醴陵、浏阳夏布产值合计年均约180万元。③

总之，作为近代"始噪声中外"的浏阳、醴陵夏布，即使产量方面"醴陵实居强半"④，但在品质方面则以浏阳最佳，可谓冠于全国。其原因颇多，主要在于醴陵水陆交通均极为"滞塞"；经销夏布者资本不足，"不能大批收买直接输出"；以及醴陵人有着安土重迁的思想传统，"商务不甚发达"，从而呈现出在民国初年之前"外省仅知浏阳出产之夏布，而不知醴陵夏布之出产量"的局面。就浏阳、醴陵夏布衰落的原因而言，除了抗日战争的直接影响之外，还与1931年洪灾、民众受比较利益的驱动，农家"因无利可图""皆舍麻言茶利"，以及国际市场的制约和质优价廉洋布的竞争，甚至政府苛捐杂税和夏布经销者资金不足、偷工减料有着密切的关联。

---

① 《各省夏布不准免税》，《银行月刊》1928年第8期。
② 《湖南财政汇刊》1931年第19期。
③ 湖南省银行经济研究室编：《湘东各县手工艺品调查》，内部发行1942年版，第71页。
④ 民国《醴陵县志》卷6《食货志·工商》，1948年铅印本。

第 四 章

# 湖南近代湘绣业的发展及其产销

苏湘绣货是中华民族的艺术结晶,其中湖南刺绣是湖湘民族文化和艺术的产物,在中华民族非物质文化和整个中国历史过程中均占有重要地位。① 特别是清末时期,"湘绣各物为中国美术之特品"②。光绪初年,湘阴人吴彩霞开设绣庄,不仅"是为湘人讲求绣业之始"③,而且也是为湘绣萌芽时期。湘绣初期,"皆由殷富绅商组织而成",但时至光绪末年宣统初年,长沙已出现了"千元数百元等"④ 大大小小的绣庄。随着商品化的发展和独具一格刺绣技艺的出现,"湘绣"一词得以见诸海内外。民国时期湘绣制作技艺进一步得以提升,产品行销国内外,甚至形成了湘绣甲天下的局面。

## 第一节　清光宣年间湘绣的发展及其影响

就整体而言,学界已从广义上对湖南、湖北古代、现代的刺绣有了诸多深入的研究,但是由于不同历史时期的刺绣有着相异的发展特征及其影响,而学界对光绪初年湘绣的"萌芽时代"和"光末宣初"湘绣的发展及其影响又尚无专题研究。因此,笔者从清末民初报刊等第一手资料着手,在对光绪前湖南刺绣作简短论述的基础上,专门对清光宣年间

---

① 如果"中国刺绣是海",那么湖南刺绣则是川,"海纳百川,百川汇集成海",参见邹敏讷《湖湘刺绣(一)》,湖南美术出版社2009年版,第26页。
② 《湘绣研究所请官维持》,《申报》1910年1月20日第12版。
③ 《湖南女界之大实业家》,《申报》1910年8月1日第11版。
④ 《省城湘绣业调查记》,《大公报》(长沙版)1920年2月1日。

(1875—1911）的湘绣进行逐一分析，以透视湖南近代民族刺绣业的发展历程及其特征。

### 一 光绪前湖南刺绣的非商品化生产

刺绣是中国著名的手工业，俗称"绣花"，是一种在纺织品基础上穿针引线的传统手工业，已被列为国家非物质文化遗产。[①] 在古籍中，刺绣名为"针黹"，最早起源于舜，与纺织、缝纫同等重要，但略晚于纺织业。作为中国四大名绣之一，湖南民族刺绣的起源与苏绣相同，最早均可追溯至春秋战国时期。因此，在中国刺绣业中，"首先被人提及的，便是'苏湘绣货'"[②]。

刺绣艺术随着不同历史时期民族民俗的变化而不断发展、演变。据考古发掘和相关资料可知，在光绪初年"湘绣"一词出现之前，湖南刺绣最具影响的当属汉朝，而最有成就的当属晚清，全盛则为民国时期。在光绪初年湖南刺绣进行商品化生产之前，绣工主要是为了美化生活，与纺织一样，都属自绣、自用或赠送亲友而作，而非商品化生产，"闺阁绣业只是以刺绣来打发时光或炫示才艺"，从而"制约了湖南刺绣艺术的发展和繁荣"[③]。

唐朝时期，湖南绣品从日用与观赏并存发展至两者分而治之的局面。文人将书法、绘画恰到好处地纳入到了湖南刺绣业，以致在观赏方面湖南刺绣的成就最大，形成画师供稿、艺人绣制的联袂局面。宋朝，因受官办文绣院的束缚，湖南刺绣转而向纯审美的艺术绣方向发展。但是，宋朝鼓励刺绣，因而湖南民间刺绣技艺仍有所提高。一方面，不仅平针绣法渐趋多样化，而且还研制出了诸多的新针法，如仅民间的织绣和网绣针法就有数十余种。另一方面，采用了精制的钢针和发细丝线，从而在工具与材料方面均进行了改良。此外，书画名人与绣工巧匠的联合，将名人作品作为题材，从而提高了绣品的质量和知名度。元朝在全国广

---

[①] 2006年5月，苏绣、湘绣、蜀绣及顾绣等被列为第一批国家级非物质文化遗产。其中，湖南湘西的苗绣和土家族的织锦，以及隆回县花瑶的挑花均已被列为国家非物质文化遗产。

[②] 《各地手工业介绍：湘绣的过去与现在》，《产业界》1937年第1卷第1期。

[③] 邹敏讷：《湖湘刺绣（一）》，湖南美术出版社2009年版，第82页。

设绣局，进一步使湖南刺绣趋于美术化。

时至明朝，湖南刺绣已独具特色。在绣艺方面，不仅材料得到了改良，而且技巧更加娴熟，以致品质得以普遍提高。在用途方面，湖南刺绣广泛流行于各阶层，产品丰富多样。当时，湖南刺绣在上海"顾绣"的基础上，融合了苏绣以绣针引彩线的方法，通过绣迹勾勒成图案、花样，从而取得了较高的艺术效果。

明末清初，由于资本主义的萌芽、商品化的发展，以及政府的重视，湖南刺绣得以快速发展。除了"自绣自用"之外，湖南刺绣还供奉宫廷之需以及商品交换，如长沙的刺绣。嘉庆年间，长沙及其附近的湘潭民间妇女从事刺绣者逐渐增多，诚如嘉庆庚午年（1810）刊印的《长沙县志》所载，长沙"妇女工刺绣者多，事纺绩者少，大家巨族，率以细锦相奢尚"①。除长沙之外，嘉庆时期的湘潭仍如此，其妇女"新操井臼，绩麻索缕"，"住城市者，勤习针黹营生"。特别是富家闺秀，"多事刺绣，针神丝绝不减前人"②。

由此可见，嘉庆时期湖南不仅刺绣者众多，而且刺绣技艺较为精湛。但是，在普遍作为商品化生产的光绪之前，湖南刺绣品仍属"自绣自用"，或作为礼品相赠。妇女在闲暇时间，根据生活实用所需，以刺绣加以美化生活，如在腰带、帽子、裙缘等生活品上绣以美观的图样。

时至同治年间，今属长沙的沙坪、霞凝一带多数的农家妇女均以刺绣为业。咸同大乱后，曾国藩、李鸿章等地方势力迅速发展，一些新贵为彰显其身份，对刺绣加以重视，专设绣庄为己所用。但是，最初这些绣庄"专以运销苏绣、粤绣为主"，而甚少经销湖南刺绣。诚如近代学者徐崇立著作《沪渎羁居记》所言，"吾乡旧时绣店，亦题'顾绣'，莫知所从来"。实际上，咸同时期湖南的"顾绣"并非上海所产，而是商人们为满足新贵们奢华的生活，打着"顾绣庄"的招牌而已。

追其溯源，"顾绣"乃顾玉兰之刺绣，其"工针黹，设幔授徒，女弟子咸来就学"。但是，根据清初戴有祺在《寻乐斋集》中对《露香园缪绣佛诗》的作注可知：上海顾绣实际上"始于缪氏"。缪氏是顾会海之妾，

---

① 嘉庆《长沙县志》卷14《风俗》，1810年刻本。
② 嘉庆《湘潭县志》卷39《风俗》，1818年刻本。

"刺绣人物,气韵生动,字亦有法"。在嘉庆之前,因"忽焉不察,今始得之","顾绣"乃源自缪氏,"又不止开卷有益矣"。所以,长期以来,世人均以为"顾绣"源自顾氏。光绪末年,由于"湘绣盛行",甚至"超越苏绣",因而湖南人"已不沿顾绣之名"[①],从而开始直接以具有独特艺术特征的湘绣著称于世。

## 二 半殖民地海关扩展时"湘绣"的兴起及商品化生产

1875—1901年是半殖民地海关扩展时期,也是湖南刺绣在融合苏绣、顾绣之后,呈现独具一格的湘绣兴起及开始商品化生产的时期。当时,湘绣产品精细,被誉为"羊毛细绣"。在结构上,湘绣虚实结合,有效地利用空白,突出了绣品的主题,不仅针法极具表现力,而且构图严谨,色彩鲜明,素有"绣花能生香,绣鸟能听声,绣虎能奔跑,绣人能传神"[②]的美誉。在配色方面,绣工善于综合黑、白、灰等不同的颜色,以增强绣品画面的质感和立体感。

光绪之前,湘绣仍被称为湖南刺绣,而且"湖南向来只属男工刺绣(均江西人)",开设于长沙走马楼一带,"专绣神袍戏服"。但是,随着资本主义世界市场的助推,商品化的加强,"至光绪初年间",湘阴人吴彩霞开设绣庄,"所绣出品,大为可观,大家争于购买"[③],从而促进了湖南刺绣业商品化的发展。据统计,时至1910年,湖南"刺绣日益进步","各绣庄皆师"吴彩霞绣法,"转相传授,竟有一日千里之势",仅长沙女绣工就达7000人,而且"未经各绣馆肄业者不在其内"[④]。

晚清是中国数千年未有之大变局时期,也是湖南湘绣的重要发展期。学界对"湘绣"一词的出现有不同的说法,其中有学者认为"湘绣"一词始于光绪初年,即1877年,还有学者认为该词第一次正名应是1910年南京举办的"南洋劝业会"[⑤]。总之,直至光绪年间"湘绣"一词的正式

---

① 王欣编著:《中国古代刺绣》,中国商业出版社2015年版,第182页。
② 李彦君主编:《鉴宝·杂项卷》,北京出版社2007年版,第88页。
③ 《省城湘绣业调查记》,《大公报》(长沙版)1920年2月1日。
④ 《湖南女界之大实业家》,《申报》1910年8月1日第11版。
⑤ 胡湘湘:《湖湘锦绣——关于传统湘绣的历史源流与工艺传承的思考》,硕士学位论文,南京艺术学院,2012年,第3页。

出现才使湖南刺绣发展成为了独具特色的手工业，并进入商品化生产。

湘绣的兴起与宁乡人密切相关。清光绪之前，湖南刺绣中"只称苏绣、顾绣，最享盛名"，但光绪之时"长沙绣货大为出色"，甚至有"压倒元白之势"。在中国四海五洲的刺绣业中"又当推湘绣独树一帜矣"[1]。湘绣之所以能在光绪年间与苏绣"争雄，大抵宁乡女工之成绩"。据《宁乡县志》所载，宁乡县麻山杨蔚青的妻子肖氏学画于杨世焯，所绣之成品，"精妙绝伦，一时针神之誉"。基于此，湖南省商会还设庄销售，国外商人更是"重价以购"，以致"一时倾动，绣庄日多"，肖娘的子弟"甚众"。在国际美术赛会上，"湘绣遂列全球第一"，"实宁乡肖娘始之"[2]。

虽然湖南刺绣与苏绣的起源均可追溯至春秋战国时期，但是在绣工重点方面，两者却各具特色，素有"苏绣花，湘绣画"的专号。其中，湘绣"重写真，凡绣花鸟鱼虫，皆精神毕现，栩栩如生"，而苏绣则"重传神，用线精细，绣品工致，非湘绣所能及"，但是苏绣对其书稿"太不考究"[3]。因此，对于刺绣业内行而言，他们深知苏绣虽然"精致"，但是"有时未免笨拙"，因而在品质方面，"湘绣似乎尚优于苏绣"[4]。

不仅如此，湘绣绣法还与粤绣及"外洋各绣均异"。湘绣是集书画家与接受高等教育的女士"苦心研究，精益求精"的结果，也是"次第改良，始有""尽善尽美"之绣品[5]。因此，光绪之后，诸多地区均学习湘绣之法。如1908年江西开办的"清洁堂绣工厂"，为"扩张刺绣办法"，在手艺、图画、裁缝、纺织四方面均"学习湘绣"之法[6]。

湘绣兴起初期，具有诸多特点。一方面，开设绣庄者"皆由殷富绅商组织而成"[7]，且资金甚少。如早期的吴彩霞绣庄，直至宣统年间，在

---

[1] 彭泽益编：《中国近代手工业史资料（1840—1949）》第二卷，中华书局1962年版，第424页。

[2] 宁乡县志局：《宁乡县志·故事编》，1941年木活字本。

[3] 《刺绣业》，《中国商业循环录》1933年第11期。

[4] 《各地手工业介绍：湘绣的过去与现在》，《产业界》1937年第1卷第1期。

[5] 万介绍：《湘绣的发展》，《妇女杂志》1926年第12卷第1期。

[6] 《女工厂扩张刺绣办法》，《申报》1910年11月20日第12版。

[7] 《省城湘绣业调查记》，《大公报》（长沙版）1920年2月1日。

资金方面,才"经手招股扩充"。又如袁瑾荪在长沙开设的"锦云绣庄",因自身缺乏资金,不得不招股集资,才得以维持经营,并成为湖南仅次于吴彩霞的有名绣庄。① 再如湖北省商人成伯龄举办的湖北省"文明研究所",虽然所绣的"各件颇能行销",但是因经费不足,也曾禀准劝业道示谕各界,以入股的形式"提倡"实业。据1910年1月20日《申报》所载,由于武汉劝业奖进会奖给该所金牌,"各大吏又再三嘉奖"。因此,该所经理人成君"遂拟扩充办理",不仅具禀护督,"请息借款"5000两,而且还请求"拨合式高爽公屋,以资维持"②。另一方面,湘绣绣品方面"首重人力"。再一方面,湘绣原料方面依赖性较强,大多来自苏州的"苏罗缎"③。

为改变湘绣对苏绣原料有着较强依赖性的不利局面,湘绣在染织方面进行了改良。由于湘绣绣庄"改蓝本,染色丝",而非"故步矣",因而在光绪之前"卖丝绣平原绣象"的局面,而如今"复见之湘工",甚至还"流播海外,非顾氏所能及矣"。特别是时至清末,随着洋纱、洋布的大量输入,"上海已不产绣,所常闻者'湘绣'耳"。据1942年赵汝珍《古玩指南》所载,湖南"为今日中国唯一产绣区矣"④。虽然这里所谓的"中国唯一产绣区"的说法有些夸大的成分,但已证明了湘绣已超过了顾绣在中国的地位。

湖南刺绣以长沙为中心,是带有湖湘民族文化特征的湖南刺绣产品的总称。它起源于民间,是湖南民族农村妇女在服饰、荷包等纺织品上再次加工的手工业。光宣年间,湖南刺绣吸纳了中国传统民族刺绣、绘画、书法、诗词等艺术精华,不仅在追求画稿原貌的基础上进行再次艺术加工,"以针代笔""以线晕色""以纤素为纸""以丝绒为颜色"⑤,而且还以数十种针法和多种色彩的绣线综合而成,形成独具特色的"湘绣"。因此,湘绣不仅具有构图严谨、色彩鲜明、各种针法富于表现力等艺术特征,而且绣工们还通过丰富的色线和千变万化的针法,使绣出的

---

① 《省城湘绣业调查记》,《大公报》(长沙版)1920年2月1日。
② 《湘绣研究所请官维持》,《申报》1910年1月20日第12版。
③ 《省城湘绣业调查记》,《大公报》(长沙版)1920年2月1日。
④ (民国)赵汝珍著,于钦点评:《古玩指南》,青岛出版社2014年版,第174页。
⑤ 李宏复、邝日红:《手工刺绣》,中国社会出版社2005年版,第14页。

人物、动物、山水、花鸟等具有独特的艺术效果，一切作品均栩栩如生。

湘绣是近代手工业发展的产物，产品丰富多样。根据针法不同，湘绣有单面绣和双面绣。单面绣只呈现一张绣面，是绣工用精巧的针法，采用200余种颜色的丝线绣织而成，其尺寸大小不一，可装饰于室内。双面绣的正反两面都是相同的绣面，不仅绣工精湛，而且部分绣品还采用原木雕刻而成，使其高雅而又韵味十足。最初，双面绣不仅有统一的尺寸，而且大部分为圆形的镜框，之后还出现了规模统一的长方形双面绣。按照湘绣产品形式而言，则主要有画片、桌布、手帕、条屏、枕套，以及各种绣衣。

随着湘绣技艺的发展，湘绣经历了从城市向乡村的转移。1877年，不仅省会长沙绣工甚多，而且"乡村习纺绩者众"。当时，富贵之家"细饰相高"，而"贫户则荆钗裙布，主中馈"[1]。同年，吴彩霞开始研究湖南刺绣，"日益改良，外人遂注意于此，嗣后接踵仿造"，有"锦成春"等十余家绣庄。其中，"锦成春"的绣花品，"精细优美"[2]。据龙璋1910年在《湖南出口协会说明书》中所言：这些绣庄"斗巧争新，进货已达极点矣"。1878年湘阴人吴健生的妻子胡莲仙在长沙挂出"绣花吴寓"，亦名"彩霞吴莲仙女红"的商标，实行自绣自销，并接收客商的订货，开始了湘绣的商品性生产。

最初的湘绣是为了迎合市民和民众日常所需，主要有椅垫、枕套、荷包、手帕、鞋面、腰带等。1898年胡莲仙去世之后，其子吴汉臣在长沙开设"吴彩霞绣坊"，成为长沙第一户专业绣庄，也标志着湘绣正式进入商品化生产时期。

之后，长沙不仅出现了诸多的绣庄，而且绝大部分经营绣庄者还具备了包买主的性质，商品化生产极为明显。具有包买主性质的绣工在耕织空闲之时，"承接绣庄货品，明窗净几，闲则绣之"[3]。当时，长沙的绣货店，湘绣与顾绣各占一半，这些绣货店"都是把绣货散给他们的绣工

---

[1] 光绪《善化县志》卷16《风俗》，1877年刻本。
[2] 苏克勤、余洁宇编著：《南洋劝业会图说》，上海交通大学出版社2010年版，第137页。
[3] 湖南省银行经济研究室编：《湘东各县手工艺品调查》，内部发行1942年版，第94—95页。

在家里刺绣"①。因而，绣货店的主人成了包买主，而在家里生产的绣工则成了包买主的固定工人。光绪年间，在宁乡人杨世焯的倡导下，绣庄不仅吸收国画的长处进行技艺改革，使设计与刺绣得以分工，提高了绣品的专业化生产，而且之后还使长沙一带新设立的绣庄发展到40余家。这些包买主大都由专业的绣庄向城乡的绣工发出原料，并让绣工们按照规格加工代绣，然后计件给薪。如1899年袁瑾荪在长沙八角亭开设的"锦云绣馆"。此外，在辛亥革命爆发前，长沙还相继出现了春色簃、梁玉霞、李协泰、天然、萃丰豫、王义生、万源、李豫章等绣庄。之后，彤芳、粹锦、湘绮楼等诸多绣庄亦相继成立。

从绣工的工资来看，"极不一致，纯视其技术之优劣定之"。普通绣工为绣庄的临时工，绣庄收购其绣品，包买主"将已经勾勒绘好之材料，载明颜色，配好色线"，然后交给承接的绣工，"待承绣人依其吩咐绣好后"，若"阴阳适宜，色泽鲜美，针脚整齐，与原来画面无差"，则可视为上品，给以高价收购。因此，同一出品，绣工的工资待遇，"相差甚巨，漫无标准"②。

随着绣庄的不断增多，不仅绣庄专门在城乡设立了收购点，而且城乡一些小商贩亦开始了代绣庄收购绣品。绣庄指定收购员专门负责收购，从而使绣工的独立性开始丧失，转为在家生产的雇佣工人，而绣庄包买主的地位则有了明显提升，不再直接经销刺绣产品，而是成了专业性的管理者。绣庄的资本已经不再是仅用于买进原料和卖出成品的纯粹性的商业资本，而是利用其资本直接投入和控制绣品生产，使其具有了工业资本的性质。同时，湘绣业的发展渗入到家庭手工业中，因而有助于家庭纺织业的分离，使一些家庭手工业者成了专门的雇佣工人。

### 三 清末十年湘绣的进一步发展及其影响

清末十年（1901—1908）前，作为一种奢侈品，湘绣得以兴起并向

---

① 彭泽益编：《中国近代手工业史资料（1840—1949）》第二卷，中华书局1962年版，第424页。

② 湖南省银行经济研究室编：《湘东各县手工艺品调查》，内部发行1942年版，第95页。

商品化方向发展。湘绣的主要销路为区域外市场,"纯靠出口发达"[1]。光绪前期,绣庄集中于城市,因而绣业基本都在城市。如1878年《善化县志》所载:"省公会刺绣者多、乡村习纺绩者众",但清末十年,长沙"所谓湘绣均属乡间女工所绣。各乡几乎家有绣棚,商人在乡设庄,配料画样发交女工领回刺绣,工完后交庄验货,估价给资"[2]。此时,湘绣的产品不仅在国内遍及湖南本地及邻近的湖北汉口,而且还远销东部的南京、上海、芜湖,以及北部的天津、青岛和其他繁盛的商埠,甚至"国外则为欧美各国及南洋群岛"[3]。

除了吴莲仙之外,对湘绣产生重大影响的还有著名画家杨世焯。诚如1908年《长沙日报》所载:"湘绣名驰中外,实世焯倡之。"光绪年间,为了改良湘绣产品,宁乡画家杨世焯改变了之前以迎合市民和民众日常生产湘绣的初衷,转而将国画之长运用于湘绣中,从而改进了湘绣的设计图,如花卉草木、飞禽走兽、历史人物、神话传奇等图案。1904年,杨世焯自办的"春红"绣庄,广收门徒,实行自产自销,其绣品不仅品格高雅,而且其字画屏联精美绝伦,享誉中外。同年,杨世焯"春红"绣庄的人物、山水绣品,曾在南洋劝业会上一举扬名。据1908年调查,长沙刺绣不仅规模较大,"业此者不下数十家,刺绣女工不下数千人",而且由于产品颇受外界喜爱,因而"常有应接不暇之势"[4]。

在清末实业救国的倡导下,一些女子学校附设了刺绣职业课程,学习并研究刺绣,从而培养了一批刺绣人才。在湘绣中,最先从事刺绣教学和研究的当属1906年的平江启明女校附设的工艺班刺绣专业。1909年,黄国厚创办了衡粹女校,在实践中不仅编写了《刺绣工作法》《刺绣参考书》和《刺绣教学法》等教材,而且还专门设立了刺绣工厂,甚至还做织花、勾花,形成独具一格的刺绣风格。随着该校刺绣的发展,从而有"衡粹绣"的专名,并在1915年巴拿马万国博览会上荣获金奖。

在上述两所刺绣学校的带动下,长沙又成立了民本、自治、崇实、

---

[1] 征信所:《商品讲评:湘绣》,《金融汇报》1946年第13期。
[2] 中国人民政治协商会议湖南省委员会文史资料研究委员会编:《湖南文史资料选辑》第4辑,湖南人民出版社1982年版,第343页。
[3] 朱羲农、朱保训编纂:《湖南实业志》第2册,湖南人民出版社2008年版,第1109页。
[4] 《本省纪闻》,《长沙日报》1908年11月21日。

民范、纯德和培德等女子学校,以及涵德职业学校、福湘女子中学、惠湘职业学校。此外,衡阳的进德女校等也相继设立刺绣专科,或开设刺绣专业课。特别是1911年开办的"文明绣业女学校",不仅"颇著成效",而且入校学习者"亦极其踊跃"。因此,在当年上学期,推广名额就"续招生"20名。① 鉴于该校"颇著成效,学者亦极其踊跃",因而随后又"推广名额",招30名女生,"仍分班教授"。其招生手续均按之前章程办理②。同时,某女士为推广湘绣业,"特邀集"他人筹设了"崇实绣业专科",招收了13岁以上的20名学生,第一学期每名学生学费为15元,之后"逐期递减"2元,以"刺绣图画为主课"③。

为提倡国货、改良技术、培植绣工、满足国外市场所需,长沙三泰街彭家试馆坪侧古梅书屋主人彭君等人又开设了"天孙女学","专以女子刺绣为主义"。彭君认为"湘绣之名已冠全球,东西各国靡不争购",但是湘绣仍存在一定问题,如"多依样画葫芦,问以阴阳向背,则有茫然不知者"。基于此,"天孙女学"为改良刺绣起见,各学科除了刺绣之外,还增设图画、算学、学习字、国文等科,女性12—30岁,"目力精明,身体强健,能确守规则,不至于中途辍学者皆可入学"。两年学习期满毕业,若在刺绣方面"夙有根底者",即1.5年或1年可提前毕业,但是学费仍分两期缴清,合计均为14银圆。④

湘绣最著名的商店"首推"清末的"潇湘馆"和"吴彩霞绣坊"⑤。这两家商店"出品精美绝伦"。追其根源,在于当时绣界画师杨季、文谷怀、朱树芝三人,"三人皆擅绘事",特别是朱树芝对于山水、人物、花卉、翎毛,"无一不精,且与刺绣者,密切合作"。可以说各种绣品均须经朱树芝"耳提面命,指点而成",因而在清末湘绣发展的基础上,民国以来湘绣绣品"大放异彩"⑥。

此外,国内上层社会"酷嗜绣货",也推动了湘绣的发展,并扩大了

---

① 《选报:湘绣发达之一班》(录长沙日报),《北洋官报》1911年第2742期。
② 《湘绣发达之一斑》,《申报》1911年3月11日第12版。
③ 《选报:湘绣发达之一班》(录长沙日报),《北洋官报》1911年第2742期。
④ 《湘绅开办天孙女学之命意》,《申报》1910年9月5日第11版。
⑤ 《长沙湘绣业之现状》,《中外经济情报》1937年第110期。
⑥ 《全国手工艺特产品调查》,《实业部月刊》1937年第2卷第6期。

湘绣市场。据1909年《图画日报》所载，湖北提法司马吉樟廉访"性喜绣货"，特别是湘绣，"尤爱若拱璧"。凡是内署屏对、衾褥，以及桌椅、垫子，"无一非湘绣也"。鉴于湖北提法司酷嗜湘绣，湘绣公司经理人成伯龄向其"求给补助费"，"以维持所设湘绣传习所"，继而编纂全册《绣术教科书》（内有"极精美绣成字迹人物、花草、昆虫图一百余幅"），呈请马吉樟廉访核定。马吉樟廉访收到后，"爱不释手"，"日久不肯发还"[1]。

不仅国内上层社会如此，湘绣在国外各种比赛中仍备受青睐。1903年，湖南巡抚赵尔巽就曾代美国驻京使馆采购手工湘绣绣品出口。之后，湘绣在日本大众博览会，以及意大利都郎博览会和法国里昂赛会等均有展出，并备受称赞。1910年，在南京举办的"南洋劝业会"上，湘绣荣获"针绝"的美誉。

但是，在参与南洋劝业会的过程中，湘绣也曾备受挫折。虽然参赛的湘绣作品"皆系最高之货，群以为必与醴瓷（醴陵瓷器）并得优奖"，而且"采诸舆论，亦莫不谓然"，但是"审查揭晓"之时，却发现"获列前茅者仅醴瓷及华昌纯锑女子工厂，而绣品竟置诸四五等置列，实属出人意表"。追其因缘，实因此次审查绣业本归农工商部绣工科教习余炳夫妇担任，两人曾携意大利首领绣像各件，在京畿馆陈列，对于湘绣"早挟一势不两立之观念，若不推倒湘绣，则伊之绣件永无出头之日"。基于此，湖南出口协会闻此消息，曾同余炳夫妇进行正式谈判。可见，南洋劝业会上，最初湘绣仅被列为四五等，此实"系余夫妇挟私倾陷无疑，且余已公然将其出品运动奏奖"。经过此次之后，湘绣同人认为"将来湘省劝业受此影响实多阻碍"，遂组团入京，赴农工商部控诉[2]，以维持湘绣之声誉及其地位。

实际上，清末湘绣已成为与苏绣、粤绣、蜀绣齐名的刺绣，颇为人所好，销路最广，因而不仅被视为中国的"四大名绣"，而且还素有"湘

---

[1] 张树培：《提法司酷嗜绣货》，《图画日报》1910年第379期，第11页。
[2] 《湘绣被屈之公愤》，《申报》1910年12月6日第12版。

绣甲天下"①的美誉。湘绣"蔚为国际友谊上之重要礼品"②，特别是"绣像最难"，自清朝"即有为皇帝绣像者"③。1909年在武汉赛会中，湘绣荣获"头等金牌"。之后，"湘绣名著海内外"，"价值益高"④。1911年在意大利"都朗博览会"上，萧咏霞的绣品"生动逼真，精妙超凡，一时有'神针'之誉"，特别是在南洋劝业会及比利时美术展览会上，更是"获最优奖"⑤。接着在日本的"大众博览会"，以及法国举办的"里昂赛会"等，湘绣均荣获嘉奖。

总而言之，作为一种民族文化遗产和艺术结晶，虽然在光绪初年"湘绣兴起"之前，湖南民族刺绣业已获得了一定的发展，并在中国已占有了重要地位，但是湖南刺绣业独具一格技艺的形成，以及真正地向商品化发展，并享誉于国内外则始于光绪初年"湘绣"一词开始出现之后。特别是时至清末，在提倡实业，鼓励国货运动的推动下，不仅促使湘绣在国内外享有"针绝""迹灭针线"的美誉，而且还在全国范围内形成了"湘绣甲天下"的局面，甚至已成为湖南乃至中华民族的"艺术名片"，出现在了国际舞台上。

## 第二节 民国湘绣的技艺及其产销

虽然继光绪初年"是为湘绣萌芽时代"⑥之后，湘绣的商品化生产得以兴起，其技艺亦得到了逐步提升，但直至民国，"始能"让"湘绣出品之大放异彩"⑦。作为中华民族文化的艺术名片，湘绣"蔚为国际友谊上之重要礼品"⑧，其中尤以"绣像最难"，自清朝"即有为皇帝绣像者"。特别是民国以后，其"绣像之技术益精"，以致在各种博览会上"均系以绣相而得名"。如美国费城博览会上"威尔逊相"、芝加哥博览会上的

---

① 《刺绣业调查》，《大公报》（长沙版）1922年1月11日。
② 《湘绣缺乏推销机构》，《上海工商》1947年第1卷第10期。
③ 《长沙湘绣业之现状》，《中外经济情报》1937年第110期。
④ 《湘绣被屈之公愤》，《申报》1910年12月6日第12版。
⑤ 长沙市志编纂委员会编：《长沙市志》第16卷，湖南人民出版社2002年版，第549页。
⑥ 《省城湘绣业调查记》，《大公报》（长沙版）1920年2月1日。
⑦ 《湖南的湘绣》，《实业部月刊》1937年第2卷第6期。
⑧ 《湘绣缺乏推销机构》，《上海工商》1947年第1卷第10期。

"罗斯福相"①，毛泽东第一次去莫斯科时的第一号寿礼"湘绣斯大林大元帅像"等，均已作为中国的"艺术名片"，"代表我东方之精神文明"②，出现在了国际舞台上。总体而言，学界已对广义上湖南、湖北的古代、现代湖南刺绣有了诸多深入的研究，但是由于不同历史时期的刺绣有着相异的发展特征及其影响，而学界对民国湘绣的技艺、地位及其产销等问题又尚无专题研究。因此，本节在研究清光宣年间湘绣的基础上，拟从民国报刊资料着手，对民国时期湘绣的技艺、形象地位及其产销进行逐一分析，进一步透视出湘绣的发展历程及其特征。

### 一 民国湘绣技艺的提升及其影响

自光绪初年湘绣萌芽之后，湘绣的技艺得以逐步提升。特别是民国之后，作为精湛的艺术品，湘绣不仅赢得了国内军阀、大地主等群体的青睐，而且还连续在国内外各种展览会中赢得金奖及各种赞誉。甚至作为上层社会群体的贵重礼物和中国的"艺术名片"，出现在了欧美等国家领袖人群之中。

（一）湘绣技艺的提升

湘绣是湖湘民族文化和艺术的结晶，在中华民族文化和整个中国历史过程中均占有重要地位。从中国刺绣技艺而言，作为四大名绣之一，湖南刺绣③起源与苏绣相同。但是在绣工重点方面，湘绣绣法与苏绣有别，而且还与粤绣及日本等"外洋各绣均异"，因而备受青睐。湘绣是集书画家与接受高等教育的女士"苦心研究，精益求精"的结果，也是"次第改良，始有""尽善尽美"之绣品④。1910年，湘绣在南洋劝业会上就荣获"针绝"的美誉。1911年，在意大利"都朗博览会"上，萧咏霞的绣品因"生动逼真，精妙超凡，一时有'神针'之誉"，特别是在南洋劝业会及比利时美术展览会上，更是"获最优奖"⑤。相对而言，日本

---

① 《长沙湘绣业之现状》，《中外经济情报》1937年第110期。
② 《孔专使赠英皇湘绣》，《兴华》1937年第34卷第15期。
③ 因为"湘绣"一词始于光绪初年，所以为学术规范，文章中有关光绪初年之前的刺绣，仍沿用"湖南刺绣"。
④ 万介绍：《湘绣的发展》，《妇女杂志》1926年第12卷第1期。
⑤ 长沙市志编纂委员会编：《长沙市志》第16卷，湖南人民出版社2002年版，第549页。

刺绣则"粗笨,只宜远观,不堪近视,不及湘绣之精工",比如在绣的图画方面,"日绣如油画,湘绣则如工笔画,两两比较自有天壤之别"[1]。

随着绣庄对湘绣"精益求精"的倡导,民初之后湘绣的技艺有了较大提升,专业性亦更为突出。据1937年《产业界》报道,"民初到现在"湘绣界产生了三大著名的艺师,即饶省三、刘叔容、廖炳堃三人。其中,饶氏不仅以擅长风景著称,"且能花样翻新;凡是长沙新近培植的风景区,饶多以之入画",其天心阁、爱晚亭、国货馆均是饶氏的"大好题材"。刘氏以善于绣花卉为长,而廖氏则以绣人物为佳,特别是在绣像方面,廖氏"更为特出"[2]。

如此高超的湘绣技艺不仅备受文人赞誉,而且即使九一八之后很多绣庄相继倒闭,但是湘绣不仅"风行欧美",而且还备受青睐,被欧美"竟相夸"。如1934年,元文专题赠诗给锦华丽湘绣馆的对联所示,上联宣称其精巧的技艺:"美术绣专工,巧妙玲珑。织织十指夺天工,人物逼真难判辨,誉以骞鸿。"而下联则指出其深远的影响:"锦帜树长沙,色映云霞,风行欧美竟相夸,便觉眼前生意满,日进亨嘉。"[3] 抗战时期,虽然诸多绣庄难以生存,但是其技艺却备受青睐,如南洋华侨,"更派人来湘学习,艺成归去"。不仅如此,他们还将湖南的文化传到南洋等地,特别是"'湘绣'二字,更给一般吃海水的人以难忘的印象"[4]。此外,据1943年《贵州企业季刊》所载,虽然当时长沙绣庄仅有11户,"然所绣人物风景,飞禽走兽,仍极细丽致密、惟妙惟肖"[5]。

湘绣所用原料为川、浙所产的绸绫绒线,尤以杭州缎为主。因为杭州缎"质地柔韧,光泽细洁,为社会所乐用",这种材质用来做湘绣,倍觉美丽,为海内外购者所欢迎。而绒线原料除了购置于川、浙上海之外,也有后来湖南"育蚕自制,就本省购用"[6] 者,不过其产品大多为粗绣。但是1934年左右,由于杭缎价昂,每匹需60元,绒线每两0.5元至0.65

---

[1] 薛媛媛:《湘绣女》,人民文学出版社2010年版,第342页。
[2] 《各地手工业介绍:湘绣的过去与现在》,《产业界》1937年第1卷第1期。
[3] 元文:《题赠长沙锦华丽湘绣馆》,《市政月刊》1934年第6—7期。
[4] 征信所:《商品讲评:湘绣》,《金融汇报》1946年第13期。
[5] 何培桢:《记长沙手工业出品展览会》,《贵州企业季刊》1943年第1卷第4期。
[6] 《湖南湘绣之产销情形》,《工商半月刊》1930年第2卷第17期。

元，而华丝葛每匹仅需20元，所以粗绣品改而用华丝葛。据时人调查，长沙、衡阳、常德每年购置杭缎、华丝葛、绒线等所需原料约值12万元。①

基于此，湘绣原料颜色和绣像方法的改进是其技艺提升的重要表现之一。第一次世界大战之后，随着国外市场的扩展，绣庄的不断增多，一般的画师都觉得原来的几个颜色在丝线、绒线染色方面"太不够用了"。因此，绣庄对各种丝线、绒线"加调颜色"，从之前的几个颜色增加到"精染数十种颜色的丝绒线"，继而使笔底的画与针底的绣"合二为一"，在丝绒线原料方面"更不感觉任何困难了"。

同时，湘绣针法的改进也是其技艺提升的重要表现。辛亥革命之前，湘绣针法有连环针、接针、打子针、齐针等数种。绣品具有针脚整齐、线条洒脱、图案多样等特征。然而，辛亥革命后，随着发展实业的倡导，技艺的不断提高，湘绣逐步繁荣。作为刺绣中最难的绣像，湘绣的刺绣方法"也于此时大加变更"，已废除了之前的"勾绣轮廓法"，改而用"平铺法"，将"毫厘长短的针线"用一针一线的"平铺起来"，成为湘绣史上技艺的"一个重大的改革"②。

湘绣针法技艺的提升主要表现在两方面。一方面，"掺针绣法"（俗称"乱插针"，是苏绣套针与湘中汉族平针融合而成的）解决了色彩晕染的毛病，不仅丰富了画面的层次，而且还加强了描绘对象的立体感，从而为湘绣的繁荣奠定了基础。特别是鬅毛针在湘绣中的使用，更是完善了湘绣的针法技术。"掺针绣法"除了可细分为接掺针、直掺针、拗掺针等数种之外，还有旋游针、盖针等数种湘绣特有的掺针法。另一方面，"绒线擘丝"法。该针法是先运用荚仁溶液蒸发，然后再用竹纸包裹去毛，尤其是画师与绣工的协力配合，从而使针法与范本得以高度结合，既重视刺绣的工艺特征和材质，又继承了传统画绣对书画原作的尊重。据1923年《中外经济周刊》所载，湖南各职业女校"多设刺绣一科"，

---

① 朱羲农、朱保训编纂：《湖南实业志》第2册，湖南人民出版社2008年版，第1107—1108页。
② 《各地手工业介绍：湘绣的过去与现在》，《产业界》1937年第1卷第1期。

他们追求"精益求精",绣织的山水人物、翎毛花卉,"无不毕肖"①。

(二)技艺提升的影响:湘绣在国内外中的形象

技艺的改良和国内外各种展览会的宣传促使"湘绣之名益噪"②,成为中国的艺术名片出现在国际舞台上。20世纪初,不仅湘绣已与苏绣、蜀绣、粤绣成为中国著名的四大刺绣,而且由于湘绣"本极精巧",还素有"湘绣甲天下"③的美誉。1935年在《西湖博览会总报告书·绣品》中有关湘绣的介绍就占了50%的篇幅,而其余的报告内容才是上海、浙江绍兴等地的绣品,甚至"顾绣""苏绣""粤绣"已不在该报告涉及范围之内。④

作为一种奢侈品,湘绣向来被作为贵重的赠送礼品,出现在国内外上层社会群体中。如1947年在联总驻湘工作离开之际,中国工业协会湖南省分会、商会联合会、妇女会、织造业工会等十二团体,"特发起购置名贵湘绣",分别赠送给韩克利、何孚民等人士,"以留纪念"。韩克利等人对湖南商会联合会等团体赠送的礼品,"极表称赞感激"⑤。同时,在交大唐院母校三十周年之际,校友胡安恪、唐子毅等校友除了捐款之外,在礼物方面还费尽了心思,因为此项礼品"既须壮丽美观,又须雅俗共赏",甚至还"须合乎纪念意义"。最终,在各校友权衡之下,认为"赠送湘绣一轴,颇合供献方物之意"⑥。此外,毛泽东第一次访苏之时,"湘绣斯大林大元帅像"更是成了中华民族的"第一号"寿礼。⑦

继1909年武汉赛会中湘绣荣获"头等金牌"之后,"湘绣名著海内外","价值益高"⑧。1910年在南洋劝业会上,著名绣工沈寿与鉴赏专家张謇对湘绣作了高度的评价,认为湘绣绣像"惟妙惟肖"、山水绣"色晕墨润,浑笔墨于无痕"、字屏绣的"字格錾花,迹灭针线",而水墨竹石

---

① 《杂纂·湖南绣花业近况》,《中外经济周刊》1923年第14期。
② 《各地手工业介绍:湘绣的过去与现在》,《产业界》1937年第1卷第1期。
③ 《刺绣业调查》,《大公报》(长沙版)1922年1月11日。
④ 李湘树编著:《湘绣史话》,轻工业出版社1988年版,第77—78页。
⑤ 《联总湘处月底结束:余署长设宴话别联总同人,长市人民团体并分赠湘绣》,《善救月刊》1947年第23期。
⑥ 《在湘校友拟赠母校全景之湘绣》,《交大唐院周刊》1935年第101—102期。
⑦ 马平:《歌颂斯大林大元帅六九寿辰:附画像》,《友谊》1948年第3卷第12期。
⑧ 《湘绣被屈之公愤》,《申报》1910年12月6日第12版。

绣则更是"刚劲扶疏，墨分五彩，为水墨绣画中之特出"①。

民国时期，湘绣继续在国内外各种展览会上荣获金奖及各种赞誉。1915年在美国旧金山举办的"巴拿马博览会"上，湘绣获得4枚金牌。1929年湘绣不仅在国内举办的中华国货展览会上荣获特奖、优奖各三项，而且曾家大屋天然阁绣庄给孙中山、宋庆龄婚礼所绣的"百子图"影响甚大，以至孙中山去世后曾家再次献上"奉安大典"，以作棺罩。1933年在美国芝加哥举办的"百年进步博览会"中，湘绣"乐雅图"荣获金奖，而由长沙锦华丽绣庄呈现的"罗斯福总统绣像"更是引起全场轰动，"见者大半疑即罗斯福之摄影肖像"，而看不出绣的痕迹，因而价值高达1000美元左右，继而使湘绣荣获了"誉满全球"② 的美名。据说美国将军麦克阿瑟的夫人"对于本人赠送的湘绣'雄狮图'赞赏不已，深致谢意"③。1935年在杭州的"西湖博览会"上，湘绣获"唯一褒奖"，被称为"中美一绣庄出品最多，亦最佳"④ 的艺术品。

除此之外，湘绣还曾多次作为贵重的礼品，被赠予英国领袖。1936年，英王爱德华八世登位之时，国民政府财政部专门为其定制了大批湘绣品，赠予英王，使湘绣首次成为中国的"艺术名片"出现在国内外的高层群体中。1937年，在英王乔治六世加冕之际，国民政府特派孔祥熙前往参加。在前往英国之前，孔氏"特制备湘绣缎彩一帖"，作为参与加冕大典之礼品，"代表我东方之精神文明"⑤。之后英王等皇室、贵族、洋商，以及国内的军阀、大地主等均大批定制湘绣。

## 二 民国时期湘绣进一步的商品化生产

在光绪初年湖南刺绣进行商品化生产之前，绣工主要是为了美化生活，与纺织一样，都属自绣自用或赠送亲友，而非商品生产。但是，随着资本主义世界市场的助推，商品化的加强，"至光绪初年间"，湘阴人

---

① 赵海洲：《赵海洲人物散文选》，湖南文艺出版社2013年版，第66页。
② 《湘绣罗斯福》，《铁路月刊》（平汉线）1933年第39期。
③ 程里民编：《戴坚将军诗词精选》，中国友谊出版公司1991年版，第33页。
④ 李湘树编著：《湘绣史话》，轻工业出版社1988年版，第77页。
⑤ 《孔专使赠英皇湘绣》，《兴华》1937年第34卷第15期。

吴彩霞开设绣庄,"所绣出品,大为可观,大家争于购买"①,从而开始了湘绣的商品化生产,甚至还形成了"湘绣甲天下"的商品市场。继清光宣湘绣开始商品化生产之后,民国时期的湘绣商品化得以进一步发展。

作为奢侈品,湘绣是为了商品化所需而生产。湘绣生产大致可分为"托影""上绷""批线""下绷"四个步骤。按照产品,则可分为精细货和粗货两类。其中,专门负责人物、山水花卉和图案等专职绣工,因绣工程序复杂、精细,以致其产品被称为"细货",而其他绣品则被称为粗货。

湘绣出品"种类极多,尺寸亦大小不一"。湘绣价格据其尺寸大小和加工之精巧而定。如同一尺寸的山水、人物、翎毛、花卉等,因每根花线劈至32剖以上者为"精绣","价格最高",24剖以上者次之,16剖以上者为细绣,更次之,4剖以上者为粗绣,"价格最廉"。其中,细绣每方尺最低价格为5—8元,粗绣2—3元。湘绣价格最高者为"绣刺肖像",由于"工程最大"、绣工复杂,且极为耗时,所以"价亦最昂"②,其次为山水及古装人物、风景绣,而走兽翎毛又次之,花卉则更次之。

绣庄与绣工数量的增加是湘绣商品化发展的结果,而商品化的发展又进一步推动了更多的民众转而从事刺绣。传统刺绣者为女工,且属"自绣自用",即使是光绪年间湘绣开始了商品化生产,但绣工基本为女性。20世纪初,在抵制洋货、发展实业的倡导下,民族工商业得以发展,农村妇女及城市贫民以刺绣为生者日渐增多。民国初年,长沙妇女从事湘绣者"甚伙"③,甚至男女皆从事刺绣生产,不过他们在作业时间上有别。其中,男工作业时间为7:00—17:00,每日工作10小时,而女工则为5:00—18:00,作业时间长达13小时。除此之外,刺绣工人还有夜工,他们的作业时间是19:30—22:00。④ 特别是一战结束后,由于欧美政局得以稳定,湘绣商品又有了较多的市场,从而使绣工人数不断增加。据湖南地方志所载,民国初年湘绣工人日渐增多,"人数已逾万",

---

① 《省城湘绣业调查记》,《大公报》(长沙版) 1920年2月1日。
② 朱羲农、朱保训编纂:《湖南实业志》第2册,湖南人民出版社 2008年版,第1109页。
③ 《杂纂·湖南绣花业近况》,《中外经济周刊》1923年第14期。
④ 彭泽益编:《中国近代手工业史资料(1840—1949)》第三卷,中华书局 1962年版,第269页。

年产绣品2万件，值80万银圆，产品出口占总量的30%以上。①

　　技艺高超的绣工为节省成本，采取招收学徒的形式，进行扩大再生产。据民国时人调查，少数技术超群之人收徒甚多，多者有二三十人，其中尤以长沙东乡的袁家冲、沙坪两处的绣工最多，不仅"几（乎）家家有之"，而且"绣艺亦最佳"。此外，浏阳门内外的东山，以及奎塘附近的绣工次之，而河西的鱼王市、龙王市、三汊矶则又次之。湘东各县，在湘绣最盛之时，如仅广华等绣庄，"承绣之女工，常在千人以上"②。当然，同一女工，同时可在数家绣庄兼职。此外，据1942年调查粗略估计，湘东绣工在最盛之时，总数有五六千人之谱。但是，抗战爆发后，民众因战乱迁徙避难，或出嫁改业，以致"人数已顿形减少矣"③，生产日益衰弱。其中，民国长沙湘绣绣庄及其产量的变动情况如表4-1所示。

表4-1　　　　　　　1913—1935年长沙湘绣发展概况

| 年份 | 绣庄 细绣庄 | 绣庄 粗绣庄 | 绣庄 小计 | 产量（件） | 年份 | 绣庄 细绣庄 | 绣庄 粗绣庄 | 绣庄 小计 | 产量（件） |
|---|---|---|---|---|---|---|---|---|---|
| 1913 | 8 | 13 | 21 | 1000 | 1920 | 15 | 24 | 39 | 7000 |
| 1914 | 9 | 15 | 24 | 1200 | 1925 | 17 | 30 | 47 | 12000 |
| 1915 | 10 | 20 | 30 | 1500 | 1930 | 17 | 38 | 55 | 18000 |
| 1916 | 15 | 20 | 35 | 2200 | 1935 | 25 | 40 | 65 | 24000 |

资料来源：根据杨北骥《湘绣史稿》，湖南人民出版社1956年版，第28页。

　　从表4-1可知，长沙湘绣产量逐年增加，特别是一战结束后，湘绣产量更是有了明显的增加，从1916年的2200件增至1920年的7000件，四年间增长了2倍有余。据统计，一战结束后，在新增的16户绣庄中仅4户闭歇。除了长沙市的40户绣庄之外，还有常德、衡阳5户，全省合

---

① 湖南省地方志编纂委员会编：《湖南省志》卷9《工业矿产志·轻工业·纺织工业》，湖南人民出版社1989年版，第108页。
② 湖南省银行经济研究室编：《湘东各县手工艺品调查》，内部发行1942年版，第94页。
③ 李湘树编著：《湘绣史话》，轻工业出版社1988年版，第95页。

计45户。① 1918—1919年，长沙有两个著名的湘绣手工工场，即"锦华丽绣馆""中美一绣馆"。十年之后，除了"锦华丽""中美一"之外，最著名的湘绣馆又增加了"万源""美霞""云霞""广华""陈兆记"等十余家。其中，后起的"万源"除了在平津设绣庄之外，还与"锦华丽""中美一""云霞"等在上海也开设了绣庄，成为湘绣发展史上的"黄金时代"②。

这些绣庄专业性生产较强，深受顾客青睐。1920年《民国日报》以"恭贺新禧，长沙锦华丽湘绣沪庄鞠躬"为题名，对"锦华丽"在上海三马路石路东首同安里之处增设的绣庄进行了专题"恭喜"报道。据1930年调查，长沙城内绣庄有30余户，其中专门绣细货、粗货者均有10余户。从清末至民国年间湘绣的发展历程可知，最著名的湘绣商号有清末年间开设的"万源住红牌楼"和"红霞住红牌楼"，两者资本分别有20余万、10余万元。③ 据1920年《大公报》所载，云霞湘绣公司有很多分支机构，如长沙红牌楼、丽记、丽房。其中，长沙红牌楼云霞公司在成立五周年之际，"特别放盘"，宣称"如承光顾，无任欢迎"④，以吸引顾客。

除了军阀、洋商、买办之外，一些官僚、大地主、富商亦成为湘绣的重要顾客，从而刺激了湘绣的大量生产。据估计，民国初年仅长沙地区的专业绣工就达2000余人，绣庄及其分店遍及全国各地。20世纪30年代是湘绣的全盛时期，年产绣品3万余件，产值120万余银圆，行业资金积累约计50万银圆。⑤

在比较利益的驱动下，官僚、地主、富商从湘绣顾客转而纷纷开设绣庄，从而进一步推动了湘绣的发展。资金方面，1917年长沙开办的"广华绣庄"资金仅有2000两银子，而1933年则增至1万元，1937年更

---

① 李湘树、李立芳：《湖湘刺绣（二）湘绣卷》，湖南美术出版社2009年版，第94—95页。
② 《各地手工业介绍：湘绣的过去与现在》，《产业界》1937年第1卷第1期。
③ 《湖南湘绣之产销情形》，《工商半月刊》1930年第2卷第17期。
④ 《长沙红牌楼云霞湘绣公司》，《大公报》1920年1月1日。
⑤ 湖南省地方志编纂委员会编：《湖南省志》卷9《工业矿产志·轻工业·纺织工业》，湖南人民出版社1989年版，第108页。

是猛增至4万余元。① 绣庄方面，1924年湘潭出现首家湘绣工场，有女工40名。1927年后，湖南湘绣专业性的绣庄更是持续增加。据调查，1932—1940年，湘潭县城相继开设了5家湘绣工场，主产鞋、帽、被面、枕套、绣字等。1934年仅长沙、衡阳、常德的绣庄就有32户，其中10户成立于1927—1933年，占绣庄总数的31.3%。1933—1937年，湖南全省又新增设了16户绣庄。②

此外，湖南民间民族刺绣业也得到了发展。作为湘绣的发源地，民国时期长沙年轻妇女"几（乎）人手一绷，自成一业"，年均刺绣额为数甚巨。据实业部估计，1933年前后湖南民间绣工约15000人，其中精绣绣工6000人，粗绣绣工9000人。③

### 三 湘绣市场的扩展及其波动

辛亥革命后，虽然中山装、西装在中国各民族地区逐步盛行，民族绣业"一落千丈"，但是国外市场仍大量进口中国绣品。特别是20世纪30年代，即使是在西洋盛行的日本绣品，亦备受湘绣打击。诚如1935年长沙《大公报》所言："十数年前，日本绣货盛行西洋，今则西洋弃日绣"，转而"欢迎湘绣"④。

湘绣自光绪进行商品化生产之后，作为一种奢侈品，受国内外市场的影响较大。据《金融汇报》所载，湘绣"纯靠出口发达"。国内在天津、上海、广州等地"都有交易场所"⑤，甚至在"国内各行省，凡巨镇商埠繁荣之区"，均"设肆行销"，而在国外则以欧美、南洋群岛的"销路最大"⑥。特别是1913年湘绣"尤为发达"⑦。

据1937年调查，民国初年湘绣之所以"尤为发达""风行一时"，在很大程度上源于北方军阀汤芗铭、张敬尧、吴佩孚"在湘时代"。当时，

---

① 李湘树编著：《湘绣史话》，轻工业出版社1988年版，第76—77页。
② 湘潭县地方志编纂委员会编：《湘潭县志》，湖南出版社1995年版，第464页。
③ 实业部国际贸易局编纂：《中国实业志·湖南省》，实业部国际贸易局1935年版，第393—394页。
④ 薛媛媛：《湘绣女》，人民文学出版社2010年版，第342页。
⑤ 征信所：《商品讲评：湘绣》，《金融汇报》1946年第13期。
⑥ 《湖南湘绣之产销情形》，《工商半月刊》1930年第2卷第17期。
⑦ 《湘绣缺乏推销机构》，《上海工商》1947年第1卷第10期。

北方人对湘绣"倾倒异常",从而为湘绣产品"辟一大好销路"。其中,张敬尧喜欢在"旗上绣像",每当大操之时,均以数十面绣像旗"列队而出"。此外,吴佩孚在湘之时,每当寿宴之时,"僚属贺仪",百分之七八十"皆绣品"。由此可见,湘绣因军阀所爱,使其"风行之一斑矣"①。

但是,全面抗战爆发后湘绣顿形萧条。1937年全面抗战爆发前夕,受资本主义世界市场的影响,经济社会萧条。即使是"已有之文物珍宝尚不可保,谁复有闲情别致"?当时,绣工四处逃难,"远徙他方",或迫于生计,"而绣作工资非计日可得,工作繁难者,常须穷年累月,方可完工"。甚至大多绣工"不愿守此沉寂之针线工作,而多另谋出路。为此产量乃大减少",加之原料来源困难,"成本日益增长,定价过高则苦无人顾问,过低又伤血本"②,以致湘绣生产极为萧条。

比较利益的驱动是湘绣市场变化的重要原因。由于美国商人在长沙开设挑花公司,"价值昂于绣货",以致挑花公司的雇工工价,"亦较绣花业为优"。据时人所云,之前从事绣花者,"今多改习挑花",挑花业的发展潮流,"已有盛极一时之势"③。

交易过程中以湘绣产品质量定价。凡以杭缎、绒线绣成之湘绣品,"则看货定价,现款交易",但是在湘绣生产过程中,绣工仅是作为绣庄的工人,凡绣工代绣庄(包买主)之绣品,"则只得工资"。湘绣在国内外的运销方式有别,其中在国内各埠的销售,"都用信件接洽成交,照定样绣成出品,运至各埠",主要为邮局运送。但是凡属出口之湘绣,则"均由洋商亲往采购"④,先集中于上海,然后再转销海外。

湘绣是湖南重要的税源之一。凡是关税、货物税、邮包税均按照估值的3.5%收取税费。其中,上海、汉口各绣庄运货以邮包税"居多数",而出洋绣品则无固定标准,"均系外商亲自采购,随身携带"⑤。

为推销产品,扩展市场,锦华丽湘绣馆、"万源""采成"等湘绣公

---

① 《全国手工艺特产品调查》,《实业部月刊》1937年第2卷第6期。
② 湖南省银行经济研究室编:《湘东各县手工艺品调查》,内部发行1942年版,第103页。
③ 《杂纂·湖南绣花业近况》,《中外经济周刊》1923年第14期。
④ 朱羲农、朱保训编纂:《湖南实业志》第2册,湖南人民出版社2008年版,第1109—1110页。
⑤ 《湖南湘绣之产销情形》,《工商半月刊》1930年第2卷第17期。

司作了大量的广告宣传。其中，有广告宣称：其承绣产品有"寿对"以及"寿堂点缀"，甚至"各种最新礼物，色色齐至全于花样、字句"等。其方法"均采吉庆文雅者"，并保证无论"男寿"，还是"女寿"，其绣制的绣品，"取意适合毫无疵点"。此外，在上海增设的"锦华丽"绣庄还在报刊上登出联系电话"中央三千五二十九号"①，以便于销售。

为扩展市场，"万源"与"采成""湖南绣艺"等湘绣公司的广告大致一样，均宣称以物美价廉的湘绣酬谢主顾。其中长沙万源湘绣公司不仅在《大公报》上于1930年1月1日至25日连续刊登，"国历新年礼物，湘绣唯一妙品"②，而且还宣称"本所为推销国货，发扬美术起见，特由长沙本工场运来大批绣品。工质精良，花样翻新，极合装潢，以及婚寿、乔迁、新张礼品之用。为酬答主顾，价值特别从廉"③。

1932年12月15日《大公报》上发表"万源湘绣天津发行所"，宣称"国产湘绣，美术第一。大小花样，各色均齐。冬至礼品，最为合宜。婚寿移居，货礼必需。酬谢主顾，价码大抵。并备赠品，以答高谊"。同样，1932年4月、5月"采成湘绣公司"也在《大公报》上连续刊登："您要办婚、寿等礼品请到采成公司，价廉物美，定能满意"，联系电话"二局三三八〇"，并宣称"现为酬应主顾起见，特又由长沙运来物美价廉，诸君惠顾，无任欢迎"④。在"湖南绣艺公司"12周年纪念之际，该公司宣称："为酬谢主顾起见"，自11月26日起，"大减价四十天，各货照价由五折至七折，各界诸君幸勿失此良机也"⑤。此外，丽记云霞公司宣称："本公司特聘湘中上等刺绣女工，精绣"昆虫、草木、花卉、翎毛、走兽、山水、人物、男女肖像，以及古今名人、碑帖、书画，"以备中西庆贺，赠答之"，其品质不仅"美丽，抑且质地精良"，特于5月8日做"特别廉价"⑥优惠活动，以答谢主顾。

除了湘绣公司自己广告之外，诸多新闻媒体的报道亦推动了湘绣的

---

① 《长沙锦华丽湘绣沪庄发行》，《民国日报》1920年1月6日。
② 《长沙万源湘绣》，《大公报》1930年1月4日。
③ 《万源湘绣发行所》，《大公报》1932年4月12日。
④ 《采成湘绣公司》，《大公报》1932年4月18日。
⑤ 《湘绣大牺牲》，《大公报》1932年11月26日。
⑥ 《长沙红牌楼丽记云霞湘绣公司新张广告》，《大公报》1922年5月2日。

发展，扩展了市场。当时，《清华周刊》记者见湘绣"工细光彩之夺目，颇欲购买少许"①。同时，据1926年上海《妇女杂志》所载，"今国内各大商埠，均设有湘绣发行所"，不仅是国内，还是国外人士，"采购者颇觉踊跃，几致供不应求"②。因此，其他商家也加入兼营湘绣的行业，如湖南"虞云和笔庄"就宣称："本庄兼营湘绣，采办各色屏幅及喜寿礼品、装潢，刻意求精，价值特别公道。"③

华侨也是推动湘绣出口、扩展市场的重要因素。据1922年《民国日报》所载：当仰光天来公司经理华侨胡文虎协同"仰光报记者"至云霞路"中华女子美术学校参观"之时，胡文虎"称赞不已，比即出资购买各种绣物十余件"，拟带往仰光各埠陈览，"籍资提倡国粹"④。此外，据1924年《诚德报》所载，澳洲华侨商人马应彪在上海南京路开设著名的先施公司"绸缎部"还特增设湘绣部，并在湖南绣艺公司定购"大批绣品"，其"种类甚繁，色样新奇，无不完美，尤合家庭陈设，及婚寿礼品"，并将其陈列于该公司二楼，"以应购者选择"⑤。

但是，湘绣中的精细货、粗货销售市场有异。其中，湘绣中的细货主要行销各省及欧美、南洋群岛，而粗绣中的帐轴、神袍、堂帷则"仅销本省"⑥。因此，湘绣备受国际市场制约。抗战时期，由于湘绣"销路不佳"，因而"精货极少"，市场上仅有细绣、粗绣两者。据1935年朱羲农等主编的《湖南实业志》所载，长沙、常德、衡阳年产284800元，其中长沙占绝大多数，为278500元，常德3300元，而衡阳则仅有3000元。⑦

1918年一战结束之后，湘绣开始向外埠推销。虽然民国初年湘绣备受军阀、大地主、洋商、买办等阶层喜好，但是湘绣"尚未推销外埠"，只有一战结束后，"因为出品的紧俏"，"绣馆才日渐增多"⑧。此外，

---

① 《湘绣出售》，《清华周刊》1923年第297期。
② 万介绍：《湘绣的发展》，《妇女杂志》1926年第12卷第1期。
③ 《湖南虞云和笔庄兼营湘绣启示》，《大公报》1932年1月1日。
④ 《女子美术学校湘绣销海外》，《民国日报》1922年7月5日。
⑤ 得律风：《先施增设湘绣部》，《诚德报》1924年第5期。
⑥ 《湖南湘绣之产销情形》，《工商半月刊》1930年第2卷第17期。
⑦ 朱羲农、朱保训编纂：《湖南实业志》第2册，湖南人民出版社2008年版，第1109页。
⑧ 《各地手工业介绍：湘绣的过去与现在》，《产业界》1937年第1卷第1期。

1921年《申报》也指出："前两年因欧战影响，出洋者寥寥"，但今日则"有大批湘绣到沪"，最初拟赴爪哇参赛，但因未能赶上，"遂决计分赴欧美销售"，价值50余万金。① 1926年前后，湘绣"销路极旺"②。

此外，虽然湘绣的生产受战乱的影响极为明显，但是在全面抗战爆发前，绣庄、绣工还是做了很大的努力，以减少国内战争带来的负面影响。1930年长沙"七二七"事变之前，是湘绣"生涯鼎盛"时期，年均收入恒达40万元。③当时，湖南全省新增设了16户绣庄，它们与常德、衡阳、长沙的5户绣庄，其绣品约50%运销国内外。虽然1931年之后湘绣每年收入仅在20万元左右，但是据湘绣中人所言，"当此湘绣既经没落"之时，"而有渐趋好转之势"。如湖南自治女学校，虽然所设刺绣科"规模不大"，但是在1930年全国"劳作展览会中"，"曾博得好评"，因而准备在1931年"充实刺绣科"。又如"衡粹"女学校，"以前曾负盛名，也准备"在1931年"力图振作"④。

然而，1937年抗战全面爆发后，因出口道路受阻，湘绣业急剧衰弱。当时，"销场锐减，原料困难"，以致湘绣"一落千丈"⑤。特别是1938年因长沙大火使诸多绣庄焚烧于火海，其绣品及画稿几乎被烧尽一空。在战火纷飞的年代，"已有之文物珍宝尚不可保，谁复有闲情别致，去欣赏此名贵手工艺品"？因而绣品"销场大受影响"⑥。

同时，受比较利益的驱动，一些不法厂家进行投机取巧，影响了湘绣的产品质量。为牟取暴利，厂家已不再研究其艺术价值，而仅研究其如何偷工减料。厂家的营私舞弊影响了湘绣的声誉，继而使大批绣庄倒闭、绣工失业。据时人调查，仅长沙的织工已减至3000余人，精绣商号仅存20户左右。同时，抗战亦影响了湘绣的发展。湘绣作为高贵产品，在抗战爆发前，长沙经营绣品者有30余家，每年吸入100万资金。

---

① 《大批湘绣出洋销售》，《申报》1921年4月21日第10版。
② 朱羲农、朱保训编纂：《湖南实业志》第2册，湖南人民出版社2008年版，第1109页。
③ 《全国手工艺特产品调查》，《实业部月刊》1937年第2卷第6期。
④ 《各地手工业介绍：湘绣的过去与现在》，《产业界》1937年第1卷第1期。
⑤ 湖南省银行经济研究室编：《湘东各县手工艺品调查》，内部发行1942年版，第94—95页。
⑥ 湖南省银行经济研究室编：《湘东各县手工艺品调查》，内部发行1942年版，第103页。

但是，抗战爆发后，绣庄递减。据《湖南省志》所载，1940年长沙绣庄仅有10余家。①1944年长沙沦陷后，大部分绣庄相继歇业。

但是，在国家民族利益面前，湘绣人团结一致，抵制日货。其中，曾理的长篇小说《芙蓉坊密码》就集中反映了抗战时期湘绣人与奸商激烈的商战。如肖小宝的"宏昌绣庄"为独占市场，本来是不择手段、挑唆画师哄抬物价，抢绣"百子图"，以取代曾纪生"天然阁绣庄"的市场地位，但是在抗战民族统一战线面前，为抵制日本奸商大石洋行的野田松本，曾家与肖家的绣庄则团结一致，采取有理、有利、有节的方式，迫使两家收回次品，共同抵制日货。

解放战争时期，阻碍湘绣发展有五大主要原因。第一，绣货列入奢侈品行列，"课税过重"；第二，缺乏资本，"贷款维艰"；第三，缺乏外销专营组织；第四，"国外宣传缺如"；第五，"不明外人习好，针对改善"②。

但是，解放战争时期湘绣也曾出现过短暂的兴盛。1946—1948年，湘绣年产量约30000件，绣工约15000人，"产品约一半外销"③。由于战乱，湘绣产品"稀少"，因而"莫不利市百倍，大走红运"④。但是，此时的绣庄生产带有很大的被动性，"绣庄只顾迎合"一些官僚、地主，以及美国驻军的喜好，"绣品内容较庸俗"。迎合性的生产自然束缚了湘绣自身的发展，以致在1949年新中国成立前夕，"湘绣业务下滑"。据民国《湖南省志》所载，当时长沙绣庄不仅只有25户，而且"以粗绣小户居多"，绣庄的织工仅有70余人，其中老画师9人。虽然城乡绣工较长沙为多，有1200余人，但"艺人星散，生产衰落"⑤。

总之，作为中华民族的一种非物质文化遗产，虽然"湘绣萌芽"于清末，但是只有民国以来，"始能"让"湘绣出品之大放异彩"。当然，

---

① 湖南省地方志编纂委员会编：《湖南省志》卷9《工业矿产志·轻工业·纺织工业》，湖南人民出版社1989年版，第108页。

② 《湘绣缺乏推销机构》，《上海工商》1947年第1卷第10期。

③ 湖南省地方志编纂委员会编：《湖南省志》卷9《工业矿产志·轻工业·纺织工业》，湖南人民出版社1989年版，第109页。

④ 《金融汇报》1946年第6期，第16页。

⑤ 湖南省地方志编纂委员会编：《湖南省志》卷9《工业矿产志·轻工业·纺织工业》，湖南人民出版社1989年版，第109页。

民国时期湘绣的发展也曾因商家的投机取巧和抗战的长期影响而备受阻碍，市场出现过波动。但是随着资本主义世界市场的助推、商品化的发展、湘绣手工技艺的不断提高，湘绣的市场还是得到了扩展。甚至还出现了湘绣的"黄金时代"，特别是其"绣像"，更是成为中国的艺术名片，出现在了欧美等国家领袖等上层群体中。

# 第五章

## 湖南近代蚕桑业与针织业的发展及其影响

中国是素有"纤细皇后"蚕丝美誉的发源地和植麻的故乡，前者是高贵、华丽的象征，但非中华民族常用的衣料，因而麻、皮毛作为中国传统社会主要的纺织布料①，不仅在人类文明发展和经济生活中占有重要地位，而且古代和近代工业，"就载籍可考者，大率为日用之制造"② 的纺织业。同时，在近代工业化和资本主义世界市场的助推下，随着商品化的发展，从而出现了新型的针织业。虽然湖南蚕桑因战乱和政府支持力度不足呈现出兴而不盛的局面，但是湖南蚕丝和相关的针织业均得以发展。③

### 第一节 兴而不盛的湖南近代蚕桑业

湖南处于中国的中部地区，在近现代工业化的过程中，手工业占有重要的地位。如创办于1941年的湖南蚕丝改良场，现被易名为湖南省蚕桑科学研究所，并在2003年成立的兰洁蚕业科技有限公司实际上已成为当今重要的企业，已成功开发出生态蚕丝被和功能性蚕丝被等六大高新技术产品，备受国内外消费者青睐。2009年9月30日，联合国教科文组

---

① "传统衣料"是相对于近代的机制洋纱、洋布而言的。
② 民国《新纂云南通志》卷142《工业考》，1949年铅印本。
③ 注：原稿是笔者在发现该选题和主持湖南省社会科学成果评审委员会重大项目之后，带着课题组成员、在读研究生宋晨一起撰写而成，现已做修改和完善。

织保护非物质文化遗产政府间委员会决定将"中国蚕桑丝织技艺"选入《人类非物质文化遗产代表作名录》。2015年5月24日，为响应国家"一带一路"倡议需要，由湖南省洞口县团委主办，湖南省蚕桑科学研究所全程策划，以"丝路有您，丝路有爱"为主题，召开了"湖南省首届蚕桑文化节"。虽然学界对湖南当代蚕桑业进行了诸多的研究，甚至在2011年湖南省人民出版社还出版了《湖南蚕业史》，但是对于湖南近代蚕桑业的兴起、发展、衰退等问题，学界却尚无专题论述。有缘于此，本节拟将对湖南近代蚕桑业的兴起、发展及其衰退三个主要问题进行专题分析，以透视出湖南近代蚕桑业的发展历程及其特征，并丰富湖湘非物质文化。

### 一　近代湖南蚕桑兴起的因素

中国植桑养蚕的活动可追溯至周朝，其中湖南可追溯到东汉建武年间，但是古代湖南民众的蚕桑活动甚少。就产量而言，直至清初相对邻省的贵州而言，湖南"所产蚕丝极微"。同时，就生产区域而论，在清末之前不仅只有湘西、湘南山区一带"有山农饲蚕取丝"，而且"大都是少数家庭所为，商品意义甚小"[1]。如嘉庆年间《常德府志》所载，常德"境内不种桑，皆野生"。即使"间出丝枲，悉供商贩"，也不过"不工组织，锦绮之属"[2]，所需原料及其成品仍取之于江浙。时至道光年间（1821—1850），道州（隶属永州）除"麻棉之外，间亦事蚕"[3]。不仅时至同治年间，长沙亦仅是"间有育蚕者，缫丝织绢，谓之土绢"[4]，而且还有资料指出湖南之蚕业，始于20世纪初年[5]。

的确如此，即使在清末实业救国的倡导下，清政府已将蚕学定为农业学堂的主要科目，但湖南植桑养蚕者仍不多见。根据清末留下的资料可知，当时湖南蚕桑仍未下种。据光绪年间地方志所载，华容县养蚕者"一村不过数家"[6]。此外，据同治《嘉禾县志》所载，嘉禾县不仅"桑

---

[1] 龚胜生：《清代两湖农业地理》，华中师范大学出版社1996年版，第173页。
[2] 嘉庆《常德府志》卷18《物产》，1813年刻本。
[3] 道光《永州府志》卷5《风俗》，1828年刻本。
[4] 同治《长沙县志》卷16《风土》，1871年刻本。
[5] 刘明德：《湖南蚕业之过去与未来》，《高农期刊》1935年第7期。
[6] 光绪《华容县志》卷1《风土志·土宜》，1882年刻本。

少,养蚕者间有",而且"浴缫失法,绢劣"①。由此可知,即使清末湖南植桑养蚕仍不明显,但是在经济地理客观环境和清末实业救国的倡导下,诸多手工业还是得以兴起和发展。作为中国的中部地区,近代湖南蚕桑业的兴起与其独特的地理、气候条件,以及植桑养蚕悠久的历史传统和政府植桑养蚕的倡导,甚至比较利益有着密切的关联。

其中,适宜的气候和地质是湖南蚕业兴起与发展的必备前提。诚如民国教育大儒刘明德所言,气候"有控制蚕业绝大威力"②。无论何种事业之推广,以及市场如何扩展,均须以适宜的气候为基础。1933年杨国熊在《推广湖南蚕业的我见》中也指出,"凡一种建设事业之推广,总要适应社会需要为原则,气候相宜为转移,并须以土地劳力资本为其根本条件,方能发展实行"③。湖南地跨温带,北接长江,南运两广,春夏秋冬"无严寒酷暑之变更,气候至为温和,最宜育蚕种桑,当待蚕场之设立,以得天独厚也"④。此外,时论还直言,"湖南地位优宜""气候温和,地质肥沃",不仅"气候四时宜蚕",而且"地质四处宜桑"⑤。

同时,湖南地处中国中部,是"各省蚕业中心",地理条件较为优越。湖南西部为中国五大蚕桑之一的四川,而南部则接两广蚕业枢纽,"亦以蚕业著",甚至东部还是蚕桑著称于世的江浙一带,因而湖南内地76县"无土不宜栽桑"⑥。特别是"湖乡矿土高处及堤塍旁,最宜种桑,向来土人多植此养蚕"。此外,永兴县的第六区观音阁,"亦有种桑养蚕,出丝织绢,每年可出百余匹"⑦。

但是,就总体而言,除了自然灾害之外,湖南交通条件还是较为便利的。除了具有湘江、资江、沅江、澧水优势的水运条件之外,更有近代出现的粤汉铁路,对于蚕业运输"尤获巨益",甚至"更有飞机运载"。

此外,植桑养蚕对劳动力的要求不高,男女老幼均可从事其活动,

---

① 同治《嘉禾县志》卷17《食货》,1863年续增刻本。
② 刘明德:《筹备湖南蚕事试验场之商榷》,《高农期刊》1934年第6期。
③ 杨国熊:《推广湖南蚕业的我见》,《高农期刊》1933年第2期。
④ 刘明德:《筹备湖南蚕事试验场之商榷》,《高农期刊》1934年第6期。
⑤ 外省人:《问湖南何以不提倡蚕业》,《高农期刊》1934年第6期。
⑥ 刘明德:《筹备湖南蚕事试验场之商榷》,《高农期刊》1934年第6期。
⑦ 民国《湖南各县调查笔记·物产类·汉寿》,1931年铅印本。

因而易被民众作为一种副业生产。植桑养蚕的工序"轻而易举，成本少而效力大"，即使是儿童"亦可胜任，正适合湖南民情"。湖南"民情适合蚕业"，其"气质坚毅，勇于任事"，尤其是乐于"细心作业"，加之"人工低廉"，因而湖南"当设蚕场，负责提倡奖进"①。

蚕桑业不仅是农村中经济效益产出较高的行业，而且自古以来湖南就有以蚕月禁忌和蚕神祭拜为主要内容的习俗，因而有一定的养蚕基础。宋以前，衡阳、零陵等地是湖南的重要蚕桑产区。宋以后，由于洞庭湖开始淤积，蚕桑生产逐渐向滨湖区域转移，特别是岳州更是成为湖南蚕桑的主产区。如明朝洪武年间（1368—1398），在岳州征收各种赋税中，就有2930匹丝用于织绢和730匹农桑丝绢。从岳州所属各县缴纳丝绢可知，巴陵县每年纳丝1512斤，临湘县每年纳丝507斤，平江县每年纳丝1248斤，安乡县与石门县每年各纳丝130斤，慈利县则每年纳丝1301斤。特别是澧州，更是被誉为"丝绸之州"②，不仅桑叶品种多，而且桑叶大而肥，有益于出产优质的蚕丝。至明万历年间（1573—1620），湘西乾州更是发展为"桑麻遍野，赖以为衣"③。此外，辰溪县养蚕历史悠久，所产蚕茧有黄、白二色，质地优良。④

其中，华容植桑养蚕良好的基础是其发展为近代湖南蚕桑主产县的重要原因。宋朝，在华容赋税中，上缴蚕丝226公斤。明朝初年，华容每年上缴税丝384公斤，织京库绢608匹8尺。近代以降，华容更是被列为湖南14个主产蚕桑县之一。据《华容县志》所载，1933年华容全县产蚕茧16500公斤，直至1942年日本入侵华容之时，华容仍一直被列入湖南蚕桑的主产县。⑤

对湖南少数民族而言，虽有植桑养蚕的传统，但是其基础较弱。如前清时期，湘西苗民只是利用自然生长的野桑购买汉民的蚕种养蚕，当然她们不仅饲养技术别具一格，而且还可缫丝织绸。据徐珂《清稗类钞

---

① 刘明德：《筹备湖南蚕事试验场之商榷》，《高农期刊》1934年第6期，第44页。
② 王晓天主编：《湖南经济通史·古代卷》，湖南人民出版社2013年版，第506页。
③ 湖南省地方志编纂委员会编：《湖南省志》卷8，湖南人民出版社1989年版，第616页。
④ 辰溪县志编纂委员会编：《辰溪县志》，生活·读书·新知三联书店1994年版，第302页。
⑤ 华容县县志编纂委员会编：《华容县志》，中国文史出版社1992年版，第230页。

·农商类》所载,辰州府的苗民与汉民交易,"辄以牛羊驼载杂粮、布、绢之物以趋市集,居期毕至,易盐、易蚕种,易器具,以通有无"。华容民众至春季所育之蚕产出之时,再"结伴负笼,以货物易之"①。凤凰厅是苗族聚居地,其妇女"亦知饲蚕",但"不知育种",因而每当春天以其编制品笼具等"土物易去"蚕种。同时,凤凰厅苗族妇女通过抽丝、染色等程序织成的裙被等织物,"不甚工致,不能如"永顺、保靖土家族的峒锦、"峒巾"②。

当然,在湖南少数民族地区也不乏植桑养蚕技术较好的县。据《龙山县》地方志所载,其"土苗妇女善织锦裙被","或全丝为之,或间纬以棉,纹陆离有古纹。其丝并家出,树桑饲蚕皆有术",织成无色的土锦、土绢,"皆细致可观"③。此外,泸溪县合水至今仍存有两三千年前的古老绕丝架。总之,这些都表明湖南蚕桑业具有悠久的历史传统。

除了上述适宜的地理、气候条件和悠久的植桑养蚕传统之外,湖南政府实行有利于蚕桑的诸多举措也是湖南近代蚕桑业兴起的重要原因。其中,辰溪知县王道生令人向百姓讲授《蚕桑辑要》中先进的养蚕技术,并对办事得力之人,"酌奖花红,以示鼓励奖"。1895—1898年,时任湖南巡抚的陈宝箴要求王道生"随时认真督办,务收成效"④。此外,光绪年间的"劝种桑麻棉花歌"⑤也在一定程度上推动了湖南蚕桑业的兴起。1895年吴大澂被撤去湖南巡抚之前,从浙江购买桑苗,分派当地人进行栽植。1898年湖南汉寿县设种植局,政府又从浙江引进数万株桑苗,分发至蚕户种植。1903年湖南当局再次赴浙江采办桑苗32万株,由善后局委员运抵湖南,分派各府、县栽植。1904年湖南农务局购办浙江湖桑等树苗70余万株,其中湘乡李葆元,购置湖桑1万余株,"与同乡人择地

---

① 浙江大学编著:《中国蚕业史》(上),上海人民出版社2010年版,第797页。
② 道光《凤凰厅志》卷11《苗防一》,1824年刻本。
③ 光绪《永顺府志》卷11《风俗》,1878年铅印本。
④ 汪叔子、张求会编:《陈宝箴集》(中),中华书局2005年版,第1276页。
⑤ "种桑之利不可挡,种了桑树卖蚕子,湖南丝货好叨光,湖北现开绸缎局,绸缎花样皆新出,业已委员到湖南经纶缎号货充集有货,不愁无销场,价值公平。""若是湖南能仿造沙泉煮茧,比他强","可买,充土产也,可供用做衣裹"。"一人获利,人人竞争,推广公司各争胜,资本越厚,学越精,更买机器显微镜,到处栽桑,好养蚕,蚕桑大利归湖南,湖南从此大兴旺。"参见皮嘉福《本省公牍·劝种桑麻棉花歌》,《湘报》1898年第111期。

兴社……并拟设农学馆于该处,以开风气"①。之后,湖南蚕桑业得到了逐步推广。

将蚕政与农工列入同等地位是政府对发展蚕桑业的重视表现。农业是中国长期的经济主体,虽然蚕桑向来被视为农村的副业,但是1898年初清廷则将蚕政与农工放到了同等的地位,宣称"蚕政与农工并重"。当时,浙江、湖北、直隶等地的蚕政"均以办有成",而"各省宜蚕之地尚多",存在很大的发展空间,因而清政府饬令各督抚及地方官均应"认真筹办,以广利源"②。除了政府对蚕政的重视之外,时人也提倡发展蚕桑,认为即使政府以地丁钱粮为首要,但是也应注重发展农桑之必要,继而使筹谋国事者"皆视蚕桑为当务之急"③。

的确,倡导蚕桑是发展经济社会的重要举措。植桑养蚕作为缓解就业压力的途径和增加税收的重要来源,引起了政府的重视。由于湖南人口稠密,特别是湘中,无论人工费,还是缫丝的成本炭价,"皆较他省为廉,将来风气大开,设厂自易"。如缫丝工资,"湘省工作较廉",每人每日约0.4元。④ 军阀混战时期,政局动荡,"失业者正多","工价低廉",因而在政府的推动下,湖南试图设立大规模蚕场,整顿支离破碎的蚕科。时论呼吁,我国"仿东瀛之长,集江浙东粤之美",则可"足以拯救本省无数失业贫民"⑤。

最后,除湖南适宜的地理气候条件,以及政府的倡导外,比较利益的驱动也是湖南近代蚕桑兴起的重要原因。诚如日本学者速水佑次郎,弗农·拉旦在其《技术与制度变迁理论》中所言:"通过相对价格的变化,农民被诱导去寻找借阅日益稀缺的生产要素的技术方法。"⑥ 因此,有学者认为直至清朝同光之交,即19世纪70年代随着蚕丝出口贸易的扩大,"蚕桑生产有利可图,湖南才开始发展蚕桑业"⑦。

---

① 汪叔子、张求会编:《陈宝箴集》(中),中华书局2005年版,第1275页。
② 卫杰撰:《蚕桑萃编》,中华书局1956年版,第6页。
③ 许崇勋:《变通湖南蚕丝议》,《湘报》1898年第128期。
④ 《厂丝上丝之比较(湖南农业学堂报告)》,《申报》1907年5月26日第26版。
⑤ 外省人:《问湖南何以不提倡蚕业》,《高农期刊》1934年第6期。
⑥ 郭熙保主编:《发展经济学经典论著选》,中国经济出版社1998年版,第386页。
⑦ 蔡建生:《陈宝箴与湖南农业近代化的萌发》,《农业考古》2014年第6期。

乾隆年间，若不计自然灾害，通常每亩桑地的收益相当于良田或中等水稻田收入的3—4倍。近代以降，随着资本主义世界市场的助推，商品化的发展，养蚕业的总收入已是种植水稻的3—5倍，"甚或声称是相同的"①，而且还有可能是种植水稻的10倍。由此可知，随着近代资本主义世界市场的逐步渗入，植桑养蚕已"关系农民生计甚巨"②，如单纯从事植桑者，每亩桑园的收入可高达33元，而种植稻米仅有9.36元，种植棉花21元。③因此，为追求经济效益，减轻赋税负担，很多农民改稻种桑。

民国时期，由于生丝出口价高达每担价银707.4两，茧价也因而大幅提高。当时，生丝价格最高可至每担40元左右，从而使湖南的蚕茧产量迅速攀升，加之1912—1931年世界生丝价格长期保持在每磅6美元，从而进一步刺激了农民养蚕的积极性。据1942年湖南蚕丝改良场对湖南48个县农村副业调查，湖南养蚕户平均占总农户13.7%。④此外，据1945年湖南蚕丝改良场调查，蚕桑最盛区域为滨湖一带以及湘南的衡山、攸县；湘西的辰溪、泸溪、溆浦；湘中的长沙、湘潭、平江、益阳等地。蚕丝产量方面，澧县、临澧、石门一带占全省的29.2%；南县、安乡一带占20.8%；华容、沅江一带占16.7%；常德一带占2.5%；辰溪、溆浦一带占12.5%；衡山、攸县一带占16.7%；其他仅占1.6%。⑤

但是放眼全国，同期湖南桑田的面积并不显著，仅高于北方诸如陕西、河北等省份，与浙江、江苏、广东以及四川等地相差甚远。如中国蚕茧产量最高水平的1931年，蚕茧量为220837吨，仅浙江就占了30.8%，江、浙、粤、川四省占全国蚕茧产量的85.4%，其中内地省份的四川占12.7%。⑥由此可知，诸如湖南等其他省份在全国的蚕茧产量几

---

① 李文治编：《中国近代农业史资料·第一辑·1840—1911》，生活·读书·新知三联书店1957年版，第431页。

② [美]黄宗智：《长江三角洲小农家庭与乡村发展》，中华书局1992年版，第53页。

③ [日]本位田祥男、[日]早川卓郎：《东亚的蚕丝业》，《东亚经济研究》1943年第3期。

④ 浙江大学编著：《中国蚕业史》（上），上海人民出版社2010年版，第817页。

⑤ 王晓天主编：《湖南经济通史·古代卷》，湖南人民出版社2013年版，第623页。

⑥ 顾国达、王昭荣：《日本侵华时期对中国蚕丝业的统制与资源掠夺》，浙江大学出版社2010年版，第40页。

乎可忽略不计。同时，从植桑养蚕面积而言，仅浙江一省就达1369222亩，是全国桑田种植面积的34%，而湖南仅约占全国的1%。1925年湖南省的蚕茧生产量也并未得到提高，仅占全国的0.6%，直至1931年湖南省的蚕茧产量才达到全国蚕茧生产量的1.5%。[①]

## 二 近代湖南蚕桑发展的表现

无论是政治、思想、文化，还是经济领域中的蚕桑等轻纺行业，晚清都是中国数千年未有之大变局。在1874年继昌隆丝厂创办之前，国人向无缫丝与养蚕离分之观念，但之后植桑养蚕则逐步发展成两个不同的行业。清末民初，滨湖各县蚕桑主产地集中于洞庭湖西北与长江之间（北纬29—30度），其中津市、桃源、益阳和衡阳还是湖南蚕丝的集散市场。[②]

在清末实业救国的倡导下，湖南蚕桑业得到了一定程度的发展。清政府鼓励发展实业，不仅创办各种实业学堂，而且还改良蚕种、实施良策。其中，湖南农业学堂规定学生"按钟点实习"，对蚕丝进行加工，其缫丝所用之炭火及每日所需之蚕丝，"均可稽考"。1907年，湖南政府上交农工商部的蚕丝，"系仿厂丝（湖南农业学堂——引者注）缫出，尚可合注庄之用"。就湖南农业学堂的缫丝工具而言，有购置日本丝车1架，车价与运费合计18洋银圆。之后，该学堂仿造日本丝车，每车只需11洋银圆，"其费较省"，但是丝眼、铜轮却"未能如东洋轻便"[③]。

商埠的开设在一定程度上也促进了湖南蚕桑业的进一步发展。1899年岳州开埠，湖南由此开始了近代外贸型经济，继而促使湖南官绅加强了蚕桑业的发展。1894年甲午战争前后，由于国际市场需求量的不断增加，生丝外销价渐高，因而湖南巡抚吴大澂和湖南农务局采取补贴桑苗、提高茧价的措施，以便凭借商埠的便利，将其外销各埠，刺激蚕桑生产。当时，湖南巡抚吴大澂向蚕户贴补桑苗数合计达102万余株。1903年，

---

[①] 顾国达：《中国的生丝贸易和世界生丝市场供求结构的经济分析（1842—1949）》，博士学位论文，日本京都工艺纤维大学，1995年。

[②] 龚胜生：《清晚期两湖纤维作物的种植与分布》，《古今农业》1995年第2期。

[③] 《厂丝上丝之比较（湖南农业学堂报告）》，《申报》1907年5月26日第26版。

湖南政府为发展蚕桑业，又在长沙北门外先农坛、文昌阁、铁佛寺一带开办了农务试验场①。1904年长沙开埠，进一步推动了湖南外贸型经济的发展。如平江、衡阳、益阳、临湘、常德、桃源等县相继成立了蚕桑局。同时，清末经济学家王先谦还联合其他有名人士，集资成立了蚕桑公社，试图大规模、集约化经营植桑养蚕，并得到了巡抚陈宝箴赞赏和支持。陈宝箴认为此举可使"他日蚕桑盛行，为利甚薄"②，继而饬令地方官协助王先谦办理蚕桑事业。据1909年《申报》所载，湖南省蚕桑公社"近来新建房屋甚为宽广"，而且还有留学日本蚕学毕业生龙汝翼等专业人士讲习饲蚕诸多方法。同时，提学司还批准了该社创办的讲习所，将其正名为"蚕业讲习所"③。

　　清末民初，湖南蚕桑业的发展与实业救国的倡导，政府的重视密切相关。一方面，政府倡导改良蚕种，提高养蚕技术。在清前中期，湖南一般只养春蚕，仅有少数地区开始饲养夏蚕，而且数量较少。不仅如此，诸如醴陵"旧产桑树，皆小叶"，以致蚕茧质量较低。基于此，湖南历届政府均做出了一定的努力，如1893年湖南巡抚吴大澂从浙江引入湖州桑苗，历经"越数年，蔚然成林"。1907年醴陵知县汪文溥在醴陵设蚕桑讲习所，招生学习，使醴陵"养蚕乃知改用新法"④。再如湖南巡抚陈宝箴，曾饬令各地派人学习育蚕新法，以致官府纷纷集资从浙江购买桑树，不仅将其发给桑民，而且还传授种植新法，继而使诸多从未养蚕的州县也设立了蚕业局，推动了蚕桑业的发展。

　　在政府的倡导下，湖南不仅蚕茧产量有了一定的增加，而且植桑养蚕的技术也有所提高。在产量方面，1907年湖南全省蚕茧产量仅有2.5万担⑤，时至1933年，无论是蚕茧产量，还是植桑面积，均创湖南蚕桑历史的最高水平。在技术方面，民国初年是湖南蚕业较快发展期，各县不仅广植桑苗，而且养蚕技术也得到了提高，各地采用了春、夏、早秋、

---

① 长沙县志编纂委员会编：《长沙县志》，生活·读书·新知三联书店1995年版，第316页。
② 汪叔子、张求会编：《陈宝箴集》（中），中华书局2005年版，第1270页。
③ 《蚕业学社禀请立案》，《申报》1909年6月5日第12版。
④ 民国《醴陵县志》卷5《食货志·农业经济》，1948年铅印本。
⑤ 龚胜生：《清晚期两湖纤维作物的种植与分布》，《古今农业》1995年第2期。

中秋、晚秋五次养蚕技术，并逐步推广，改良蚕种。

此外，民国初年湖南植桑养蚕的风气也有所变化，甚至蚕茧的质量还有了一定的改进。如《醴陵县志》所载，民国初年长沙开办蚕业学校，"邑中女子多由肄业其中者，风气一变，缫成之丝光泽匀腻，与吴绫埒"[1]。

同时，在一大批实业家的共同努力下，1912—1933年成为湖南蚕桑业发展的重要阶段。1912年秋，湖南农务总会和实业公司在益阳浮邱山创办了蚕种冷库，开始为发展夏蚕、秋蚕做准备。1913年在湖南省实业司的支持下，湖南实业家集资10万两，在长沙建立了日本式100釜的蚕丝厂。1912—1916年，湖南、贵州等15省27所甲种蚕校和甲种农校均设立了蚕科。1925年日本研究出冷藏浸酸促使越年种，即可在年内孵化出夏种和秋种的方法。随着该项技术的传入，在中国合众蚕桑改良会的推动下，改良种开始被引入并运用于湖南蚕桑业。时至20世纪30年代，湖南除大批生产春蚕外，已开始推行夏蚕、秋蚕生产。[2] 此外，湖南新河不仅"创设蒸汽缫丝厂"，而且还"延聘日本技师，以图事业之宏大"[3]。

另一方面，湖南通过创办蚕桑学校，培育了一定数量的专业人才。1903年湖南承袭浙江经验，创办农业中学堂，设立蚕科，培养蚕业人才。1905年8月湖南巡抚庞鸿书向清廷奏请设立湖南农业学堂，并开办蚕科速成班，招生26人，学制两年。1906年2月，庞鸿书的奏请被清廷奏准立案，湖南农业学堂被定名为湖南甲种农业学堂，并拨款修建校舍，划长沙北门外古铁佛寺地为农场，加招蚕科速成班一班。1907年招蚕科四年毕业生一班，1910年由该校学生制成的蚕丝参加南洋赛会，并取得了优等金牌。1913年秋，长沙县彭海鲲与经济学家彭万硕父子募集资金，开办了开物乙种农业学校，先后设立了蚕桑、农林、农艺等学科，培育了一大批实业人才。1914年，湖南实业司又向日本信州水馆丝厂聘请1名教师，培植蚕桑人员。1916年长沙创设湖南省立栽桑局，1929年湖南建立省立农事试验场，推动了湖南蚕桑的规模化生产。

---

[1] 民国《醴陵县志》卷5《食货志·农业经济》，1948年铅印本。
[2] 浙江大学编著：《中国蚕业史》（上），上海人民出版社2010年版，第797页。
[3] 刘明德：《湖南蚕业之过去与未来》，《高农期刊》1935年第7期。

由此可见，至民国初期，由于欧洲历经了两次巴尔干战争，使意大利、法国等生丝产量逐步减少，从而为湖南政府增加蚕丝出口、促进经济发展创造了条件。1912年，湖南政府在长沙马场承继蚕桑公司的房屋，创办了湖南省立蚕业讲习所。同年4月，湖南地区的蚕桑学者60余人，筹划组建了湖南蚕丝业会。与此同时，湖南政府还在益阳创办了蚕桑试验场。据1913年《湖南农报》所载的伍岳归《为湘省蚕丝鸣》一文可知，1912年益阳产细丝1担，运销上海，被列为洋丝二等。由此可见，湖南所产的蚕丝质量可见一斑。1913年湖南政府又在长沙皇仓开办女子蚕业讲习所。不久，这两个讲习所合并为湖南甲等农业学校，设农林科、蚕桑科，实行三年制，每班学生40—50名。之后，该学校又迁至岳麓山，共开办了10班。①

蚕桑品种的增多是湖南蚕桑发展的重要表现。其中，按照蚕丝颜色不同，巴陵有黄绢、白绢之分，但是若根据生产而定，则又有"单、夹树种"之别②。"土绢"即采用本地蚕丝织成的丝织品，有黄、白两种颜色。如耒阳县，"蚕食土桑吐丝，缫而织之成绢，皂白色，俗呼土绢"③。又如《乾州厅志》所载，采用本地蚕丝织成的"土绢"，其"质多黄，亦间有白者"，而以本地蚕丝为经线，棉纱为纬线，交错而织成者则曰"土绸"。此外，湖南苗族妇女善于利用蚕丝，织成既有闻名遐迩的"苗锦"（其"花纹远望甚丽"，近观则"稍粗，然好者亦极坚韧耐久"），也有"苗巾"，其颜色为红色，宽5寸，长三四尺。④

基于丝织品种类繁多，较有发展前途，民国时期一些著名的实业家提出了诸多的植桑养蚕措施。其中，杨国熊鉴于湖南蚕业发展存在诸多的问题，提出了三步走方针。即只有先通过第一步"举行湖南大规模的植桑运动"，才能使第二步"举办蚕业指导所"，而第三步则为"举办制种厂、制丝工厂"。最后，他还强调，只有"如此按部就班地推行下去，有了桑叶，就不愁无人养蚕"，有了养蚕者就自然不愁不办蚕业指导所。

---

① 湖南省地方志编纂委员会编：《湖南省志》卷7《综合经济志》，湖南人民出版社1998年版，第617页。

② 嘉庆《巴陵县志》卷14《物产》，1804年刻本。

③ 光绪《耒阳县乡土志》下编《物产》，1906年木活字印本。

④ 光绪《乾州厅志》卷13《物产志》，1877年刻本。

之后再普及湖南全省，"那么不怕不举办制种厂，更不怕无人创设制丝工厂了"。

此外，鉴于湖南政府不够重视蚕桑和农民不知饲养法，杨国熊也提出了四个办法。其一，从宣传入手的推进办法。如举办蚕业刊物，作书面宣传，或组织宣传队分往农村作口头演讲，"俾政府有认识，人民起信仰"。其二，推广蚕业教育，培养大批人才。其三，"从速培植大批桑苗以作栽桑运动之准备"。其四，呼吁湖南蚕界人士组织扩大、推广蚕业团体，一面自行集股合资，"自图发展"，另一面则呈请"政府援助"，同时迅速组织湖南植桑委员会，以及各县组织分会，甚至各区立即组织支会，以便各地"实地督促人民无论空地余坪，路旁屋侧，均树之以桑"。如此一来，即使此举不能说是推广湖南蚕业之上策，但是"亦可以说是一个对症下药的毛方法和量体裁衣的一个小单方了"[①]。

同时，刘明德也提出了发展湖南蚕桑业的办法。第一，各县设立蚕桑业推进所。对于尚无蚕桑的区域，湖南县级政府应起引导作用，"先设蚕桑示范，俾农民知利益之所在，而行育蚕"，然后劝导其植桑。如高农推广部仅设一年有余，"对于农业推广，进行激烈，尤其蚕科广植桑苗千万株，搜育各国蚕种，意欲呈请政府，勒令各县，设立推广所，以谋普及，而利民生"。第二，在诸如湘西各县已发达的蚕桑地区进行养蚕法改良，推广桑园，并设立模范育蚕所进行宣传。第三，加强制丝新法的指导和推广。第四，呈请政府等解决经费来源。第五，刘明德还作了八条"湖南各县蚕业推广所组织章程"[②]。

在上述实业家的倡导下，抗战爆发后政府也做出了一定的努力。日军侵占江浙皖粤等"各省蚕丝盛区后"，国民政府意图加强后方经济建设，"对于后方各省力谋展拓新兴蚕区，以弥补此损失"，进而"换取外汇"，"增强抗建力量"。基于此，1940年湖南省政府与国立中山大学签订合约，在耒阳组建湖南蚕丝改良场，办理蚕丝改良事宜。次年3月，湖南省建设厅就与中山大学合办湖南省立蚕丝改良场（即今天的湖南蚕桑研究所），设总务课、栽桑课、制种场和缫丝厂，以及研究试验部等机

---

① 杨国熊：《推广湖南蚕业的我见》，《高农期刊》1933年第2期。
② 刘明德：《湖南蚕业之过去与未来》，《高农期刊》1935年第7期。

构，试图加强湖南蚕桑业的发展。他们不仅希望在原有蚕业的基础上进行改良，而且还"图增加产量对外贸易"，最终达到"经济建设之目的"。从蚕丝改良场对发展蚕桑来看，最初"仅先注重于质的改良"，以稳定蚕丝之基础。随着蚕桑质的改良，1942年后"当注重量的推广，以收质量兼顾之效"①。

在政府的推动下，湖南蚕业在分工、生产规模等方面都获得了一定程度的发展。湖南蚕丝业不仅分工明细，如清末长沙丝线出现了农户制线，丝线店加工染整的分工，而且丝线店铺的资本有所增加，甚至生产规模也有所扩大。如长沙丝线店铺从清末的9户增至1935年左右的25户，资本合计4.85万银圆，有近100名职工，加工6200余斤蚕丝，织成6.88万两丝线，产值4.17万银圆。时至1943年底，湖南蚕丝改良场向农户发放桑苗合计100余万株，蚕种950余张，并在衡山、攸县及滨湖地区各县进行巡回指导，颇有进展。②1945年9月，杨邦杰携随行人员申请在澧县设蚕丝改良场，耒阳设工作站，长沙设办事处。获批准后，杨邦杰等人立即展开工作，使湖南蚕丝改良场得以迅速恢复试验和生产。③由此可见，湖南蚕丝改良场等机构的创办对湖南蚕桑业的发展有较大的推动作用。

蚕茧产量的增加是蚕桑发展的直接表现，当然在数据统计方面出现了差异。其中，据1914年调查，湖南春蚕的产量高达3669100斤，价值560703元；夏蚕产量为1170800斤，产值216743元；秋蚕产量18000斤，产值459元④，春、夏、秋三种蚕产量合计4857900斤，总产值777905元，这个蚕茧产量数据与民国时人的调查数据4.86万担相吻合。但是1918年一战结束当年，据日本农商省派技师明弘氏调查、估计，湖南年产鲜茧仅有1.6万担，而另外的国外论者吉鲁卑曼氏经调查并估算，认为湖南年产鲜茧有2.5万担。⑤1933年湖南全省产茧量97000担，其中沅

---

① 蚕桑系：《湖南蚕丝改良场三十年度工作概况报告》，《农声》1942年第223期。
② 黄勇：《薛岳传》，团结出版社2016年版，第294页。
③ 中国科学技术协会编：《中国科学技术专家传略·农学编·养殖卷1》，中国科学技术出版社1993年版，第57页。
④ 乐嗣炳编，胡山源校订：《中国蚕丝》，世界书局1935年版，第207页。
⑤ 范师任：《中国丝业对外贸易之史的观察》，《社会杂志》1931年第2期。

江、浏阳、醴陵三县所产鲜茧,"共达万担之谱"①。

随着产量的增加,湖南蚕茧市场也有所扩展。据1909年《图画日报》第49号第20页《聊语新录》可知,苏垣建有湖南绸业会馆。据1928—1930年《申报》第5张"商业新闻"连续报道可知,湖南蚕茧除了销售于湖南本地市场之外,也外销上海、江苏等省外,甚至欧美等地。其中,1928年9月9日《申报》指出,湖南绸子"昨日"运来31件,9月18日《申报》又载,"昨日"湖南绸、黄丝57件抵达上海。1929年以后,湖南蚕茧更是远销欧美。如1929年2月24日《申报》所载,湖南绸有24箱运往欧洲,同年3月15日《申报》还指出,"本日"有70件湖南绸运至美国。据1934年调查,湖南年销丝织品100万元②,其中当年在福建市场上因夏季天气炎热,"营业惨淡",但是自秋以来,湖南丝织品等"已被购买一空,营业极盛"③。

此外,植桑养蚕产区的扩展也是湖南蚕桑发展的表现。随着湖南近代蚕桑的兴起与发展,时至清末民初,洞庭湖一带诸县已发展成为重要的蚕桑产区,特别是洞庭湖西北与长江之间(北纬29—30度),更是成为湖南蚕桑的主产区。据20世纪初美国、日本专家调查,"中国的蚕桑产区正在扩大"④,其产区除了江浙等地之外,还有鄂、闽、赣、滇、湘等省。其中,湖南蚕桑主要分布在四个地区,即洞庭湖平原蚕桑区,包括澧县、津市等15县;湘东丘陵蚕桑区,包括平江、宁乡、浏阳等11县;湘西沅水、澧水上游蚕桑区,包括怀化、辰溪、溆浦等8个县;湘江、资水上中游蚕桑区,包括衡南、衡东、邵阳、邵东、永兴等县。在这些区域中,滨湖区的蚕户比例远远高于其他地区,是湖南养蚕的盛行之地。

随着植桑养蚕的发展,缫丝业也有了一定程度的变化。在湖南"产蚕各县,均有缫丝户",共计3148户,其中以辰溪最多,有1200户,桂

---

① 浙江大学编著:《中国蚕业史》(上),上海人民出版社2010年版,第793页。
② 外省人:《问湖南何以不提倡蚕业》,《高农期刊》1934年第6期。
③ 《张祥麟电告:芝博出品大受欢迎》,《申报》1934年9月21日第11版。
④ Akila Nakano, *Development of Capitalism in China*, Tokyo: The Japan Council of Pacific Relations, 1931, p. 55.

阳仅次于辰溪，有1000户，而湘乡最少，仅有8户。①

### 三 近代湖南蚕桑"衰退"的原因

虽然中国是蚕桑的发源地，但是随着近代日本缫丝的发展，湖南乃至中国的丝绸逐步走向衰退。诚如国外论者所言："蚕业始于中国，将亦终于中国。"②湖南位于长江中游，不仅具有一湖四水的水运优势，而且其夹杂之地土壤十分肥沃，适宜于种植农作物，特别是稻米，因而湖南的米、茶等农作物十分盛行。但是相比之下，湖南的近代蚕桑则显得毫无生机。诚如1933年杨国熊所言，"我觉得湖南目前的蚕业状况，不能说已萌芽，更不能说是衰退，简直说是没有下种罢了"。虽然此说有夸大的成分，但是也突显了湖南近代蚕桑的确具有兴而不盛的特点，以至于即使是蚕桑已处于萌芽时期，也"只在于推进"，特别是在衰退中，则"不过是加以整顿"而已。③

此外，即使湖南近代蚕桑有了一定的发展，但是技术不精，"一般操业者，恒墨守古法"④。如清末长沙府属的宁乡县，本来就"无蚕丝业"，即使"乡间妇女或偶为之"，但在技术方面，"未得其法"。同时，即使宁乡蚕桑"成苋褥"，但"不能缫丝"。甚至在清末李毓森等禀请官府的努力下，在宁乡南门外开办了蚕桑局，"然桑树不茂，营业者亦时作时止，无可记"⑤。

不仅如此，传统的植桑养蚕方法也是湖南蚕桑衰落的重要原因。在相当长的时期内，湖南境内的大多县市都只是采用传统的山茧探取方法，对于究竟养蚕几何，则很难知晓，甚至所产茧丝长时间内仅充作省内之用，而不足的蚕茧再由各省转入。因此，湖南蚕业的发展并不显著。⑥加之湖南当地农民售卖方式主要有两种，一是直接出卖蚕茧；二是缫成土

---

① 朱羲农、朱保训编纂：《湖南实业志》第1册，湖南人民出版社2008年版，第559页。
② 外省人：《问湖南何以不提倡蚕业》，《高农期刊》1934年第6期。
③ 杨国熊：《推广湖南蚕业的我见》，《高农期刊》1933年第2期。
④ 刘明德：《湖南蚕业之过去与未来》，《高农期刊》1935年第7期。
⑤ 宁乡县志局：《宁乡县志·故事编·财用录·物产》，1940年铅印本。
⑥ 乐嗣炳编，胡山源校订：《中国蚕丝》，世界书局1935年版，第207页。

丝出卖①，缺乏精加工，以致湖南难以获得可观的经济利益。

湖南省蚕茧技术过于落后，以致栽桑养蚕者并不多。据1913年《湖南农报》报道，平江、浏阳、醴陵和沅江，"或以烘茧、干茧之术不知，被蛾化破坏者有之，受毒菌污损者有之"。当时各蚕区以"自烘、自制土丝为主，茧行不规范"②。此外，据全国实业调查，在湖南75县当中，"产蚕者仅"湘乡、益阳、澧县、临澧、常德、汉寿、石门、桂阳、辰溪、永绥（今花垣县）等县，栽桑面积共4309亩，养蚕户合计4476户。就蚕户而言，以辰溪、桂阳两县"最多"，均在1000户以上，而石门、湘乡最少，不及100户。③

政府重视力度不足和专业人员的缺乏也是湖南蚕桑衰退的重要原因。杨国熊认为湖南蚕桑业的衰退或不发展主要有三方面的原因。第一是政府不知养蚕的好处，"所以不加以注重"④；第二是人民不明了饲养蚕的方法；第三则是湖南缺乏蚕业人才。如湖南女子蚕业学校聘用的校长吴健全等人，"毫无经验学识"，以致"被学生宣言不认"⑤。又如湖南培桑局虽延聘日本技师，欲图发展蚕桑，但是"无奈经营者，不识本省蚕丝之状况，贸然从事"，不仅重价收购蚕茧，而且所雇的员工"俱无蚕学知识"，甚至"不谙国际之交易，坐守沪滨，徒耗资金，如斯逆行，尚有何利可图"，因而不到两年无以再经营。甚至1948年，虽然华容县政府训令各地植桑、造丝，但是未能直接给予经费、人力支持，以致"成效甚微"⑥。即使人造丝不断输入，但是"当日所植之湖桑，至今（1948年左右）尚多存在，如能重视倡导，当易为功也"⑦。由此可见，政府对蚕桑的重视力度还是不够。

除了缺乏专门蚕业人才和政府重视不够之外，时人刘明德认为湖南蚕桑兴而不盛还有六方面的因素。第一，蚕种不良。刘明德认为湖南的

---

① 张白衣：《中国蚕丝业论》，《时事月报》1936年第2期。
② 浙江大学编著：《中国蚕业史》（上），上海人民出版社2010年版，第798页。
③ 朱羲农、朱保训编纂：《湖南实业志》第1册，湖南人民出版社2008年版，第559页。
④ 刘明德：《湖南蚕业之过去与未来》，《高农期刊》1935年第7期。
⑤ 《湖南女蚕校长之怪相》，《民国日报》1920年9月20日。
⑥ 华容县县志编纂委员会编：《华容县志》，中国文史出版社1992年版，第230页。
⑦ 民国《醴陵县志》卷5《食货志·农业经济》，1948年铅印本。

蚕种"系乡间所自制，未经科学之检查，以致劣者生存，优者淘汰"。第二，器械不精。当时湖南蚕桑业的器械"乃万古相传之陈式为多"。第三，合作事业未振兴。当时蚕业各种合作社，"不啻沧海一粟，九牛之一毛也"。第四，缺乏金融救济机关。当时每年除了政府拨款经费之外，"余无金融救济机关，以致失败，决无恢复之可能"，以致民众"不敢轻于从事"蚕桑业。第五，奸商操纵输出贸易。即使有少许湖南丝绸输出外省，但是"多经奸商之手，致受制裁，从中渔利，贸易事业，大受挫折"。第六，很少有人研究生丝生产合理化，甚至可以说"更无人研究"，使所缫之丝"除作蔽衣配砚，外无他用"，与省外生丝相比，"不啻天渊矣"①。

此外，资金不足也是湖南蚕桑业衰退的重要原因之一。据清末时人调查，当时资金短缺严重影响了蚕业的发展，"湖南蚕业，风气初开，尚无收茧大庄可资设厂之用"②。即使民国时期，湖南专门设了培桑局，"专事于培育之工作"，以便用于推广蚕业之需，但是"惟以经费不裕，难期普发，其情状亦未收广大之效果"③。特别是1933年后，无论是湖南桑园面积，还是蚕茧产量均急剧下滑。

同时，即使诸多实业家做出了一定的努力，但是仍因战乱而使湖南蚕桑渐趋衰退。如宁乡县，虽然1908年李毓森等人开办了蚕桑局，"然桑树不茂，营业者亦时作时止"。1917年在李炳奎的努力下，缫丝诸法，"渐次研究"，但是"旋以折阅罢业"④。20世纪20年代后期，由于国内军阀混战，湖南蚕桑逐渐衰弱。之前湖南蚕业之所以发达，实际上在于各县设有蚕桑局。当时，湖南以高农蚕科的马厂为总局，"成绩斐然可观"，但1927年之后，相继进入内战和抗日战争，以致湖南政府"经济困绌，令各县取消蚕局，以维省库"，从而使湖南"蚕业大受打击"⑤。如永顺县，即使"四境皆有"⑥蚕茧，其中以"上榔为多，但无输出

---

① 刘明德：《湖南蚕业之过去与未来》，《高农期刊》1935年第7期。
② 《厂丝上丝之比较（湖南农业学堂报告）》，《申报》1907年5月26日第26版。
③ 刘明德：《湖南蚕业之过去与未来》，《高农期刊》1935年第7期。
④ 宁乡县志局：《宁乡县志·故事编·财用录·物产》，1940年铅印本。
⑤ 刘明德：《筹备湖南蚕事试验场之商榷》，《高农期刊》1934年第6期。
⑥ 蚕桑系：《湖南蚕丝改良场三十年度工作概况报告》，《农声》1942年第223期。

品"①。据1934年刘明德所言，当时湖南仅有高农一职、六职等校"尚维原状"，而且各县蚕局亦"轮廓犹存"，曾试图"设置蚕场，以资鼓励"②。总之，清末民初即使湖南省设立蚕丝局，然而"不数年即告中止"。同时，即使湖南蚕业教育曾开办了高级、初级蚕科，但是1937年全面抗战爆发后，"亦相继停办"③。

由此可见，1937年抗战全面爆发后，湖南省蚕桑生产遭到严重破坏。1939年日军侵入湖南之后，其桑树大多被砍伐。如洞庭湖的岳阳县广兴洲，1936年尚有494户，蚕户占90%，但是之后日军将其桑树砍光殆尽。④又如宁乡县，1940年左右"桑株皆老，倘有继者，非开辟另种不为功"。即使有欧阳社生呈请在宁乡县大成桥侧、彭树勋等在巷子口等地开办蚕桑，但是"均以时局所限，无甚成绩"⑤。据1942年前后调查，滨湖及衡阳、攸县，各县"尚有五六百担"，为了"不任令其自生自灭"⑥，湖南政府不得不作了一定的规划，但是成效甚微。又如华容县，1938年全县蚕茧总产量仅21吨⑦，但是抗战结束后，其蚕茧产量有所复苏。如时至1949年，华容产茧量增至60吨左右。⑧

湖南近代蚕桑业备受国外市场与省内生产的双重影响，而这些市场仍与战局密切相关。1930年前后，世界主要消费国均面临经济危机，各国产丝量迅速滑落。特别是中国，其下降幅度尤甚，而湖南的蚕丝，也不可避免地受到强烈冲击，造成外贸出口大幅度下降。实际上，随着国际上美国控制日本丝，垄断市场，倾销人造丝和尼龙织品，不仅无容华丝置喙，而且由于西方诸国均提高了进口税，设置贸易壁垒，使湖

---

① 《各国提高进口税绸缎业外销锐减》，《实业部月刊》1936年第5期。
② 刘明德：《筹备湖南蚕事试验场之商榷》，《高农期刊》1934年第6期。
③ 蚕桑系：《湖南蚕丝改良场三十年度工作概况报告》，《农声》1942年第223期。
④ 全国蚕业区划研究协作组编著：《中国蚕业区划》，四川科学技术出版社1988年版，第253页。
⑤ 宁乡县志局：《宁乡县志·故事编·财用录·物产》，1940年铅印本。
⑥ 嘉庆《巴陵县志》卷14《物产》，1804年刻本。
⑦ 华容县县志编纂委员会编：《华容县志》，中国文史出版社1992年版，第230页。
⑧ 肖建清、张建成：《湖南蚕桑产业的SWOT分析》，《蚕学通讯》2016年第2期。但是据龙彭年、张永青等统计，"1931年产茧0.34万吨为湖南历史上产茧最高水平"，参见龙彭年主编《湖南创汇农业指南》，中国农业科技出版社1992年版，第192页。

南乃至全国丝织品市场萎缩。如1936年左右美国对中国的绸缎进口税"已提高至60%以上,其他各国最低税率也已提高至30%,同时中欧各国均实施统制汇兑"①,以致湖南乃至中国蚕丝市场受到束缚。如湖南醴陵等地因"时局稍宁",随着人造丝的不断输入,以致"丝价骤落,乡村妇女乃咸舍而事纺绩矣"②。

1931年九一八事变至1937年全面抗战爆发前,虽然受战乱影响,蚕桑生产萧条,市场萎缩,中国茧绸、蚕丝的出货量及其出口值略有波动,但是总体上仍呈下降趋势。1931年,长江大水,长沙、常德、益阳等处被"大水淹没","水陆交通均为大水阻断"③。虽然抗战爆发后,政府与实业家为应付战时所需,支持蚕桑业的发展,特别是1942年以后,湖南开始着手自行改良蚕种,5年合计推广了3803张蚕种,但是就总体而言,抗战时期湖南蚕桑并"没有取得多大发展",甚至反而使其蚕茧产量"日趋下降"④。

最后,舆论误导和茧农、丝商对蚕桑业未来发展普遍存在悲观情绪也是其衰退的重要原因。如汉寿县,造谣者将桑苗"谓为洋种有毒,咸毁坏之",以致民国时期的"乡民业蚕桑者甚少"⑤。1944年后,由于国外市场销量陷入停顿,加之国内战争,茧价大跌,以致"农民已多锄桑毁种,殆无丝毫勇气恢复旧业",每担茧价仅相当于1.5担米价⑥,远远低于抗战前的蚕茧价格,以致茧农积极性被严重挫伤,继而使湖南桑蚕业发展几近停顿。此外,缫丝与丝织业衰败以后,丝商皆恐避之不及,旧时建厂而收租赁者,都将其改筑成市房,"昔日出资收茧圆利者,今俱疾首而视为畏途"⑦。据1941年湖南省蚕丝改良场调查,全省蚕丝主产县的澧县、华容、南县、常德、临澧、桃源、益阳、衡山、衡阳、辰溪10

---

① 《各国提高进口税绸缎业外销锐减》,《实业部月刊》1936年第5期。
② 民国《醴陵县志》卷5《食货志·农业经济》,1948年铅印本。
③ 《长江大水防灾》,《申报》1932年7月5日第13版。
④ 浙江大学编著:《中国蚕丝史》(上),上海人民出版社2010年版,第793页。
⑤ 民国《湖南各县调查笔记·物产类·汉寿》,1931年铅印本。
⑥ 湖南省地方志编纂委员会编:《湖南省志》卷7《综合经济志》,湖南人民出版社1998年版,第165页。
⑦ 《救济丝业衰落办法》,《国际贸易导报》1933年第12期,第166页。

县，合计产丝仅 1200 担，折合鲜茧 12000 担。[1] 同时，据湖南省统计局《湖南省国民经济统计资料》调查，至 1949 年全省产茧仅 1200 担。[2]

从湖南蚕桑近代化的历程可知，直至晚清时期，湖南培育蚕种方法仍较为单一，植桑、缫丝、织绢等技术落后，只能织造土绢。其历程可谓兴而不盛，未能得到长足的发展。虽然湖南近代蚕桑业因地处"各省蚕业中心"的地理优势和四季均适宜植桑养蚕的气候条件而得以兴起，并在政府"种桑之利不可挡"[3] 的倡导、实业家的支持下，在技术提升、生产规模扩大、市场拓展等方面均有了一定程度的变化，从运销上海等地拓展到了欧美市场。但是由于受战乱的影响、国际市场的变动、政府支持力度的不足等诸多错综复杂的因素，以致其呈现出发展较慢、进程较曲折等时代特征。即使 1927—1937 年中国近代经济处于黄金时期，蚕桑业却表现出反常的现象，特别是 1937 年抗战全面爆发后，湖南与全国近代蚕桑业一样，仍呈现出了衰退的景象，其兴衰历程也的确如时人所谓的"蚕业始于中国，将亦终于中国"[4]。

## 第二节　湖南近代针织业的发展及其特征

近代针织业的出现是纺织技术进步的重要表现。学界对近代江苏、上海、天津的针织业有所研究[5]，但是对整个中国和湖南近代针织业则尚无专题论述。其中，对于湖南针织业，学界仅在湖南经济的著作方面有所涉及，认为"湖南的针织业开始于民国初年"，然后随着省外针织品的

---

[1] 全国蚕业区划研究协作组编著：《中国蚕业区划》，四川科学技术出版社 1988 年版，第 253 页。

[2] 湖南省地方志编纂委员会编：《湖南省志》卷 9《工业矿产志·轻工业·纺织工业》，湖南人民出版社 1989 年版，第 646 页。

[3] 皮嘉福：《本省公牍·劝种桑麻棉花歌》，《湘报》1898 年第 111 期。

[4] 外省人：《问湖南何以不提倡蚕业》，《高农期刊》1934 年第 6 期，第 31 页。

[5] 钱大江：《从近代无锡针织业看资本主义经济中的工场手工业》，《苏州大学学报》（哲学社会科学版）1986 年第 1 期；鹿春艳：《二十世纪二三十年代江南织袜业考察——工业织袜与手工织袜之比较研究》，硕士学位论文，华东师范大学，2009 年；肖爱丽：《上海近代纺织技术的引进与创新——基于〈申报〉的综合研究》，博士学位论文，东华大学，2012 年；洪凭：《中国近代针织技术设备的发展》，《中国纺织大学学报》1994 年第 3 期；蒋雪玲：《从近代五和针织厂的企业经营看现代创业》，《开封教育学院学报》2019 年第 8 期。

输入，才出现了专业的手摇织袜机，"最初在长沙、湘潭、常德、衡阳、宝庆等地织造"，其中"长沙针织业开始于 1912 年"①，也有学者认为"长沙针织业始自民国六年"②，即湖南针织业始于 1917 年的长沙。但是据笔者所见资料，湖南针织业应始于清末浏阳的手工织袜作坊，即以 1909 年浏阳留日学生唐十七从日本购回两部罗纹紧口打袜机，"开始生产棉纱袜"③为湖南近代针织业的起点。当然，也有资料显示，"浏阳针织业始于民国元年"④。

由此可知，学界所谓湖南针织始于 1917 年长沙的观点应无法成立，即使浏阳在清末尚无针织出现，但最迟亦可与长沙同时出现于 1912 年。因此，本节拟从针织业的发展概况着眼，专门对 20 世纪初湖南近代针织业的兴起、20 年代湖南针织的"极盛时代"、30 年代和 40 年代湖南针织的畸形，以及整个湖南近代针织的发展特征进行专题论述，以凸显湖南近代针织业错综复杂的现代化进程及其特征。

## 一 20 世纪初湖南近代针织业的兴起

虽然人类早期就有使用骨针的活动，但作为一种产业，针织业始于 16 世纪。早期针织仅局限于手工针织，包括织袜、织衫、线毯、毛巾、花边等。由于在人类衣、食、住、行四大要素中，衣服居首位，而"袜子在衣类中尤占极重要的位置"⑤，因而针织业中以织袜、汗衫为主，"尤以袜业为大宗"⑥。在针织机械发明之前，针织仅是作为一种手艺。

作为一种新型手工业，针织业应始于 1589 年英国牧师威廉·李"始发明手织机"⑦，出现了第一台手工"针织纬编机"。该机器的发明使用不仅开启了针织从手工生产向半机械化的历程，而且还使单件的服装制作开始向机械化的批量生产发展。1598 年，威廉·李在改进机器的基础

---

① 王国宇主编，毛健副主编：《湖南手工业史》，湖南人民出版社 2016 年版，第 234—235 页。
② 李会刚：《湖南工业经济发展历史及展望》，湖南人民出版社 1988 年版，第 129 页。
③ 长沙市志编纂委员会编：《长沙市志》第 7 卷，湖南人民出版社 2001 年版，第 396 页。
④ 朱羲农、朱保训编纂：《湖南实业志》第 2 册，湖南人民出版社 2008 年版，第 854 页。
⑤ 《工业常识·我国之针织业》，《染织纺周刊》1937 年第 2 卷第 38 期。
⑥ 杨大金编：《现代中国实业志》上册，商务印书馆 1938 年版，第 214 页。
⑦ 向劲：《圆机针织概论》，《纺织年刊》1949 年第 8 期。

上，又研制出了更为精密、完善的袜机，从而为近代针织机的发展奠定了基础。1758年，英国人杰迪戴亚·斯特拉特获得了用机器进行罗纹针织的专利。1775年，英国人克雷恩又制成了"针织经编机"。

但是，近代针织业则是随着19世纪后半叶在手工纺织基础上发展的动力机器纺织兴起的。1817年英国人马歇·塔温真特采用针织机和带舌的钩针，使针织过程中里外均可编织，推动了袜业的发展。特别是随着19世纪资本主义商品经济的快速发展，在欧美等国不仅出现了使用水轮或以蒸汽引擎为驱动旋转的圆形针织机，而且还逐步形成了集体化的纺织工厂体系。1847年英国人发明石针织机，1863年英国根据编织原理通过对手工编织毛衣的实验，将"舌针"运用至"平式织袜机"，即横机。1864年英国威廉·卡顿成功发明了如今仍在使用的多功能"平形针织机"，从而改水轮、蒸汽驱动为用机械动力驱动，进一步推动了近代针织业的发展。

虽然中国的针织物起源可追溯至原始社会的渔网等编织，但是近代针织业则始于19世纪末上海的批量化生产。此外，虽然1850年左右，广州华侨开始带回了一部德国造的手摇袜机，但直至1896年杭州人吴季英才投资5万两，在上海成立了第一家针织厂——"云章衫袜厂"，后改名为"景纶针织厂"。该袜厂从美国、英国购置了手摇袜机、纬编机，主产袜子、汗衫，是中国早期针织业中规模最大的企业，年销售额不下20万金。从中国针织发展来看，由于光绪末年进口的针织品在中国"既属盛销，旧时之葛衫布袜，渐归淘汰"，因而国人"痛恨权利之外溢，欲思购机仿制，以塞漏卮而图利益"[1]，从而最先在广州、上海、香港、汕头、天津一带得以兴起。之后，针织业逐渐向长江流域的大城市及汉口、重庆等地渗透。但是，相对于19世纪欧美已使用电力针织机而言，中国则直至20世纪初才开始使用电力针织设备。

19世纪末，针织品开始输入上海、天津等商埠。[2] 继19世纪末上海针织厂成立后，20世纪初江、浙、粤等地也相继成立了针织厂或作坊。1900年，江苏川沙县张艺新、沈毓庆等人创设"经记毛巾工厂"。1902

---

[1] 杨大金编：《现代中国实业志》上册，商务印书馆1938年版，第214页。
[2] 荀文：《天津之针织工业（附表）》，《国货研究月刊》1932年第1卷第3期。

年，清政府设立农工商工艺局，试图"树全国艺事之模型，为各省劝工之倡导"①。在清政府发展实业的倡导下，1903年浙江温州针织厂、1906年广东三水等针织厂相继兴起。②1910年中国开始进口电力针织机，一定程度上进一步推动了中国近代机械化针织生产。1911年英国的"横机"输入中国，之后法国、日本、德国所产"横机"亦输入中国。但是，由于"电力针织机"的售价昂贵，加之受供电限制，因而仅有广东"进步电机针织厂"、上海"景星针织厂"使用。直至20世纪20年代中期，使用电力袜机的袜厂才开始逐步增加，其中尤以上海发展最快。据统计，20世纪30年代初上海已有26户电机袜厂，而内地则发展缓慢。③

作为内陆省份，虽然学者对湖南近代手工业的兴起存在一定的争议，但是湖南近代针织的兴起明显晚于江浙、上海一带。20世纪初中国近代针织业逐渐从沿海扩散至湘黔滇等地，其中湖南略早于云贵，始于1909年浏阳针织作坊，而云南则始于1912年广东商人在昆明开设的手工织袜作坊，贵州针织则始于1915年。④资料显示，湖南最早的针织业应始于清末1909年浏阳的棉纱袜生产，而长沙则直至1912年才在朝阳巷建立了"冯湘记针织作坊"。1909年，留日学生唐十七从日本购置两部罗纹紧口打袜机，开始在浏阳以家庭作坊的方式从事棉纱袜生产，运销江西一带。同时，有学者还认为，"邵阳袜厂开始于1910年前后"⑤，但是据所见资料，邵阳袜业应始于1919年或1920年，只不过最初邵阳袜厂户数不多，直至1924年、1925年，"渐次增多，营业畅达"⑥。

湖南近代针织业在20世纪初兴起于浏阳、长沙、湘潭等地。针织织袜业作为近代兴起的新型手工业，时人称为"洋袜"，由于产品销售"获

---

① 彭泽益编：《中国近代手工业史资料（1840—1949）》第二卷，中华书局1962年版，第511页。

② 彭泽益编：《中国近代手工业史资料（1840—1949）》第二卷，中华书局1962年版，第379页。

③ 洪凭：《中国近代针织技术设备的发展》，《中国纺织大学学报》1994年第3期。

④ 熊元彬：《云贵高原近代手工业研究（1851—1938）》，博士学位论文，华中师范大学，2015年，第138页。

⑤ 王国宇主编，毛健副主编：《湖南手工业史》，湖南人民出版社2016年版，第234—235页。

⑥ 朱羲农、朱保训编纂：《湖南实业志》第2册，湖南人民出版社2008年版，第854页。

利较高",从而"补救仿效者甚多,很快形成一个行业"①。在"洋袜"输入之前,醴陵县人"皆著布袜",之后人们身穿洋袜感觉"舒适美观,于是着洋袜者日众"②,从而推动了湖南织袜业的兴起。长沙、岳阳、湘乡的针织均始于民国初年,其中1912年长沙成立的"冯湘记针织作坊",有资本8000元,职工54名,袜机20台。③ 1913年9月,岳阳天岳山也建立了名为"李东陵"的针织作坊。

1915年湘潭开始出现手摇织袜机,开启了湘潭产袜为主的针织业。手摇织袜机无挑针和掀针设备,所织成品无尖、无跟底,以及无扎口边,"均系直筒袜"。最初,湘潭各处开设针织厂甚少,如福建寺的"庆丰针织厂"购置新式印花机,不仅生产男女大小各种花袜,而且还代办上海名牌的电机袜品。1921年湘潭第一户规模不大的"伍正兴袜"作坊开业,资金1000元,袜机6架,职工仅10名,年用纱线14件,产袜1800打,产值1.4万元,产品运销宝庆、益阳。④

## 二 20世纪20年代湖南针织的"极盛时代"

民国成立后,湖南针织业得到了一定程度的发展,特别是长沙更是处于"极盛时代"⑤。1919年益阳妇女李玉珍自筹38元资金,购置1台手摇袜机,购置4公斤洋纱,创办了家庭织袜作坊,生产"珍记袜"(1940年更名为"珍记福股份有限公司")。1920年益阳信义会五马坊福音堂牧师颜郁文购置8台手摇袜机,租赁城关学门口胡文忠公祠,开设了织袜作坊,成立了"达人工业社",由妻子潘汉华教导织袜技术,开启了益阳手工织袜。⑥ 1921年浏阳针织业"销路渐大,营业亦渐增加"⑦。1922年湖南针织业在长沙坡子街西关圣殿内成立了湖南织袜工会。1924

---

① 益阳市志编纂委员会编:《益阳市志》,中国文史出版社1990年版,第221页。
② 民国《醴陵县志》卷6《食货志·工商》,1948年铅印本。
③ 中国近代纺织史编委会编著:《中国近代纺织史》(下卷),中国纺织出版社1997年版,第127页。
④ 湘潭县轻工业局轻工志编写组编:《湘潭县二轻工业志》,湘潭县轻工业局轻工志编写组1991年版,第61页。
⑤ 朱羲农、朱保训编纂:《湖南实业志》第2册,湖南人民出版社2008年版,第853页。
⑥ 益阳市志编纂委员会编:《益阳市志》,中国文史出版社1990年版,第221页。
⑦ 长沙市志编纂委员会编:《长沙市志》第7卷,湖南人民出版社2001年版,第396页。

年至1925年，湖南针织业"颇形发达"，特别是长沙有着大大小小的针织厂、作坊200余户，不过"皆为手摇机织造"，仅有夏德昌1户采用电机生产。1926年之后，由于军阀混战，市场萧条，针织备受其害，针织厂、作坊户数减少，市场萧条，营业不振，"惟近因年岁及时局影响，多感困难，是又不独织袜一业为然也"①。

湘潭针织业仅次于长沙，并推动了宝庆等地针织业的发展。湘潭从民初针织的兴起，到1926年、1927年湘潭针织"营业极为发达"，营业者10多户，从而使宝庆、湘乡、衡州等地"均来湘潭购货"，年营业额为10万元②，在全省同行中仅次于长沙，有250架手摇织袜机。实际上，1928—1934年湘潭城区针织业也较为发达，先后成立了22架织袜作坊和针织厂。其中，规模较大者为1928年投产的"平民工厂"，拥有55架袜机，年产袜量1.2万打，产值9600元③，产品为"三民"牌男女袜、汗衫、背心、卫生衣等，但主要销售于本地。

相对长沙、浏阳而言，津市、耒阳的织袜兴起则较晚，两者均发轫于1921年。1925年后，津市小型的袜厂"相继而兴"。1926—1929年，津市袜业达到"最盛时代"，有30多户袜厂。同样，耒阳的袜业仍"不发达"，自1921年出现第一户袜厂之后，虽增至3户，但由于各地针织品"输入甚多"，以致耒阳本地袜业"无发展之可能"④。

20世纪20年代中期，随着湖南针织的发展，丝光色纱需求量也不断增加。1921年之前，常德乡民所穿的袜为布袜，之后随着针织袜的输入，因物美价廉，"人民风习因此改变"。此外，湘西各县，以及贵州境内的民众也改用纱袜。1924年后，常德"针织业极形发达，家数日增，销路亦广"⑤。1925—1929年，长沙有7户丝光染纱厂，后被日本人造丝排挤，仅存5户，年产丝光色纱1060件，总值32.81万元，代染毛纱500件，染水收入2万元，其中以1926年设立的"亚湘丝光染纱厂"的规模最大，

---

① 《湘省袜业历年起落之调查》，《实业杂志》1930年第152期。
② 朱羲农、朱保训编纂：《湖南实业志》第2册，湖南人民出版社2008年版，第854页。
③ 湘潭县轻工业局轻工志编写组编：《湘潭县二轻工业志》，湘潭县轻工业局轻工志编写组1991年版，第61页。
④ 朱羲农、朱保训编纂：《湖南实业志》第2册，湖南人民出版社2008年版，第855页。
⑤ 李会刚：《湖南工业经济发展历史及展望》，湖南人民出版社1988年版，第130页。

资本2万元，职工74名。此外，长沙还有民德、勤业、其昌等4户丝光染纱厂，资本合计212万元，职工65名，染缸76口，丝光车4架。①

虽然湘乡的针织业也始于民国初年，但是不发达，而且在1926年前数家针织厂"均已闭歇"。1927年后湘乡针织业才再次复兴，有4户开设，但是"均系小厂，规模不大"。此外，攸县的家庭手工针织通常兼产袜、毛巾，无专业分工。②同时，醴陵针织从家庭手工业开始，最初织袜者并无商店组织，直至1924年，醴陵从事针织者有10余户，"均颇获利"，但之后因战乱，销路不畅，"营业日趋衰落"③。

湖南织袜电动生产始于20世纪20年代益阳达人工业社股份有限公司。当时，该公司购置6台电动袜机。之后，长沙"夏德昌袜厂"也购置了4台电动袜机，而其他地区的设备"均用手摇机"④。益阳成为湖南针织中最先有机电袜机的地区，与其经济地理有着密切的关系。益阳市不仅附近各县产棉量大，而且水运便利，市场较广，技术与设备较集中，从而为针织及棉纺织的发展创造了条件。1919年，五四运动之后，益阳兴起了手工针织袜子、毛巾、线代等手工业。1923年益阳创办了"珍记袜厂"，成为益阳袜业的开始。1924年益阳又成立了"达人工业社"，1928年又成立了"维新袜厂"。

此外，益阳还有"资阳工厂"，这些袜厂都具有资本主义性质。但是就设备而言，除了"达人工业社"有通用的手摇机之外，还拥有6家电机，而其他袜厂"均系手摇机"⑤。益阳达人工业社股份有限公司不仅规模为湖南省针织业最大者，而且产量也属最多。据统计，益阳达人工业社有职工554名，"为当时湖南针织业之首"⑥，但也有资料显示其职工300人，占全省针织业职工6%，资本10万元，占湖南全省针织资本的11%，年产袜9万打左右。其次为长沙"利兴隆袜厂"，年产4万打。当

---

① 湖南省地方志编纂委员会编：《湖南省志》卷9《工业矿产志·轻工业·纺织工业》，湖南人民出版社1989年版，第29页。
② 朱羲农、朱保训编纂：《湖南实业志》第2册，湖南人民出版社2008年版，第855页。
③ 朱羲农、朱保训编纂：《湖南实业志》第2册，湖南人民出版社2008年版，第854页。
④ 朱羲农、朱保训编纂：《湖南实业志》第2册，湖南人民出版社2008年版，第858页。
⑤ 朱羲农、朱保训编纂：《湖南实业志》第2册，湖南人民出版社2008年版，第855页。
⑥ 益阳市志编纂委员会编：《益阳市志》，中国文史出版社1990年版，第220页。

然，长沙年产3万—4万打的织袜厂有9户，而益阳仅1户。此外，年产2万—3万打的织袜厂，长沙有22户，年产1万—2万打者长沙有21户，湘潭、邵阳各2户，常德、益阳、湘阴各1户。就全省而言，湖南年产1万打以上的织袜厂或作坊合计62户，其中长沙53户，占全省总数的85%，而益阳3户年产量均在1万打以上。①

湖南针织工人的生活较苦。除节日外，没有休假，但每逢夏天淡季之时，工人要停工1—2月，没有工资。因此，1948年11月14日，长沙1000名针织工人在长沙市总工会会议，要求恢复1934年的底薪，即工资0.1元，折合熟米1.3升。最终，在长沙市政府出面调停下，得以部分解决。②织袜工人组织了"湖南制袜公会"，学徒6个月，需付学费6元，教育和卫生方面的设施极少。③据统计，20世纪20年代长沙袜厂约200户，每厂有数名或数十名女工。④

### 三 20世纪三四十年代湖南针织的畸形繁荣

虽然抗战在一定程度上加速了湖南针织业的发展，但这仅是"造成战时手工纺织畸形繁荣现象"⑤。1929年之后，虽然邵阳袜厂"林立"，但是由于户数增多，"销路有限"，以致"同业跌价竞卖"，加之战乱影响，市面萧条，"各业不振，袜厂营业亦不如往昔"。特别是1930年之后，由于全国各地"均有袜厂开设"⑥，1931年国内各埠电机袜产品运销湖南，从而使湖南手工织袜市场"竞争势弱，营业受阻"⑦。又如《醴陵县志》所载：虽然民国初年醴陵就开始了织袜，"惟至三十年以后，乡间营此业者渐多，而各县亦多自行制造，销路既狭，营业遂衰"⑧。在1931

---

① 湖南省地方志编纂委员会编：《湖南省志》卷9《工业矿产志·轻工业·纺织工业》，湖南人民出版社1989年版，第182页。
② 王亚元主编：《长沙市工会志》，海南出版社2002年版，第175页。
③ The Chinses Economic Bulletin, No. 154, Feb. 2, 1924, pp. 5-7.
④ 湖南省地方志编纂委员会编：《湖南省志》卷9《工业矿产志·轻工业·纺织工业》，湖南人民出版社1989年版，第181页。
⑤ 黄其慧：《湖南之花纱布》，湖南省银行经济研究室1944年版。
⑥ 朱羲农、朱保训编纂：《湖南实业志》第2册，湖南人民出版社2008年版，第854页。
⑦ 长沙市志编纂委员会编：《长沙市志》第7卷，湖南人民出版社2001年版，第396页。
⑧ 民国《醴陵县志》卷6《食货志·工商》，1948年铅印本。

年九一八事变之前，输入湖南的棉纱"大都来自日本"，但之后"抵制仇货之心理，深入民间，洋纱进口绝迹"①，日本的筒子绒"不能销行"②。据统计，1914年至1915年，湖南棉制品进口数达10余万两。③

20世纪30年代，在湖南75县市中，长沙、湘潭、湘乡、醴陵、浏阳、常德、平江、岳阳、新化等16县市出现了针织业。此时，湖南织袜工厂、作坊合计276户，其中275户从事织袜业，1户生产毛巾，职工5006名④，资金785500元，每年用纱79047件（40小包为一件，重350斤左右），生产男女大小袜193005打，年总产值743007元⑤。其中，长沙41户袜厂兼产汗衫、背心，甚至约有300部成衣机，而益阳也有173部成衣机，其中达人工业社独占150部。⑥ 据统计，时至1936年，益阳城区已有28户针织厂、作坊，从业人数2116名。⑦

20世纪30年代，湘潭针织发展较为明显。1934年，湘潭县有21户，湘乡县有4户，合计湘潭市有25户，其中湘潭成立的"上海袜店"资金3000元，袜机14架，职工17名，年用纱线20件，产袜1.08万打，年产值2万元，运销宝庆、益阳。湘潭最为重要的针织业属"振新织袜厂"，其资金1万元，袜机50架，帽机30架，生产线袜、毛袜、围巾，甚至雪帽，年用纱线达100余件，产品远销长沙、汉口、上海。此外，湘潭针织厂资金1000—3000元的还有"同利""民德""赵德顺""天成福""李仁和"等14户，它们大多集中在建宁街一带。⑧

甚至同期湖南还有永明（现江永）、临澧、大庸、临湘、石门、华

---

① 曾赛丰、曹有鹏编：《湖南民国经济史料选刊》第1册，湖南人民出版社2009年版，第125页。
② 荀文：《天津之针织工业（附表）》，《国货研究月刊》1932年第1卷第3期。
③ 曾赛丰、曹有鹏编：《湖南民国经济史料选刊》第1册，湖南人民出版社2009年版，第125页。
④ 湖南省地方志编纂委员会编：《湖南省志》卷9《工业矿产志·轻工业·纺织工业》，湖南人民出版社1989年版，第181页。
⑤ 朱羲农、朱保训编纂：《湖南实业志》第2册，湖南人民出版社2008年版，第856页。
⑥ 实业部国际贸易局编纂：《中国实业志·湖南省》，实业部国际贸易局1935年版，第72—95页。
⑦ 益阳市志编纂委员会编：《益阳市志》，中国文史出版社1990年版，第220页。
⑧ 湘潭县轻工业局轻工志编写组编：《湘潭县二轻工业志》，湘潭县轻工业局轻工志编写组1991年版，第61页。

容、安乡等县的平民工厂也有少许生产针织内衣。1937年抗战爆发后，湖南针织内衣扩展至衡阳、邵阳等地。据统计，1949年湖南全省针织内衣产量为24万件，但生产方法以手工操作为主。1933年之前，湖南除了袜厂和作坊之外，还有44个县市创办了45个平民工厂，其中29个设有专门的针织科，从事织袜业。① 据1935年《中国实业志》所载，汉寿织袜者乃商民的副业，在家或铺面备有织袜机织造，有100架以上的手摇袜机。② 1937年前后，益阳针织厂、作坊发展至17户，1500余台手摇袜机，从业者750名。③

抗日战争时期，湖南县市郊外及乡村不仅小规模的袜厂"尚多，无法稽考"，而且已逐渐加入公会。其中，长沙的针织工厂，"多数系自染自织，均已加入公会"，各种织机3700部，资金5000万元（每户30万—200万元），从业者5000人，每机每日产量达10件（袜或手套，每机可制20双，除去其他工作及休假外，按半数计其实效所得），日产3.7万双袜子或手套，每月9.2万打，年产袜子100万打，产值350兆元（平均每打袜、手套，约值350元）。这些数据尚未包括线衣、围巾、线帽等，因而实际每年总产值，约在5万万元。就这些针织厂、作坊工人构成而言，以女工最多，其工资视其技艺及工作效能而定，通常每人可织1.5打—2打袜。按照1943年5月针织公会定价，除了针织厂供给食宿之外，工人每打工资计7元—9元。④

就设备而言，除了零散各地在家所用的手摇袜机之外，湖南全省合计3527架手摇袜机。其中，长沙各袜厂合计1346架手摇袜机，益阳810架，衡阳642架，湘潭250架，邵阳132架，常德71架，岳阳与津市均64架，湘乡37架，平江32架，新化30架，浏阳24架，耒阳15架，湘阴10架。⑤ 特别是益阳的达人工业社，在采用织造高支纱的汤姆金圆机

---

① 湖南省地方志编纂委员会编：《湖南省志》卷9《工业矿产志·轻工业·纺织工业》，湖南人民出版社1989年版，第183页。
② 实业部国际贸易局编纂：《中国实业志·湖南省》，实业部国际贸易局1935年版，第75—76页。
③ 益阳市志编纂委员会编：《益阳市志》，中国文史出版社1990年版，第221页。
④ 何培桢：《记长沙手工业出品展览会》，《贵州企业季刊》1943年第1卷第4期。
⑤ 朱羲农、朱保训编纂：《湖南实业志》第2册，湖南人民出版社2008年版，第858页。

之后，以上海"金城"纱为原料，开始生产高支纱的汗衫、背心，所产80支—120支麻纱汗衫，其"颜色光艳、舒适耐用，质量胜过舶来"①，因而在中华国货展览会上荣获嘉奖。20世纪30年代，长沙的"夏德昌"和益阳的"达人工业社"两家织袜厂各增加了2台电动织袜机。但是，在1938年长沙保卫战中，"夏德昌"袜厂的6台电动袜机却被毁，继而改织毛巾，特别是1944年湖南大部分地区沦陷后，夏德昌袜业不得不停业。②

此外，湖南针织业总体上不敌东部之竞争力。随着上海、湖北各商埠电机袜厂的逐步发达，产品成本降低，以致"大量运销"湖南，加之长沙袜厂因手摇机不敌电机，以及色纱的原料"多数仰给"上海、湖北，"成本较大"，从而无法与之竞争市场，"营业均受打击"。1920年湘阴袜厂成立之前，湘阴所需的纱袜多购自于长沙、汉口。但是即使湘阴成立了袜厂，县城仅有3户，且"营业均不甚大"。同时，安化针织发展缓慢，20世纪30年代，不仅只有1924年成立的"何吉昌"和1930年成立的"天生祥"，而且"均系独资开设"，甚至由于地处偏僻，"销路不大，故不甚发达"。又如湘潭，其袜业出品销路"逐渐减少"，营业不振，即使袜厂、作坊户数有所增加，但"营业则均甚小"③。1941年周致记在湘潭开设的针织厂，虽然资金有1万元，但雇工仅7人，主产仅限于袜子。④

由于军阀混战，湖南针织业逐渐集中向重要城镇发展，然后随着日军的逐步入侵，针织业"渐次分散至乡僻之地"。之后，虽然湖南政局稍微稳定，袜业有所恢复，但受外来电机织品的排挤，湖南手摇针织袜业无法与之竞争，以致湖南各地虽有袜厂，但实际上多属小手工作坊生产，"甚至为家庭手工业"⑤。然而，随着国货棉制品输入"逐渐增加"，加之

---

① 《益阳民报》，1948年4月6日。

② 湖南省地方志编纂委员会编：《湖南省志》卷9《工业矿产志·轻工业·纺织工业》，湖南人民出版社1989年版，第183页。

③ 朱羲农、朱保训编纂：《湖南实业志》第2册，湖南人民出版社2008年版，第853—855页。

④ 湘潭县轻工业局轻工志编写组编：《湘潭县二轻工业志》，湘潭县轻工业局轻工志编写组1991年版，第61页。

⑤ 朱羲农、朱保训编纂：《湖南实业志》第2册，湖南人民出版社2008年版，第853页。

本省针织业"亦极为发达",所需毛巾、汗衫,"渐能自制",因而洋货输入量"大加减少",不过三四万两而已。① 因此,有时论认为,抗战以来,由于洋布、洋纱等来源受阻,中国手工纺织业重获抬头机会,呈现出一种畸形繁荣。

特别是1937年抗战全面爆发后,江浙工厂向中西部迁移,促进了湖南等地针织业的发展,甚至使长沙被誉为全国战时的第二大针织工业区。同时,常德诸多的针织户都为江浙迁来,其中"棉丝光袜年产量最高达24万打"②。据统计,1943年长沙有74户织袜厂、作坊,工人5000名。③当时,在前期经济发展的基础上,中国"国内工厂所产之纱,已足供给",加之国内倡导国货运动,以致"洋货竟至绝迹"。在湖南,针织所需的棉纱"皆为粗纱",其中以16支纱为最多,而洋纱则"多为细纱,现时湘省尚不需要"④。当时醴陵县从外地输入的商品,"价格猛涨,针织业始突飞猛进",尤其是醴陵南城一带的针织女工在两三百人以上。⑤ 醴陵针织品除销售本县之外,还运销茶陵、攸县、袁州一带。同时邵阳针织户从20世纪30年代末的六七十家增至1943年的80余家,针织工达500人—600人。在这段时间内,邵阳针织产量达400万打之多⑥,产品有帽子、袜子、围巾、毛巾、背心、汗衫、纱带等,运销湘西及云贵等地。

虽然抗战时期,东西部工厂的迁移推动了湖南针织业的发展,但同时也对湖南本地针织等经济造成了巨大的损失。据统计,1937年抗战爆发前,长沙有330家针织厂,工人5000余人。但在国民党官僚买办资本的排挤和帝国主义倾销的"两面夹击下,逐渐萎缩",湖南诸多针织厂坊

---

① 曾赛丰、曹有鹏编:《湖南民国经济史料选刊》第1册,湖南人民出版社2009年版,第125页。
② 常德市志编纂委员会编:《常德市志》,中国科学技术出版社1993年版,第156页。
③ 湖南省地方志编纂委员会编:《湖南省志》卷9《工业矿产志·轻工业·纺织工业》,湖南人民出版社1989年版,第183页。
④ 曾赛丰、曹有鹏编:《湖南民国经济史料选刊》第1册,湖南人民出版社2009年版,第125页。
⑤ 民国《醴陵县志》卷6《食货志·工商》,1948年铅印本。
⑥ 陈球:《邵阳针织业史话》,载中国人民政治协商会议湖南省邵阳市西区委员会文史资料研究委员会编《邵阳市西区文史》第二辑,内部发行1993年版,第105页。

纷纷歇业，甚至倒闭，1949年5月仅存52家。据统计。在1949年长沙解放前，由于遭受白匪的摧残，除了"湘伦""华中"两家针织厂部分开工之外，其余各家或拍卖存货，"暂维门面"，抑或"完全倒闭"①。因此，湖南解放前夕，不仅大部分针织工厂、作坊毁于炮火，而且即使残余者亦远迁他处。

此外，由于1938年上海、广州等港口城市相继沦陷，使湖南针织畸形发展。针织所需的货源断绝，以致民众所需物品"供不应求，或根本穷竭，市场紊乱已极"。即使湘人迫于生存环境，"一致奋起，广集残余物资，竭尽智力心血"，在市郊、村镇设立工厂，但设备极为简陋，"无动力、无机器，无一切科学设备"，避难逃出的技工也只能"凭借双手而已"。在艰难的情况下，凭借湘人的智力、心血，针织等各种手工艺产品，"竟能如雨后春笋，星罗棋布，产量丰富，品质优良"，不仅使人民的生计"得以解决"，而且"奇缺的物资，得有代替"，农村经济"因之而繁荣"，甚至有"生产剩余，运销省区内外"，被誉为新兴的民族工业。②

总体而言，战乱束缚了湖南针织的进步。特别是1944年日本进犯湖南后，全省主要城镇沦陷，织袜备受其害。如湘潭沦陷后，湘潭城区的针织厂、作坊逐步疏散至农村，工人大为减少，针织日趋衰落，甚至停止针织生产。即使抗战结束后，湘潭针织有所恢复，"但元气大伤，未能恢复原有规模"。至1949年，湘潭仅有19户针织作坊，且"多为家庭手工业生产"③。又如益阳市内，因抗日战争的影响，"一些纺织厂往返于城乡之间，损失巨大"，不少针织厂、作坊搬迁、倒闭。1945年抗战胜利后两年内，湖南织袜市场较旺，但之后随着上海等地产品大量输入，加之通货膨胀，针织从业者生计艰难，"稍有资本者又纷纷到乡村避祸，本小利微者相继歇业"。1948年底，益阳城区纺织厂、作坊仅有9户，从业者减至368名④，从而使得湖南织袜逐渐萧条，甚至衰败。

---

① 《长沙针织厂三十余家复工》，《新华社电讯稿》1949年第460期，第100页。
② 何培桢：《记长沙手工业出品展览会》，《贵州企业季刊》1943年第1卷第4期。
③ 湘潭县轻工业局轻工志编写组编：《湘潭县二轻工业志》，湘潭县轻工业局轻工志编写组1991年版，第415页。
④ 益阳市志编纂委员会编：《益阳市志》，中国文史出版社1990年版，第220页。

由此可见，时至1949年湖南针织发展仍较落后。如1949年益阳全市仅存"达人工业社"5户小型工厂"维持零星生产"①。同时，长沙市126户织袜为主的针织厂，有80户被迫歇业，占63.5%，从业职工仅有547名，较1943年减少了89%，即使继续维持生产的40多户，也有50%处于半停工状态。此外，虽然衡阳针织袜厂有75户，但职工已不及30年代的50%，湘潭、邵阳等地织袜厂，更是所剩无几。②据统计，1949年湘潭仅有19户针织厂、作坊，其中规模最大的属周致记针织厂，但是工人也仅有17名，资金1.8963万元③，针织主要为私人手工作坊生产，全省仅有8台电动袜机④。据1949年《新华社电讯稿》所载，在人民政府和贸易公司的扶助下，通过对各厂配给棉纱，以及纱价比市价约低10%，帮助各厂克服了原料困难，长沙市针织厂除了已有30余家针织厂陆续复工之外，还有10余家正积极筹备复业。⑤

### 四 湖南近代针织业的发展特点

手工操作和分工不明细是湖南针织发展缓慢的重要表现和发展特点。民国时期，湖南纺织大多为手工操作。即使是作为中国八大手工业城市之一的长沙，在抗战前轻重工业"均甚发达，手工机器，相辅并重"⑥，但是针织方面仍基本为手工。其中，棉纺织仅有湖南第一纺织厂采用机器生产，而针织业与棉纺织一样，全省大小二十六七户袜厂，所用织袜机，仅有长沙"夏德昌"购置了4架电机，以及益阳"达人工业社"购置6架电机，其余"均为手摇机"⑦。

湖南针织分工不明晰较为明显，直至1949年新中国成立前湖南针织仍以袜业为主，其他针织厂坊均兼产袜业。在长沙、湘潭等地，毛巾业

---

① 益阳市志编纂委员会编：《益阳市志》，中国文史出版社1990年版，第221页。
② 湖南省地方志编纂委员会编：《湖南省志》卷9《工业矿产志·轻工业·纺织工业》，湖南人民出版社1989年版，第183页。
③ 湘潭县轻工业局轻工志编写组编：《湘潭县二轻工业志》，湘潭县轻工业局轻工志编写组1991年版，第61页。
④ 《湖南年鉴》编辑部：《湖南年鉴·1985》，湖南人民出版社1985年版，第324页。
⑤ 《长沙针织厂三十余家复工》，《新华社电讯稿》1949年第460期。
⑥ 何培桢：《记长沙手工业出品展览会》，《贵州企业季刊》1943年第1卷第4期。
⑦ 朱羲农、朱保训编纂：《湖南实业志》第2册，湖南人民出版社2008年版，第858页。

多隶属袜厂兼营,仅有邵阳、常德有"专织毛巾"的机坊。其中,邵阳毛巾业始于民国初年,之后逐步发达。① 在自织纱袜之前,岳阳、平江所需纱袜均由汉口输入。其中,1914年,平江在汉口购置袜机,开始织造纱袜,由于出品比布袜低廉,因而"销路渐广"。时至1923年、1924年,平江纱袜业"颇形发达",织造者达十二三户,制造者资金多的有万余元,少者则五六千元。最初,平江袜子"销行通城修水各地",但是由于政局动荡,后"鲜能运销外县",加之汉口、长沙电机纱袜的输入,以致平江本地出品"不能与之竞争,营业甚为萧条"。此外,岳阳自造纱袜之后,本地的洋货铺又购置一两架袜机,并在铺面雇佣女工织造,"售与四乡",但"营业甚小"②。

无论是最初兴起针织业的浏阳,还是针织相对发达的长沙等地,湖南近代针织均以织袜为主。如益阳针织仍起源于制袜业。织袜是长沙新兴的手工业,民国时期发展较快,其中长沙民生工艺社是湖南最早的针织内衣生产厂,主产袜子,1921年开始生产少许汗衫。1925年,益阳达人工业社开始生产汗衫、背心。据1924年调查,长沙织袜"最近数月,进展很快",合计300家织袜厂,女工约3000名,男工约200名,每日工作11小时,间或延长工作时间。相对而言,长沙织袜厂分工较细,"一般都分为若干部门",按照织袜数量给予工资。就生产来看,男袜部每织1打,工资240文,或铜圆24枚,每人每日可织2打或3打,从事熨袜等工人,通常每日工资为600文。③ 即使在新中国成立前夕,湖南针织专业内衣生产厂通常仍由袜厂兼营,针织内衣产量甚少,主要为汗衫、背心,原料通常为20支或32支的棉纱。④

此外,湖南针织所需原料的依赖性也较为明显。就针织业而言,织袜原料主要为棉纱,从10支至30支,各织袜者均有采用,但是42支的丝光纱则仅有较大的袜厂使用。因此,采用哪种原料可以在一定程度上反映织袜厂的规模。如在商业发达的长沙、湘潭、衡阳等地,"多采用色

---

① 朱羲农、朱保训编纂:《湖南实业志》第2册,湖南人民出版社2008年版,第869页。
② 朱羲农、朱保训编纂:《湖南实业志》第2册,湖南人民出版社2008年版,第855页。
③ The Chinses Economic Bulletin, No. 154, Feb. 2, 1924, pp. 5–7.
④ 《益阳民报》1948年4月6日。

纱，尤以丝光纱为甚"。20世纪30年代，长沙有5户丝光色纱，"均以染售丝光色纱为专业"，年销量达1560件，这种色纱"均销于机坊与袜厂"，而其他各县资本不足，规模较小者，则多数购买棉纱自染，因而颜料也是这些小袜厂的原料之一。长沙袜厂，除用棉纱外，还有纱线、毛绳，而益阳袜厂则采用人造丝为原料。就原料来源而言，长沙各袜厂的棉纱、纱线、毛绳主要有两种途径，一为长沙各纱号采办，一为向上海、湖北购买。但是湖南无纱线，"皆来自外省"，毛绳有单、双、三、四、六股之分，仍皆为外省购入。①

同时，手工业中的原料依附和产品销售与原料供应的包买主形式无处不在。如针织袜厂中，织袜既有设立工场招工制造者，也有自备工场，并将袜机放给乡间妇女发放纱布令其在家织造者。备机较多的袜厂采取招工和发放纱布原料的两种方式进行生产，如益阳、长沙的大厂有手摇机100架以上，而较小的袜厂，备机不过10余架，"类多在铺面招工织造"②。湖南各地所用的16支以下的棉纱，均来自湖南第一纺织厂，而16支以上者则大多来自上海，尤其是"金城""人钟"两种上海商标，在湖南针织原料中占重要地位。20世纪30年代，湖南全省针织袜年消耗棉纱量达8000件，其中长沙为最，约3800件，占47.7%，衡阳次之，消耗1260件，占15.8%，益阳以达人公社最多，年需棉纱1000件，而湘潭、邵阳织袜厂家消费量较小。解放战争时期，针织原料需求较少，如1949年，湖南全省棉纱年需量比30年代减少了62.5%。③

湖南各地针织所需的原料来源不同。其中，湘潭购买的10支、16支纱为湖南自产，16支、20支上海金城纱、丝光纱也都来自金城，但"所用极少"，湘潭所需的棉纱购于当地"油盐花纱号"，而丝光纱则购自长沙。常德袜厂所需纱线，"均在当地购入"。衡阳、益阳所需纱则购自上海、武汉，特别是益阳还在这些地方设有专庄采办，以致安化所需的棉纱除了购自长沙外，还从益阳购入。邵阳所需棉纱则大多为湖南第一纺

---

① 朱羲农、朱保训编纂：《湖南实业志》第2册，湖南人民出版社2008年版，第854页。
② 经济研究室：《祁阳文明市土布调查》，《湖南省银行经济月刊》1943年第4期。
③ 湖南省地方志编纂委员会编：《湖南省志》卷9《工业矿产志·轻工业·纺织工业》，湖南人民出版社1989年版，第183—184页。

织厂自产，由各纱庄贩卖给袜厂。湘阴袜厂所用纱主要为16支、20支，来自本省纱，以及上海的"人钟纱"，不过都经长沙转运而至。浏阳所用棉纱从长沙购入，醴陵由本城商店购入。新化除了本城之外，还从长沙购入。岳阳购自汉口，平江购自长沙。津市袜厂原料来自上海金城纱和长沙所产的本省纱。湘乡购自汉口、长沙。耒阳购自衡阳、新市及本城。

总体而言，湖南各地袜厂所用棉纱，16支以下者均为湖南本省自产，16支及其以上者则主要来自于上海，尤其以上海的"金城""人钟"为最多。汉口、长沙为湖南各地棉纱的原料供应地，而偏僻的县则经衡阳、益阳购入，然后再由各县专事贩卖的纱号、纱庄购入。据1951年调查，湖南全省棉纱需求量全年合计7904.7件，其中以长沙最多，衡阳次之，益阳、湘潭、邵阳又次之，其他则需求量不大。[①]

民国年间，湖南织袜原料种类较多。湖南织袜原料主要为棉纱，但也有部分采用纱线、毛线，甚至益阳达人工业社股份有限公司还以少量的人造丝和蚕丝作为原料。长沙、湘潭、衡阳等地针织厂所用棉纱主要为色纱，但也有丝光纱。在民德、勤业、其昌等5户丝光染纱厂中，所用棉纱均来自上海"永安""申新"纱厂，染料则来自英国、德国所产的各种色纱，大部分销售于长沙，但也运销湘潭、衡阳、岳阳、益阳、邵阳、平江、新化、宁乡等地，主要用于织袜，甚至也有少量用于织布。之后，受日货倾销影响，染料价格上涨，织袜、织布厂家纷纷购纱自染，从而影响了丝光色纱的产销。

湖南汗衫、背心、棉毛衫裤统称的针织内衣和毛巾产业的兴起晚于袜业。20世纪30年代初，长沙有5户丝光染纱厂，年销售量1560件，其中一部分运销袜厂或作坊。邵阳有40户毛巾厂坊，常德2户，资金合计10400元，职工199人，木机113架，棉纱年需量97300斤，毛巾产品2900打，价值95900元。就产量而言，由于邵阳厂坊户数明显多于常德，因而产量自然以邵阳为多。邵阳毛巾厂坊所需棉纱购于长沙、武昌，以及邵阳当地的纱庄，而常德则主要由常德纱店从湖北纱厂购入。每件棉纱40小包，每小包重80斤左右，每小包可产6打至8打毛巾。就出产而言，邵阳有"大毛巾""小毛巾"和"长毛巾""土罗巾"四种，其价格

---

① 朱羲农、朱保训编纂：《湖南实业志》第2册，湖南人民出版社2008年版，第858页。

分别为每打一元二三角、一元、一元六七角、六七角，而常德毛巾则每打价值1元。当然，常德毛巾厂坊除出产毛巾外，还出产线毯，年产量500打，按每打3元，年产线毯值4500元。①

湖南针织厂数、规模、资本不成比例也是湖南近代针织的重要特点。虽然湖南针织始于浏阳，但是当时仅有1家袜厂，而且由于民众"不惯服用，销路不畅"。1921年之后，浏阳针织的销路才逐渐扩大，"营业亦渐增加"。时至1926年、1927年，浏阳针织业"最为发达"。虽然1930年浏阳针织一时备受打击，但1931年针织户数再次增加。② 此外，从20世纪30年代湖南各县市专业针织厂来看，以衡阳为最多，有94户，长沙次之，有55户，湘潭、邵阳、澧县分别有21户、20户、19户，醴陵、常德分别有14户、10户，而浏阳则仅有9户。③ 衡阳针织业始于1916年或1917年，十年后呈现出"最为发达"的势头，"营业蒸蒸日上"。1929年，因军事影响，衡阳针织主要集中于城南的宣扬街、珠琳巷、南门正街、永安街等处，产品运销于湘南，以及广西北部各县。④ 同时，平江、岳阳各8户，湘乡4户，益阳、湘阴、新化、耒阳各3户，安化2户。

但是，从规模来看，衡阳明显不及长沙。1935年，长沙55户针织厂坊，资本总额为53.9万元，平均每户9800元资本，万元以上资本的针织厂有22户，其余各家均为3000元以上，占湖南全省织袜总资本的61.6%，职工总数2427名，平均每户44人，占全省织袜总人数的48.5%。然而，衡阳针织厂坊仅有5.98万元资本，每户平均为636元，位居湖南全省第三，职工884人，平均每户9.4人，位居第二。不仅如此，衡阳织袜规模不及益阳，虽益阳全县仅有3户织袜厂，但是资本均在万元以上，合计资本14.5万元，占全省织袜总资本的16.6%，仅次于长沙。益阳针织厂坊职工554人，占湖南全省针织职工的9%，仅次于长沙、衡阳。湘潭针织资本3.3万元，职工500人，位居第四。邵阳资本3.67万元，职工196人，位居第五。其他县市的职工人数较少，均不足

---

① 朱羲农、朱保训编纂：《湖南实业志》第2册，湖南人民出版社2008年版，第869页。
② 朱羲农、朱保训编纂：《湖南实业志》第2册，湖南人民出版社2008年版，第854页。
③ 湖南省地方志编纂委员会编：《湖南省志》卷9《工业矿产志·轻工业·纺织工业》，湖南人民出版社1989年版，第182页。
④ 朱羲农、朱保训编纂：《湖南实业志》第2册，湖南人民出版社2008年版，第854页。

100名。① 1922年，新化成立了第一户袜厂，即"美华"。1924年，新化又成立了"精益"袜厂。至1930年，新化出现了"绮华"袜厂。由此，新化纱厂的销路"逐渐推广"，三户的袜厂"营业均尚可"②。

因此，从湖南织袜分布特点来看，衡阳织袜厂数最多，但设备、资金均不及长沙。同时，虽然益阳有1户拥有10万元的大型织袜厂，资本雄厚，"实为全省针织业之冠"，但是益阳针织集中于几家，而长沙则分散于数十家。因此，虽然长沙家数既多，资本分散，但是就湖南针织总体而言，"长沙固不失其为针织业之主要地位"。由于男女大小不同，因而每件纱的产袜数量不定，但据调查，湖南全省平均每件纱可产244打。其中邵阳平均每件可产500余打袜，耒阳427打，浏阳391打，醴陵359打，岳阳、平江均为280余打，长沙、湘阴260余打，益阳、湘乡、安化220打至230打，湘潭、常德、澧县200打左右。衡阳、新化产量最少，其中衡阳仅188打，新化更是仅有180打。③

在针织品销售方面，专门从事毛巾业的商人被时人称为"特商"，而毛巾则被称为"特货"。至1923年、1924年，"以特商生意崛起，上海销场畅旺，营业称盛"，从而使邵阳毛巾业厂坊的户数增多。但抗战爆发后，"特货营业不振"，洪江、贵阳"销路疲滞，渐呈衰颓现象"。常德毛巾始于1920年，由于湘西各县销行颇多，因而常德毛巾除外销外，在当地营业"颇称不弱"④。

就湖南针织销路而言，主要运销本地或邻近地区而已。其中，长沙袜厂的出品除长沙本地和临近四乡之外，可运销外县。湘潭、平江的袜运销范围经历了两个阶段。其中，湘潭第一阶段运销宝庆、衡阳、湘乡，而抗战爆发后的第二阶段则主要销售于本地及四乡，而平江前期不仅销售于本地，而且还远销湖北通城和江西修水，抗战之后则"因地方不靖，只销本县"。衡阳袜不仅可运销湘南各县，而且还可运销广西北部。邵阳袜除了本地外，有运销洪江、溆浦者。益阳袜除本地外，更运销宁乡、

---

① 湖南省地方志编纂委员会编：《湖南省志》卷9《工业矿产志·轻工业·纺织工业》，湖南人民出版社1989年版，第182页。
② 朱羲农、朱保训编纂：《湖南实业志》第2册，湖南人民出版社2008年版，第855页。
③ 朱羲农、朱保训编纂：《湖南实业志》第2册，湖南人民出版社2008年版，第857页。
④ 朱羲农、朱保训编纂：《湖南实业志》第2册，湖南人民出版社2008年版，第869页。

安化、常德、汉寿、南县、津市、新化、安化、沅江西湖等地。其他各地所产之袜，销路"均以本县为限"①。邵阳毛巾的销路主要为临近各县和洪江、贵阳，由于无商人进行批发，因而"多在门市发售贩或零售"，而常德则运销湘西各县，除了在门市零售之外，还有"商人批发整卖"②。

综上所述，湖南近代针织应始于清末1909年浏阳，而非民国时期的长沙。从清末至1949年湖南针织发展的历程综合来看，20世纪20年代中期是湖南近代针织快速发展和繁荣时期。无论从针织厂、作坊数量和资金数额的增加，还是从规模扩大、技术提升而言，虽然针织仍属小手工业，甚至以家庭手工业为主，但是湖南丝袜技术也有些许的改进，已从上海学会了挑针、掀针、轧口边技术，使产品从无袜尖、袜跟、袜板、轧口边的直筒袜向罗口袜发展。但是20世纪30年代之后，因战乱影响，虽然湖南针织因外货来源受阻，"始获抬头机会"，成为中国纺织业的重心，甚至长沙还成了战时全国第二大针织工业区，但是这仅是一种畸形、短暂的发展。

---

① 朱羲农、朱保训编纂：《湖南实业志》第2册，湖南人民出版社2008年版，第859页。
② 朱羲农、朱保训编纂：《湖南实业志》第2册，湖南人民出版社2008年版，第869页。

# 第六章

# 湖南近代制伞与制革业的发展及其产销

制伞与制革业是轻纺工业的重要组成部分，与人类生活密切相关。其中，制伞业是作为遮风避雨、防晒之用的产业，除了最初的斗笠等伞具之外，还经历了纸伞到布伞、竹伞杆到钢骨伞杆等的发展历程。而制革业更是人类文明进步的表现，已从最初的"御寒"，以及古希腊罗马将其视为身份地位的象征发展到近现代社会中着装者身份地位的象征。湖南近代制伞和制革业均始于民国初年，前者以1914年振记布伞店的设立为标志，而后者则以1913年长沙皮革厂坊中铬糅法的使用为起点。在明油纸伞和皮革作坊传承和发展的同时，湖南既在制伞业中出现了与东洋伞和天堂伞争夺市场、享誉海内外的菲菲纸伞，也在皮革业中出现了机制与手工、股份制皮革公司和传统作坊并存等特征。

## 第一节 湖南近代制伞业的发展及其产销

纸伞与斗笠、蓑衣都是传统的雨具，是湖南乃至整个中华民族手工技艺的重要表现。其中，作为世界最早的雨伞，油纸伞已经成为中国的非物质文化遗产，2015年11月在"中国伞城"的崧厦镇正式成立了"伞文化陈列馆"。虽然学界在相关领域中对中国制伞业已有所涉及，但是对于近代中国制伞业及其制伞厂则研究不多，主要有陈娜从艺术学角度的研究，以及本人对上海制伞厂的研究①，而对近代湖南制伞业，则尚无专题论述。就湖南制伞发展历程而言，虽然始于唐朝，晚于江浙等地，但是"湖南的纸伞工业发达最早"②。其中，长沙制伞晚于益阳、常德、湘潭等地，近代湖南制伞业主要以"手艺世代相传"③ 的湘潭石鼓镇纸伞，色泽光亮的益阳"明油纸伞"和晚自民国时期出现的"精致玲巧"④ 的长沙"菲菲纸伞"最为著名⑤。有鉴于此，本节将从湖南制伞业的发展概况、产销及其特点四方面进行专题论述，阐述湖南近代制伞业复杂的发展历程及其产销、特征等。

**一　湖南制伞业发展概况**

中国是纸伞的发源地，手工制伞业历史悠久。据宋朝高承著的《事物纪原》所述，公元前 11 世纪中国采用丝帛制伞盖。油纸伞出现于东汉之时，与蔡伦发明的造纸密切相关，是用一种涂上原生态熟桐油的皮棉纸做伞面。最初的油纸伞大多用手工削制的竹条为伞架，直到魏晋南北朝先民才用桐油制成伞面，从而标志着油纸伞的诞生。

随着造纸技术的发展，唐朝先民开始专门用宣纸作伞面材料，同时书画家还在伞面进行绘画，甚至油纸伞还传播至日本、朝鲜、南洋一带。唐朝时期，由于纸业发达，制伞艺人改用皮纸作伞盖，用柿子油胶糊，再糊上苏子油，使其能耐水。北宋科学家沈括《梦溪笔谈》也指出，"以新赤油伞，日中履之"⑥。此外，据明朝科学家宋应星的《天工开物》所述，"凡糊雨伞与油扇，皆用小皮纸"⑦。元朝之后，随着棉布的发明使

---

① 陈娜：《西方洋伞对近代中国伞业的影响》，《上海工艺美术》2018 年第 2 期。熊元彬：《变革"半殖民地工业特质"与中华制伞厂的创设》，《学术研究》2022 年第 11 期。

② 益阳市政协文史资料研究委员会编印：《益阳市文史资料》第十一辑，内部发行 1989 年版，第 61 页。

③ 孙文辉：《蛮野寻根：湖南非物质文化遗产源流》，岳麓书社 2015 年版，第 181 页。

④ 朱羲农、朱保训编纂：《湖南实业志》第 2 册，湖南人民出版社 2008 年版，第 1096 页。

⑤ 1936 年湘潭纸伞在"巴拿马博览会"荣获嘉奖，而"菲菲纸伞"则在 1929 年"中华国货"和 1933 年"芝加哥万国"展览会分别荣获优秀奖、一等奖。

⑥ （北宋）沈括著，景菲编译：《梦溪笔谈》，三秦出版社 2018 年版，第 145 页。

⑦ （明）宋应星著，中共新余市委政策研究室译：《天工开物》，江西科学技术出版社 2018 年版，第 165 页。

用，先民开始用棉纸在油纸伞上涂漆桐油，出现了"油布伞"，与东汉时期形成的"油纸伞"一同成为先民的主要雨具。17世纪中叶，中国纸伞开始经传教士输入欧洲。

纸伞出现于气候多雨和盛产竹子的湖南、四川、江浙、云南等地，但是就中国纸伞生产区域和质量而言，主要以湖南的益阳、湘潭及长沙、江苏的高邓镇、浙江的杭州和温州、广东的广州和南海、湖北的夏口和绵阳、福建的福州为最多，亦"尤为著名"[1]。因此，在湖北、湖南民间流传着"沔阳木屐湖南伞，益阳女子过了杆（最好）"[2]、"洪湖的木屐，湖南的伞，苏杭的女子不用拣"[3]、"新化扇子安化伞，益阳妹子过得拣"和"湘潭木屐益阳伞，沅江女子过得拣"[4]、"长沙木屐湘潭伞"[5]等谚语，用来比喻湖南纸伞质量方面上乘过硬，如同天生丽质的苏杭女子，无须挑选。

湖南纸伞历史悠久，"始自唐朝，至清末，已很遍及"[6]。据笔者所见资料，长沙纸伞的出现明显晚于益阳、湘潭。由于咸丰年间（1851—1861）长沙手工艺人陶季桥承袭父亲纸伞手艺，开设"陶恒泰"和"陶恒茂"两家纸伞店，"这是长沙有史可查的最早的伞店"[7]，因而有学者认为"清代中期，长沙尚只有光油纸伞生产"[8]，甚至有学者还指出，长沙最早的伞店是1900年梁敬庭在长沙市北正街梁宏茂伞店学艺后，挂牌开设的"陶恒泰纸伞店"，生产老式明油、黑油纸伞，以及特制的"牧鸭用大伞"[9]。

虽然长沙制伞业起步晚于益阳、湘潭、常德等地，但是长沙制伞发

---

[1]《中国纸伞之制造及出口》，《工商半月刊》1929年第1卷第18期。
[2] 陈日红：《荆风楚韵——湖北民间手工艺研究》，文化艺术出版社2015年版，第287页。
[3] 刘金陵等主编：《中国商业谚语词典》，中国统计出版社1993年版，第389页。
[4] 中国民间文学集成全国编辑委员会、中国民间文学集成湖南卷编辑委员会编：《中国谚语集成·湖南卷》，中国ISBN中心1995年版，第533页。
[5] 芥子：《桃花江》，《申报》1935年6月14日第14版。
[6] 湖南省地方志编纂委员会编：《湖南省志》卷13《贸易志》，湖南出版社1990年版，第277页。
[7] 陈先枢：《湘城文史丛谈》，中国文联出版社2001年版，第61页。
[8] 中国人民政治协商会议长沙市委员会文史资料研究委员会主编：《长沙文史资料》第4辑，内部发行1987年版，第52页。
[9] 孙文辉：《蛮野寻根：湖南非物质文化遗产源流》，岳麓书社2015年版，第179页。

展较快，很快超越了常德、湘阴等传统制伞区域。清中叶的常德、湘阴、安化、岳阳、平江、郴州、芷江等亦成为湖南纸伞的有名产地，纸伞店铺，"各在二三十家以上"。但时至民国时期，随着长沙、湘潭等五县纸伞的快速发展，常德、湘阴等传统的纸伞织造区域，已"日趋退化，营业缩小及闭歇者相继，在昔为其纸伞推销之处"[①]，不到十年几乎全为长沙、湘潭、衡阳、浏阳、湘乡纸伞的行销区域。

因此，在湖南近代制伞业中逐步形成了以长沙和益阳、湘潭为中心的制伞区域，在国内外素有长沙"菲菲纸伞"，"浏阳的木屐，益阳的伞"[②]之称。其中，益阳纸伞产量最高，兴旺时年产量达120万把以上[③]，特别是"明油纸伞"，不仅是湖南地区民间工艺美术的代表，而且还是中国传统民间艺术特色的工艺品。传说益阳"明油纸伞"的纹样创意来源于鲁班的妹妹鲁云，它融合彩画、油画等多种技艺，将花鸟虫鱼等动物凸显于伞面，具有栩栩如生、清新雅致的效果，因而被誉为湖南民间伞艺的活化石。无论在审美的视觉美感方面，还是在手工技艺的精湛方面，以及文化的历史沉淀方面，均凝聚了中华民族的智慧。

明清之后，益阳纸伞艺术快速发展。明清时期，益阳"明油纸伞"就在江南小有名气。清至民国年间，益阳伞就运销日本，以及东南亚等地。据统计，清末民初益阳县城乡有40余户伞号，2000余名伞工。[④] 就特点而言，益阳"明油纸伞"融合了传统吉祥文化和湖湘地域文化的特征。伞面的图案以喜庆祥福为主题，而且不同喜庆场合有不同的寓意，如婚庆的"龙凤呈祥""天仙配"，生日的"百鸟朝凤""松鹤延年"等。从审美视觉而言，明油纸伞色泽光亮。从质量和实用方面来看，则轻巧耐用，最重者仅8两，最轻者为5两，轻巧的纸伞加之开合自如，展开如同一轮圆月，收拢则似一根彩色的蜡烛。从结构设置来看，可谓科学美观，伞型端正坚固，严谨致密，远观如同夏日初开的荷叶，近看则似一

---

① 朱羲农、朱保训编纂：《湖南实业志》第2册，湖南人民出版社2008年版，第1094页。
② 中国民间文学集成全国编辑委员会、中国民间文学集成湖南卷编辑委员会编：《中国谚语集成·湖南卷》，中国ISBN中心1995年版，第533页。
③ 益阳市政协文史资料研究委员会编印：《益阳市文史资料》第十一辑，内部发行1989年版，第61页。
④ 孙文辉：《蛮野寻根：湖南非物质文化遗产源流》，岳麓书社2015年版，第180页。

盏绚烂多彩的花灯，十分耐用，便于携带。特别是上乘的油纸伞，与菲菲纸伞一样更是名扬洞庭，誉满三湘，运销海内外。益阳纸伞既可作为遮阳避雨的伞具，又是古老风俗，祭祀的用品。特别在印度尼西亚，更是享有"国友"之称。①

除长沙、益阳之外，湘潭石鼓镇传统的工艺伞也极负盛名。湘潭制伞业的发展得益于明初"江西填湖广"的政策。随着大批江西人口迁徙湘潭，开始了制伞，当时石鼓镇10户中有9户都做油纸伞，手艺代代相传②，后来又发展至外埠开设纸伞店。时至清朝，石鼓镇油纸伞达到鼎盛时期，出现了小花伞、大棚伞、油布伞等种类。制伞范围极为广泛，益阳当地90%的乡民均从事伞业，年产纸伞120万把以上，纸伞成为当地谋生的重要方式。③

20世纪20年代，菲菲制伞商社的创设是长沙制伞快速发展的重要表现。1918年潘岱青从清华大学化工系休学后，在送弟弟去美国留学之时，看到弟弟带的纸伞，认为"带这样土里土气的伞出国，丢我们中国人的丑了"。但是，其弟潘白坚则坚持将其纸伞带到美国，并在美国备受青睐，"洋人看了，也非常喜欢，认为是个宝贝，说中国人能够把竹子和纸做出这种价廉物美而又携带方便的东西来，是个了不起的发明"④。基于此，1921年湘乡人潘岱青兄弟萌生了制伞的想法。1924年，潘岱青在长沙长康路正式制作菲菲纸伞，设计了一种花样新颖的"菲菲伞"，从而开创了湖南纸伞工艺欣赏与实用集于一体的局面，"产品一经问世，备受欢迎"，因而规模很快发展至七八十人，日产400余把。⑤

1925年，菲菲制伞厂扩大规模，发展为长沙菲菲制伞商社。同时，潘岱青还在长沙《大公报》中做广告宣传。菲菲纸伞式样颇为丰富，其中女式花伞有大、小号和特订的伞号，合计200余种。菲菲纸伞的三面花型中西结合，同时在美术教师李昌鄂的协助设计下，将飞禽走兽、山水

---

① 吕庆怀等：《益阳风采》，湖南美术出版社1989年版，第100页。
② 孙文辉：《蛮野寻根：湖南非物质文化遗产源流》，岳麓书社2015年版，第181页。
③ 张宗登：《湖南近现代民间竹器的设计文化研究》，博士学位论文，中南林业科技大学，2014年，第63页。
④ 孙文辉：《蛮野寻根：湖南非物质文化遗产源流》，岳麓书社2015年版，第179页。
⑤ 长沙市志编纂委员会编：《长沙市志》第7卷，湖南人民出版社2001年版，第349页。

等图画融为一体，印制"潇湘八景""黛玉葬花""天女散花""嫦娥奔月"等式样，从而吸引了诸多女性，成为长沙女性的时尚，继而价格也逐渐增长，每把菲菲纸伞售价5银圆。①

20世纪30年代，湖南制伞业发展较快。1931年以前，"改良伞"和"摩登伞"较为盛行，不过这些伞"均由湘潭输入"。1934年、1935年之后，醴陵县商家开始仿造"改良伞"和"摩登伞"，"与客货竞争"，但所用职工多为湘潭籍，合计七八十人。②据统计，当时长沙纸伞业已"不下百余家"，主要开设于老照壁、北正街、炮坪一带。③1937年抗战全面爆发后，由于政局动荡，机器生产受到限制，手工业呈现相对繁荣的局面，"各种新兴手工艺产品，竟能如雨后春笋，星罗棋布，产量丰足，品质优良，人民之生计，得以解决，奇缺之物资，得有代替，农村经济，并因之繁荣"④。但是，因原料来源受阻，湖南等地制伞业也受到了很大的影响。据统计，1937年前，醴陵伞店10余户，"战时因钢丝绝迹，全部歇业"⑤。

从湖南制伞业的发展历程可知，湖南制伞业可追溯至唐朝时期，历史悠久。其中，省会长沙的纸伞虽明显晚于益阳、湘潭，但是近代以降，长沙制伞业得以迅速发展，从而超过了益阳、湘潭。同时，清末湖南制伞业"已很遍及"，即使抗战时期醴陵等地的制伞业受到了严重打击，但是受机器生产条件限制，以致有的区域纸伞等手工业仍有所发展。1945抗战结束至1949年新中国成立初是益阳纸伞的鼎盛期，益阳县城及其附近农户，"几乎家家户户都会做伞"⑥。此外，1946年，苏钧儒在长沙创办了"湖南兄弟纸伞工厂"，从湘潭聘请三四名师傅，带40名艺徒进行生产。⑦基于此，民国时期湖南制伞业在艰难中发展，"纸伞业作为一个独立的手工业行业，一直延续到1956年公私合营之时"⑧。

---

① 孙文辉：《蛮野寻根：湖南非物质文化遗产源流》，岳麓书社2015年版，第179页。
② 民国《醴陵县志》卷6《食货志·工商》，1948年铅印本。
③ 孙文辉：《蛮野寻根：湖南非物质文化遗产源流》，岳麓书社2015年版，第178页。
④ 何培桢：《记长沙手工业出品展览会》，《贵州企业季刊》1943年第1卷第4期。
⑤ 民国《醴陵县志》卷6《食货志·工商》，1948年铅印本。
⑥ 益阳市志编纂委员会编：《益阳市志》，中国文史出版社1990年版，第242页。
⑦ 欧阳晓东、陈先枢编著：《湖南老商号》，湖南文艺出版社2010年版，第136页。
⑧ 谷兴荣等编著：《湖南科学技术史》，湖南科学技术出版社2009年版，第1105页。

## 二 湖南近代制伞的兴起及其生产

中国近代制伞始于民国年间，以其布伞和钢骨伞杆的制作为标志。自1842年五口通商后，每年欧美国家输入中国的洋伞等贸易额就达数千万金，"弥增无已，漏卮之大"①，其中每年洋伞进口在300万柄以上②。即使1842—1919年有部分有识之士集股设厂，但是国货制造者寥寥无几，若"非广为提倡不为功"。特别是城市中人"喜用纸制者寥寥然也"，其所持的布绸各款钢骨伞"皆来自外洋"③，从而使整个中国"不得不大批仰给外厂，形成半殖民地工业特质，危机更属严重"④。

其中，湖南近代制伞始于1914年布伞的制作。按照伞面材料不同，制伞可分为布伞和纸伞。从时间来看，长沙的布伞晚于纸伞，始于1914年的"振记布伞店"。该布伞店开设于长沙南阳街，从广州、香港购置钢骨，自己配置布面，生产"洋伞"。之后，长沙数家铜匠改行，相继开设了"黄宏顺"伞厂。1918年，曾德成等人集资1万银圆，在长沙黎家坡开设"厚道布伞厂"，伞工匠人100余人。⑤ 之后，长沙还出现了"杨福兴""杨顺兴"等布伞店。

除"振记布伞店"之外，"裕湘厚广伞庄"也是湖南近代制伞兴起的重要标志。1917年，黄菊阶等人在长沙下太平街开设了"裕湘厚广伞庄"。由于"裕湘厚广伞庄"临近大西门、小西门水陆码头，加之注重技艺改良以及材料选购，生意日益兴旺。如该伞庄所用的青布全部为名牌的"龙头"牌细布，或"万年青"的青白细布，然后再经染坊自染。在自染过程中，先染成蓝底子，然后染成青布，以防褪色，保证优质。在价格方面，较为合理，实行"真一言堂"。更为重要的是，该伞庄售后服务质量很好，对伞的修理仅收取工本费，如有质量问题则不收费。20世纪30年代是"裕湘厚广伞庄"的全盛时期，成为太平街的殷实小户

---

① 《中华制伞股份有限公司招股简章》，《申报》1919年8月13日第11版。
② 《中华制伞厂股份有限公司招股广告》，《申报》1922年2月19日第6版。
③ 《中华制伞股份有限公司招股简章》，《申报》1919年8月13日第11版。
④ 《纺织厂与漂染整理厂亟应密切联络》，《染织纺周刊》1936年第26期。
⑤ 长沙市志编纂委员会编：《长沙市志》第7卷，湖南人民出版社2001年版，第348页。

之一。①

制伞是家庭手工主要的副业，生产较为普遍。制伞"全凭手工即可对付，一切附件国人皆能自制"，加之"吾国制伞原料之丰富，人工之低廉，皆较任何国家为优"②。因此，制伞业是湖南旧式著名的手工业，不仅遍及湖南各县，而且较为普遍。如益阳，"有的一家男女老幼都能投入生产"③。作为日用必需品，伞业工人"随地设铺制造，以应社会之需求"④。虽然湖南制伞业原料大多为本省所产，但是在选材方面，纸伞工人较为重视。如备受青睐的益阳纸伞，"所用原材料及配件都是优质的，成本较高"，因而在售价方面略高于普通伞，若爱惜使用，一般可使用3—4年不坏，其坚韧耐用的程度是普通伞的3—4倍。⑤

民国时期，纸伞工分长工和短工。其中，长工由伞铺长年雇佣，按月计工资，长沙最高的工资每月为15元，普通10元左右。湘潭、衡阳、浏阳、湘乡各县制伞工最高的工资，每月13元，普通者9元。短工乃伞铺临时雇佣者，工资按日计，月底发放现金。长沙菲菲制伞商社，以及湖南西湖制伞总社的伞工工资以计件计算，按日记账，月底发放工资。从制伞厂坊的工作时间来看，伞工每日大概工作11小时，膳宿由伞铺供给。⑥就分工来看，伞骨所需的发绳为女工用人发制成。据1934年调查，每100把纸伞需用桐油3.6元，皮纸4.7元，毛竹和石竹约1.2元，发绳和棉纱0.45元，颜料0.65元，伞头和伞柄的木质约0.7元，牛角约6元。此外，所用的洋钉、面粉、皮圈等约2元。⑦

随着清朝制伞业的发展和分工的明细，益阳伞柄业逐步发展起来。益阳伞柄业开始的规模并不大，而且时至清末也仅有"陈德茂""梁复兴""刘福顺""刘福泰""谭顺生"5家，从业者10余人，主营伞柄，

---

① 谷兴荣等编著：《湖南科学技术史》，湖南科学技术出版社2009年版，第1105页。
② 杨大金编：《现代中国实业志》下册，商务印书馆1938年版，第1030页。
③ 益阳市政协文史资料研究委员会编印：《益阳市文史资料》第十一辑，内部发行1989年版，第61页。
④ 《中国纸伞之制造及出口》，《工商半月刊》1929年第1卷第18期。
⑤ 益阳市政协文史资料研究委员会编印：《益阳市文史资料》第十一辑，内部发行1989年版，第62页。
⑥ 朱羲农、朱保训编纂：《湖南实业志》第2册，湖南人民出版社2008年版，第1097页。
⑦ 朱羲农、朱保训编纂：《湖南实业志》第2册，湖南人民出版社2008年版，第1103页。

资金最多不过3000—5000银圆，最少者仅100—200银圆。最初生产油布伞柄，为黑色、烙花、弯手柄，全年产量约40万根，主销滨湖各县以及湘潭、浏阳等地厂商。1911年辛亥革命后，由于军阀混战，关卡林立，交通阻塞，"生意萧条"，即使伞柄业资金较多的大户也不得不转行，小户老板仅能做工或另谋生计，"求得糊口"[①]。

因此，为了加强制伞业的生产及其管理，清末长沙纸伞店制定了一系列行规。1905年长沙停工，导致伞业涨价，因而"伞店条规"规定，自此议定之后，"永不恃停工，挟制店主"，同时店主亦不得挟制客师，"违者禀请究治"。一方面，客师工价，本来"原有定章"，但经此次"酌加之后，嗣后客主遵守，不涨不跌"，若有私自增加工价，"败坏行规者，传众禀究"。另一方面，客师做工，按照货物给价。若宾客、主人关系不和，"故意拖搁，以致店主吃亏。此次定议之后，倘有客师拖搁工夫为日过久者，由店主传请经管值年，公同酌议，看货给钱，找清出店，客师不得别有异言"。但是，客师有婚丧事件，则不受此限制。[②]

制伞业与其他行会一样，制定了相应的行规，并获得了政府批准。为了行业的稳定，各伞铺不仅在生产材料方面有明确规定，而且还根据商品质量优劣进行具体议价，甚至将其列入行规之中，不准任意增加。如1934年益阳县长张翰仪"呈请取缔伞业，以小杉制造伞柄"之后，湖南省建设厅便训令各县县政府"切实禁止，并通饬各伞业遵照"[③]。又如1936年，益阳县伞业职业公会组织章册呈请"经予改正备案相应填列附单"，仍获湖南省政府批准。[④]

在营业方面，制伞业也做了诸多规定。如1938年国民政府颁布《商业同业公会法》，确认同业公会为法人，同年2月长沙市规定，"不加入

---

① 益阳市政协文史资料研究委员会编印：《益阳市文史资料》第十一辑，内部发行1989年版，第63页。

② 《伞店条规》（1905年2月18日立），湖南调查局编印：《湖南商事习惯报告书》。参见彭泽益编《中国近代手工业史资料（1840—1949）》第二卷，中华书局1962年版，第603页。

③ 余籍传：《公牍·湖南省建设厅训令·传字第七六二号》，《湖南省建设月刊》1934年第43期。

④ 吴鼎昌：《咨湖南省政府》，《实业公报》1936年第310期，第49页。

同业公会不准营业，限期更换会员证，无证者勒令停业"①。基于此，益阳纸伞业也规定，"每日派首士四人分街查察"，若有滥价滥规者，"一经查出，罚该店演戏一部，酒四桌"②。

近代以降，湖南制伞业得到了快速发展。其中，益阳城乡出现了40余户"伞号"，2000余名制伞工。③清咸丰年间（1851—1861），湖南创设有"陶恒茂"纸伞店，"做工精细，货真价实"，直至民国时期，"仍然经久不衰，经营兴旺"④。因"陶恒茂"伞店精琢而得名的"陶琢伞"，伞骨粗，伞柄大，"选料考究，做工精细"⑤。同治年间（1862—1874），湘潭"彭正大厂"和"平江同春伞厂"建厂、开业时期最早。⑥清光绪初年，醴陵县城创设"朱洪泰"伞店，由于质量和声誉较佳，"坚守耐用，生意畅旺"，县城伞店"多用朱洪泰招牌"。清末，"朱洪泰"伞店停业之后，新设的伞店仍打着其招牌，"皆袭用其名"⑦。1906年，开业的长沙"裕兴伞厂"有2500元资金，是当时资金最为雄厚的纸伞厂，且产量也最大，年产2.4万把。⑧

清末民初湖南制伞业十分兴旺，出现了高低档的纸伞。其中，经销高档老油加琢伞的有"李茂恒""陶恒茂""恒茂兴"等10户，分布于长沙北门口、老照壁两地。然而，低档伞则高达数十户，分布长沙南门口、学院街、鸡公坡、炮坪巷等地。⑨同时长沙纸伞店的大增还表现在"本帮"和"衡州帮"之分。其中"本帮"在老照壁、学院街、北门口、鸡公坡等地，如制伞大户"李恒茂"和以工艺过硬而成为长沙制伞业领头羊的北门"陶恒茂"分布于老照壁，而"衡州帮"则大多开设于炮厂

---

① 湖南省政府统计室编：《湘政五年统计》（上册），内部发行1941年版，第73页。
② 湖南省地方志编纂委员会编：《湖南省志》卷13《贸易志》，湖南出版社1990年版，第507页。
③ 孙文辉：《蛮野寻根：湖南非物质文化遗产源流》，岳麓书社2015年版，第178页。
④ 王国宇主编，毛健副主编：《湖南手工业史》，湖南人民出版社2016年版，第240页。
⑤ 长沙市志编纂委员会编：《长沙市志》第7卷，湖南人民出版社2001年版，第349页。
⑥ 孙文辉：《蛮野寻根：湖南非物质文化遗产源流》，岳麓书社2015年版，第178页。
⑦ 民国《醴陵县志》卷6《食货志·工商》，1948年铅印本。
⑧ 孙文辉：《蛮野寻根：湖南非物质文化遗产源流》，岳麓书社2015年版，第178页。
⑨ 长沙市志编纂委员会编：《长沙市志》第7卷，湖南人民出版社2001年版，第347页。

坪。同时益阳有30余户制伞作坊，伞工1500余人。① 据统计，1912年中华民国建立之前长沙建立的纸伞厂有4户，湘潭9户，衡阳20户，靖县2户②，之后长沙、湘潭一带纸伞业颇为兴盛。特别是时至1934年，菲菲、西湖、周洪泰、陶恒茂、罗福兴、黄德和、吴振兴、粟宜8户资本合计2.19万银圆，职工148名，年产19.2万把，长沙制伞业被这8户所垄断。③

益阳、湘潭伞业在近代也有了较快发展。据统计，1872—1938年，益阳有30多户纸伞以"平江木屐益阳伞"号称于世。④ 此外，长沙东乡人、10余岁就开始学习制伞的苏茂隆通过贩卖湘潭雨伞积累资金后，于光绪初年在湘潭创办了"苏恒泰"伞铺，雇佣湘潭伞工，自作自卖。由于"经营得法，做工精细，在同行业中名望越来越高"。1929年，苏茂隆派其弟苏启良在湘潭创建"苏恒泰伞号"，雇佣三四十人⑤，从而推动了湘潭伞业发展，湘潭的纸伞甚至曾在巴拿马博览会中获得奖状⑥。

民国时期，长沙、湘乡等地的制伞产量也有所增加。其中，长沙制伞年产量约192000把，占湖南省第一位，其次为湘乡，再次为衡阳、湘潭、浏阳，更次者为芷江、郴县、平江、常德、安化、耒阳、岳阳、桂阳。按照价格论，长沙纸伞第一，湘潭次之，再次者为衡阳、湘乡、浏阳。湖南年产纸伞636790把，而长沙、湘乡、衡阳、湘潭、浏阳五县占82.66%，纸伞总值205586元，五县则占83.74%。⑦ 据统计，民国时期长沙著名的伞铺有8户，以潘岱青开设的"菲菲制伞商社"的资金最为雄厚，实力最强。据1929年《工商半月刊》登载的调查资料可知，长沙菲菲纸伞产量为20000余把，湘潭"彭正大"为20000把。⑧

衡阳纸伞集中于局前街、潇湘街、北正街三地。清末，衡阳纸伞多至60余家，民国时期不仅"仅及半数"，而且"连年亏累，资本缩小"。

---

① 朱羲农、朱保训编纂：《湖南实业志》第2册，湖南人民出版社2008年版，第1103页。
② 孙文辉：《蛮野寻根：湖南非物质文化遗产源流》，岳麓书社2015年版，第178页。
③ 长沙市志编纂委员会编：《长沙市志》第7卷，湖南人民出版社2001年版，第347页。
④ 益阳市志编纂委员会编：《益阳市志》，中国文史出版社1990年版，第242页。
⑤ 欧阳晓东、陈先枢编著：《湖南老商号》，湖南文艺出版社2010年版，第136页。
⑥ 中国土产公司计划处编：《中国各地土产》第2辑，十月出版社1952年版，第88页。
⑦ 朱羲农、朱保训编纂：《湖南实业志》第2册，湖南人民出版社2008年版，第1103页。
⑧ 《中国纸伞之制造及出口》，《工商半月刊》1929年第1卷第18期。

据31家伞铺报告统计，衡阳纸伞资本仅3130元，工人106名，年产91500把纸伞，营业不过22800余元。[1] 20世纪30年代，长沙制伞业增至28户，从业人员230多人，年产20万—25万把，"为长沙制伞业全盛时期"[2]。据调查，1934年湖南纸伞分布如表6-1所示。

表6-1　　　　　　　　1934年湖南省纸伞业分布

| 县名 | 户数 | 资本（元） | 工人数 | 年产量（柄） | 总产值（元） |
| --- | --- | --- | --- | --- | --- |
| 长沙 | 8 | 21900 | 123 | 192000 | 91200 |
| 湘潭 | 28 | 17800 | 96 | 83300 | 26200 |
| 衡阳 | 31 | 3130 | 106 | 91500 | 22835 |
| 浏阳 | 20 | 3840 | 92 | 54600 | 10920 |
| 湘乡 | 14 | 14600 | 54 | 105000 | 21000 |
| 常德 | 6 | 2600 | 12 | 10000 | 4000 |
| 湘阴 | 3 | 2900 | 5 | 1500 | 600 |
| 醴陵 | 1 | 250 | 2 | 1200 | 480 |
| 安化 | 4 | 2240 | 13 | 5580 | 1640 |
| 岳阳 | 4 | 1040 | 7 | 3450 | 1275 |
| 平江 | 15 | 830 | 25 | 13200 | 3960 |
| 耒阳 | 3 | 640 | 7 | 4500 | 1250 |
| 郴县 | 7 | 1485 | 23 | 27710 | 6313 |
| 桂县 | 8 | 185 | 未详 | 2470 | 1109 |
| 芷江 | 10 | 1220 | 未详 | 31680 | 9504 |
| 靖县 | 7 | 2430 | 未详 | 9100 | 3300 |
| 合计 | 169 | 77090 | 565 | 636790 | 205586 |

资料来源：朱羲农、朱保训编纂：《湖南实业志》第2册，湖南人民出版社2008年版，第1097页。

从表6-1可知，1934年湖南纸伞有169户，工人565人。同时，湖南纸伞主要分布于衡阳、湘潭、浏阳、湘乡、平江一带，这五个县纸伞户数约占总数的64%，其中衡阳最多，主要分布于局前街、潇湘街和北

---

[1] 朱羲农、朱保训编纂：《湖南实业志》第2册，湖南人民出版社2008年版，第1096页。
[2] 长沙市志编纂委员会编：《长沙市志》第7卷，湖南人民出版社2001年版，第348页。

正街三地,而湘潭则以文庙街的"陈春昌"和九总正街的"苏恒泰",以及尹家花园的"左祥和"的纸伞最受欢迎。同时,湘乡制伞的年产量仅次于省会长沙,约占湖南全省的16.5%。从资本、年产量和总产值来看,虽然长沙仅有8户,但是资金相对雄厚,实力最强,占总资本的28.4%。同时,长沙制伞业的年产量和年产值均位居湖南制伞之榜首,分别占全省制伞总数的30.2%、44.4%。

1945年抗战胜利后,虽然小业主重新开始制伞业,但是由于市场萧条,无法恢复至30年代中期全盛的局面。1949年新中国成立前夕,长沙市内有20余户布伞店(作坊),伞工220多名,年产仅10万余把。[①] 同时,益阳第六区、七区的农民"绝大多数都会做伞"[②]。特别是新中国成立初,益阳明油纸伞达到鼎盛,最高年产量100余万把,可谓家家都有制伞匠,户户都会编伞线。

### 三 湖南近代制伞业的市场

近代以降,随着中外贸易的加强,中国制伞业从古代局限于东南亚一带拓展至欧美市场,并备受青睐,赢得一致赞誉。湖南制伞以长沙产品的销路为最广,内销岳阳、益阳、汉寿、常德、沅江、湘西各县,而外销则运至上海、南京、安庆、汉口、芜湖等地,甚至出口南洋一带。湖南油纸伞不仅畅销省内外,如益阳纸伞运至汉口"还没有起坡,伞商争相抢购"[③],而且还畅销香港,甚至国外的新加坡、日本、泰国、马来西亚等地。

民国时期,湖南制伞业的"产销更旺"。特别是湘潭、衡阳、长沙等五县,已成为湖南制伞的生产基地和交易中心,所产纸伞工艺精细,销场之广,销量之大,省内其他各地均不及。据长沙、岳州海关报告可知,1925年两地分别出口85151把、2300把,价值分别为18818关平两、503关平两。1926年长沙、岳州的出口量分别为157600把、7520把,价值分

---

① 长沙市志编纂委员会编:《长沙市志》第7卷,湖南人民出版社2001年版,第348页。
② 中国民间文学集成全国编辑委员会、中国民间文学集成湖南卷编辑委员会编:《中国谚语集成·湖南卷》,中国ISBN中心1995年版,第533页。
③ 益阳市政协文史资料研究委员会编印:《益阳市文史资料》第十一辑,内部发行1989年版,第61页。

别为 46258 关平两、2256 关平两。1927 年长沙的出口量为 79909 把，出口值为 3975 关平两。①

其中，菲菲纸伞备受消费者青睐，远销国内外。菲菲纸伞"欧美驰名，制作精巧，定价公允"②，不仅畅销湖南，而且远销上海、南京、安庆、汉口、芜湖等长江流域各商埠，甚至出口南洋。因此，1926 年长沙、湘潭、衡阳等县"竞制菲菲纸伞后，大受欢迎，湘省各县，无处不见菲菲伞之发售"。同时，上海、湖北、江西，以及长江沿岸各埠，"均来湘采办，纸伞销数之多，实为空前所未有"。当时，虽然常德、湘阴等 10 余县"起而仿造，惟其出品，终不敌长沙、衡阳、湘潭之精美，行销只在县境中"。军阀混战时期，由于"匪乱屡起"，湘南、湘西"连年荒歉，纸伞销路，重受打击"。浏阳、湘乡的纸伞行销江西，"今几交易断绝"，长沙、湘潭纸伞行销湖北、上海等地，"亦受商埠不景气之关系，已非昔比"③。

1928 年，菲菲纸伞老板潘岱青的弟弟潘白坚还在美国芝加哥开设专店出售其纸伞，"曾轰动全城，并出现货源断档脱销现象"④。菲菲纸伞开产之后，"很快供不应求"，因而潘岱青不仅在南阳街、司门口、中山路国货陈列馆等地设立了门面，而且还将家中 20 亩的田全部出售，将其作为纸伞的资本。⑤ 据 1935 年长沙海关调查报告所载，湖南纸伞经长沙海关输出的数量，以 1927 年 7.99 万把，1928 年 8.79 万把为最高纪录。但之后，因军阀混战，长沙纸伞"年年跌落"。1929 年，长沙纸伞出口减至 34930 把，1930 年为 34788 把，1931 年偶然增至 44854 把，但 1932 年则大跌，仅输出 1320 把。1933 年，长沙输出纸伞 3753 把，由岳州输出者仅 1990 把。⑥

除了菲菲纸伞，湖南其他各类制伞都有大量出口，只不过在出口量方面以纸伞为主。1927 年，衡阳纸伞除销售湘南外，每年"运赣者不

---

① 《中国纸伞之制造及出口》，《工商半月刊》1929 年第 1 卷第 18 期。
② 《中国国货公司·鞋帽部》，《申报》1933 年 3 月 12 日第 20 版。
③ 朱羲农、朱保训编纂：《湖南实业志》第 2 册，湖南人民出版社 2008 年版，第 1094—1095 页。
④ 湖南省地方志编纂委员会编：《湖南省志》卷 13《贸易志》，湖南出版社 1990 年版，第 277 页。
⑤ 孙文辉：《蛮野寻根：湖南非物质文化遗产源流》，岳麓书社 2015 年版，第 179 页。
⑥ 朱羲农、朱保训编纂：《湖南实业志》第 2 册，湖南人民出版社 2008 年版，第 1104 页。

少"。20世纪30年代初，由于国民党"围剿"红军，使纸伞"销路已绝"，即使以江西为主销地的浏阳纸伞，"亦已匪患之故，改销汉口"。但是浏阳纸伞在汉口市场并不能立足，"未得十分信仰，销售情形，殊欠畅旺"。芷江、靖县，由于地接云南、广西，因而有少数纸伞运销两省东部，其余各县，"只销县内"。纸伞交易除门售外，"概由各地杂货店向之批发"。每年3、4、8、9等月份，纸伞"交易最旺"，其销售于汉口、芜湖、南京、上海者，"均由长沙纸伞贩商，收买转运，向各埠兜售"。装运之时，每把伞上皆用纸套，并标记牌号商标，然后装入木箱，每箱约20把。在交易过程中，无论是门售，还是批发，"均现货现款交易，趸批交易，于取货时，先付半数，余价约期付讫，三节结算"①。

此外，益阳、醴陵的制伞业市场也较广。其中，1921年益阳三里桥、泉交河、宁家铺三个产地不仅组成"宁三泉"的伞庄，而且还在汉口大仓库，将益阳运至汉口的伞，一律存放，"可以避免货到时受汉口伞商卡价"②。此外，醴陵的布伞户数仅次于长沙菲菲纸伞，只不过资本较少。据20世纪30年代湖南省经济研究室调查，1934年醴陵的布伞制造者有11户，"惟全业资本不大"，资本4410元，因而雇佣工仅有34名，年产布伞16600把，产值19920元③，产品行销省内外。1913—1933年，通过长沙、岳阳出口的湖南纸伞为122.04万把，价值2767关平两，具体出口情况如表6-2所示。

表6-2　　　　　1913—1933年湖南制伞业出口概况

| 年份 | 出口量（担，1担=10把） ||| 出口值（关平两，1关平两重583.3英厘，或37.7495克，后为37.913克的足色纹银） |||
|---|---|---|---|---|---|---|
| | 长沙 | 岳州 | 合计 | 长沙 | 岳州 | 合计 |
| 1913 | 73780 | — | 73780 | 9931 | — | 9931 |

---

① 朱羲农、朱保训编纂：《湖南实业志》第2册，湖南人民出版社2008年版，第1104页。
② 益阳市政协文史资料研究委员会编印：《益阳市文史资料》第十一辑，内部发行1989年版，第62页。
③ 朱羲农、朱保训编纂：《湖南实业志》第2册，湖南人民出版社2008年版，第1097页。

续表

| 年份 | 出口量（担，1 担 = 10 把） | | | 出口值（关平两，1 关平两重 583.3 英厘，或 37.7495 克，后为 37.913 克的足色纹银） | | |
|---|---|---|---|---|---|---|
| | 长沙 | 岳州 | 合计 | 长沙 | 岳州 | 合计 |
| 1914 | 81196 | — | 81196 | 12683 | — | 12683 |
| 1915 | 17127 | — | 17127 | 2675 | — | 2675 |
| 1916 | 21600 | — | 21600 | 2674 | — | 2674 |
| 1917 | 16654 | — | 16654 | 1522 | — | 1522 |
| 1918 | 7000 | 1500 | 8500 | 2303 | 330 | 2633 |
| 1919 | 4595 | — | 4595 | 1015 | — | 1015 |
| 1920 | 7200 | — | 7200 | 2369 | — | 2369 |
| 1921 | 29848 | 5390 | 35238 | 8656 | 560 | 9216 |
| 1922 | 145292 | 4500 | 149792 | 24837 | 730 | 25567 |
| 1923 | 132126 | 3300 | 135426 | 23782 | 57 | 23839 |
| 1924 | 103481 | 120 | 103601 | 15046 | 41 | 15087 |
| 1925 | 85151 | 2300 | 87451 | 18818 | 503 | 19321 |
| 1926 | 157607 | 7520 | 165127 | 46258 | 2256 | 48514 |
| 1927 | 79909 | — | 79909 | 21975 | — | 21975 |
| 1928 | 87894 | — | 87894 | 19425 | — | 19425 |
| 1929 | 34930 | — | 34930 | 7971 | — | 7971 |
| 1930 | 34788 | — | 34788 | 12572 | — | 12572 |
| 1931 | 44854 | — | 44854 | 23840 | — | 23840 |
| 1932 | 26290 | — | 26290 | 12745 | — | 12745 |
| 1933 | 3753 | 1990 | 5743 | 1241 | — | 1241 |

资料来源：刘世超编：《湖南之海关贸易》，湖南经济调查所1934年版，第143页。

从表6-2可知，1922—1928年是湖南制伞出口最繁盛时期，出口量与出口值均大于其他年份，平均出口量为128279.4担，年均出口值26465.6关平两，其中尤以1926年最为突出。同时，从出口数据来看，岳州出口量较小，出口值较少，而长沙则因制伞业资金雄厚，制伞户产量颇大，因而出口量、出口值均较为明显。

从俗语"晴带雨伞，饱带饥粮"可知，雨伞是人类重要的日常生活用品。湖南雨伞的销路不仅遍及中南、华东各省市，而且在国外畅销于日本长崎，甚至被日本大阪和迟公司收购、定购。但是20世纪30年代，湖南等地制伞业也备受国外"洋纱"竞争。其中，京广百货的资本家先后在长沙太平街、黄仓街、坡子街等地开设了"阜湘""震湘裕"等"广伞庄"。他们专门出售英国、德国、日本的"洋伞"和港穗的高档伞，"以压价抛售方式，挤垮本地20多家制伞店，从而垄断了布伞市场"[1]。1937年潘岱青携带"菲菲伞"参加广州召开的"四省国货交流会"，备受国内外青睐，继而使产品运销东南亚的新加坡、马来西亚，甚至荷兰、丹麦、法国、意大利和美国等21个欧美国家。[2]

同年，虽然湖南纸伞"外销中断"[3]，但在国内仍有市场。如醴陵，由于纸伞"营业渐衰"，仅有三四十人从事伞业，伞店13户，醴陵各乡镇约六七户，虽然制伞过程较为草率，但是由于采用分工生产，每人产量较之前"大有增加"，按照每人每月制伞100计，醴陵县城月产3000余柄纸伞，除销售本县之外，江西"间有来采购者"[4]。

1938年，因日寇侵犯，"宁三泉"伞庄才歇业。益阳纸伞"因销路不畅而趋于衰落。农村中制伞户大多纷纷停工转业"[5]。又如长沙"陶恒茂"纸伞店，因"文夕大火"，"该店损失全部资产70%左右"，同样"裕湘厚损失惨重"，即使恢复"并非难事，唯因当时没有外国伞骨进口，裕湘厚因此结束，而改营其他业务去了"[6]。

20世纪30年代，益阳等地纸伞的发展带动了伞柄的生产。随着全国各地伞商至益阳"采购纸伞者日益增多"和纸伞业的发展，"伞柄的销路也随之扩大"，除原来的销售渠道外，醴陵、萍乡、汉口的制伞厂家，以及私营企业"也常年来益阳订购伞柄"，从而使益阳伞柄业"恢复了生机"，从业者从之前的5户增至11户，伞柄年产量通常200万根左右。

---

[1] 长沙市志编纂委员会编：《长沙市志》第7卷，湖南人民出版社2001年版，第348页。
[2] 孙文辉：《蛮野寻根：湖南非物质文化遗产源流》，岳麓书社2015年版，第179页。
[3] 湖南省地方志编纂委员会编：《湖南省志》卷13《贸易志》，湖南出版社1990年版，第277页。
[4] 民国《醴陵县志》卷6《食货志·工商》，1948年铅印本。
[5] 益阳市政协文史资料研究委员会编印：《益阳市文史资料》第十一辑，内部发行1989年版，第62页。
[6] 欧阳晓东、陈先枢编著：《湖南老商号》，湖南文艺出版社2010年版，第129、131页。

1949年新中国成立前后，益阳纸伞业仅有几个小门面，在市面上弄点小零售。① 据1952年中国土产公司计划处编辑，益阳纸伞"现已达到年产"90万把，安化产量较新中国成立前增加了两倍。销路方面，湖南纸伞"也已逐渐扩大"②。1950年，湖南纸伞曾发生偷工减料现象，以致品质低劣，影响了湖南制伞业的信誉。

### 四 湖南近代制伞业的特点

制伞业是小规模的手工业，"属于前店后厂的手工作坊性质"，原料自购，产品自销，"实行专副结合的生产方式"③。油伞制作工艺复杂、精细，程序非常烦琐，除搬进搬出之外，民间有72.5道工序之称，其中有七八道工序全部由纸伞师傅手工完成，如制作伞头、伞体、伞柄，以及绘花、上油。按照伞面红、绿、黑、蓝等不同的颜色，纸伞可分为"明油伞""黑油伞""花伞""改良伞"等。就操作而言，这些程序均独立制作，前后分工，合作无间，相互依存。油伞做工精细，恪守传统工艺，以越冬的老竹中筒、上等云皮纸制作，用丝绵盖顶层，中骨则用头发绳穿结，伞边则用土纱夹头发绳，用粗丝线，伞坯制成后，一律集中至三伏天用生桐油连续上油三次。④

制伞业以湖南、湖北、江浙等南方地区为中心，除了程序相同之外，在尺寸设计等方面均有着地方特色。虽然纸伞制造手艺的出品优劣人人不同，"家家自异"，但是制造程序及制造方法，湖南、湖北、江苏、浙江、福建等产地则"大概相同"。制伞程序大致分为制伞骨、制伞头、穿发绳、糊纸张、涂油或色油、绘画、装伞柱和伞柄七个步骤。在这七个方面，伞工"各专一技，各熟一门，不相混乱"⑤。但是纸伞的长度、式样，湖南与江浙"略有异同"，其中长沙菲菲纸伞普通长22—23寸，伞面印绘山水或仕女，衡阳的菲菲伞则比长沙的短，普通长21寸，桂阳、

---

① 益阳市政协文史资料研究委员会编印：《益阳市文史资料》第十一辑，内部发行1989年版，第62—63页。
② 中国土产公司计划处编：《中国各地土产》第2辑，十月出版社1952年版，第89页。
③ 谷兴荣等编著：《湖南科学技术史》，湖南科学技术出版社2009年版，第1103页。
④ 孙文辉：《蛮野寻根：湖南非物质文化遗产源流》，岳麓书社2015年版，第178页。
⑤ 《中国纸伞之制造及出口》，《工商半月刊》1929年第1卷第18期。

郴州的菲菲伞"完全仿造衡阳，但为数极少"。平常所造的纸伞"均为老花伞"，长度24寸，伞骨、伞柱"笨重异常，伞面系赭暗色，均不施彩绘"①。

不仅湖南制伞与全国各地略有不同，而且湖南省内各地的制伞业也存在一定的差异。如益阳纸伞不仅样式美观，而且轻便，而湘潭纸伞"质量虽好，用户略嫌笨重"②。此外，在装饰方面，长沙菲菲制伞"别具一格"，如伞柄不仅加油漆，而且系有红绿丝带，甚至还用特制的牛皮纸袋和彩色纸盒包装，用作馈赠。因此，"精美的绘画与装潢，使菲菲伞大放光彩"③。与益阳油纸伞一样，菲菲制伞不仅是一种轻巧耐用的日用品，而且"是一种美观雅致的工艺品"④。

从功能方面而言，制伞业分为雨伞和阳伞两大类。其中，益阳明油纸伞主要为雨伞。就制伞业所用主体材料而论，湖南制伞业可分为纸伞、布伞，其中纸伞的原料均来自本省，有纸、竹、桐油、发绳、颜料、木材等，如纸、竹来自浏阳、茶陵，而桐油则采自长沙、常德。菲菲伞分为雨伞和阳伞，款式多样，有200多个花色品种⑤，主要有大盆边、荷叶边、鱼齿边、平整边。菲菲纸伞的图案造型有绘花、贴花、印花、喷画四类，伞面装饰可谓千姿百态，既有青山绿水、芳草奇花、飞禽走兽，也有才子佳人。

伞最初被称为"华盖""伞盖"，湖南当地大多将纸伞称为"雨盖"，其生产遍及湖南各县。其中，以长沙、湘潭、湘乡、浏阳、衡阳五县产的各类纸伞的产品为佳，不仅制造精细，而且销售量大、市场广。据1934年调查，浏阳城内纸伞铺20户，正东街的"武义和"，北正街的"彭义顺"等，资本各800元，"出品较精，营业较盛"。此外，浏阳城内纸伞资本三四百元者仅有两三家，普通纸伞铺"均系数十元"的资本。因此，浏阳纸伞全业资本，仅3120元，工人92名，年产纸伞

---

① 朱羲农、朱保训编纂：《湖南实业志》第2册，湖南人民出版社2008年版，第1103页。
② 益阳市政协文史资料研究委员会编印：《益阳市文史资料》第十一辑，内部发行1989年版，第62页。
③ 长沙市志编纂委员会编：《长沙市志》第7卷，湖南人民出版社2001年版，第349页。
④ 谷兴荣等编著：《湖南科学技术史》，湖南科学技术出版社2009年版，第1104页。
⑤ 长沙市志编纂委员会编：《长沙市志》第7卷，湖南人民出版社2001年版，第349页。

54600把。①

制伞原料大多自给是湖南制伞业的重要特征。湖南制伞原料主要为自产，仅有部分从省外购入。据1934年朱羲农等调查，湖南制伞采用的纸为桑皮纸、桃花纸、京边纸三种，其中桑皮纸的价格每100刀20元，毛竹每100根70元左右，石竹和水竹每100根约1元。长沙、浏阳、湘阴、平江等县从安徽、浙江购买纸伞所需纸张，而芷江的纸则购自贵州。同时，纸伞所用颜料来自上海、湖北。湘乡县纸伞的纸料购自邵阳，郴县的纸购于兴宁，攸县的纸购于永兴，桂阳和靖县的纸购于宝庆，衡阳和岳阳所需纸为当地纸坊所产。长沙纸伞原料为皮纸、楠竹、棉纱、发绳、桐油、柿子油、颜料、牛角和木材。伞骨用毛竹，伞柱用石竹和水竹，伞柄和伞头的硬木和牛角为湖南名产，"皆就地采办"。湘西、湘东的桐油、青油不仅产量较多，而且青油油质清薄，纸伞效果"清白光亮，软韧耐用"②。

从用途而言，湘潭石鼓镇的纸伞因结实耐用曾一度为"军用伞"，每把售价1光洋。随着铁骨伞逐渐取代手工伞，石鼓镇的纸伞也陷入沉寂期。石鼓镇的纸伞制作侧重审美，淡化实用功能。在制作方面，一根青竹需浸泡、药水煮、刮青、劈伞骨、制伞杆、制伞轴辘、分边、糊伞、打口、画花、收伞等80余道工序。因此，每把伞的制作需要5个工作日。石鼓镇的纸伞三面为皮棉纸或蚕丝面，"完全防水、韧性极好，可用于遮风、挡雨"，伞骨为多年生长的楠竹，经削制和反复煮、晒而成，"结实耐用，六级大风不变形，可反复开合2000次以上"，伞柄为烟熏的罗汉竹鞭。③

湖南各地纸伞各具特色。从材料方面而言，选取上等青竹的，主要有长沙精美耐用的"改良伞"，湘潭的"琢伞"和益阳、湘乡的"行伞"，不过"都以物美价廉为特色"④。"陶琢伞"在生产过程中经过三伏天三次上桐油，因而"质量坚固，不怕狂风大雨和烈日暴晒"⑤。又如常

---

① 朱羲农、朱保训编纂：《湖南实业志》第2册，湖南人民出版社2008年版，第1096页。
② 朱羲农、朱保训编纂：《湖南实业志》第2册，湖南人民出版社2008年版，第1102页。
③ 孙文辉：《蛮野寻根：湖南非物质文化遗产源流》，岳麓书社2015年版，第181页。
④ 张仃主编：《中华民间艺术大观》，湖北少年儿童出版社1996年版，第271页。
⑤ 长沙市志编纂委员会编：《长沙市志》第7卷，湖南人民出版社2001年版，第349页。

德的纸伞所用皮纸"坚韧耐久",益阳的纸伞"产量最多",生产旺盛之时,年产量达到120万把。在湖南农村中,男女老幼很多都以制造伞骨、编伞边、穿线等工作为主要副业,如益阳第三、四区,"几乎人人都会制伞"①。伍荣华在回忆毛泽东学生时代与同窗萧子升进行社会调查之时,对湖南纸业进行了一定的论述,认为"纸伞布衫兼草履,访民问吏殷勤记"②。

虽然制伞业遍及湖南各地,但是由于资金有限,制伞业仅能进行小规模的生产。民国时期,长沙、湘乡、衡阳、浏阳等地的制伞业都得到了快速发展,但是在资金方面以长沙、湘乡较为充实。长沙著名的纸伞有8户,其中菲菲制伞商社资本7000元,职工67名,规模最大,所出纸伞"精致灵巧",年产60000把。长沙仓后街的"湖南西湖制伞总社"仅次于菲菲制伞,资本5000元,年产约50000把,"亦有少数输出国外"。同时,长沙还有樊西巷的"罗福兴",大古道巷的"黄德和",小西门的"周鸿泰",湘春街的"栗宜旸""陶恒茂""吴振兴"等,"均系独资开设,资本与工人较少,出货则远不及菲菲制伞商社"。民国湘乡纸伞集中于万贯亭,有14户,不仅资本比衡阳、浏阳"充实",而且"出货亦较衡浏(衡阳、浏阳)为多",但是品质方面,湘乡纸伞不及衡阳,因而"售价为贱"③。

由上可知,资本束缚是制伞业发展的重要特征之一。民国湖南其他各县多者10余户,少者仅两三户。从伞铺资本来看,"资本极少,组织极简"。据1934年朱羲农等调查,常德、湘阴、醴陵、安化、岳阳、平江、耒阳、郴县、桂县、芷江、靖县纸伞户合计68户,资本15820元,工人169名,年产纸伞110390把,价值33431元。1926年,湖南布伞,"醴陵独盛,现有十一家,出品行销湘省内外,惟全业资本不大",雇用工人仅30余名,制成的布伞,年约16600把,价值19920元。民国时期,湘潭纸伞集中于城区,计28户,其中以文庙西街的"陈春昌",九总正

---

① 中国土产公司计划处编:《中国各地土产》第2辑,十月出版社1952年版,第90页。
② 龚远生主编:《纪念毛主席诞辰120周年"萧三杯"全国诗词大赛作品集》,湘潭大学出版社2013年版,第188页。
③ 朱羲农、朱保训编纂:《湖南实业志》第2册,湖南人民出版社2008年版,第1095—1096页。

街的"苏恒泰",尹家花园的"左祥和"的纸伞,"最得用户欢迎,故出货独多,而资本较为充实"①。

综上所述,湖南近代制伞业始于民国初年布伞和钢骨伞柄的制造和使用。作为传统且较为普遍的手工业,湖南制伞业不仅源远流长,作为独立手工业一直延续至1956年手工业改造之时,而且还享誉海内外,运销汉口、上海、江浙等国内市场,甚至远销东南亚和欧美市场。当然,湖南制伞业的兴起明显晚于江浙等地,但是凭借本地丰富的纸张、竹子等原料,加之制伞无须大量资本,"国人皆能自制",湖南制伞业不仅发展较快,而且颇为著名。特别是长沙"菲菲制伞"更是多次在展览会中荣获嘉奖。此外,虽然常德、湘阴等地制伞业兴起较早,但是随着清末民初制伞业遍及湖南各地,在湖南逐步形成了长沙、湘潭、湘阴、衡阳、浏阳五县的制伞中心,而常德、安化等传统的制伞织造区域,则已"日趋退化",营业逐步被长沙、湘潭等制伞店铺取代。

## 第二节 民国时期湖南制革业的发展

虽然桑麻一直被视为衣被大利,但它们均是农业社会发展到相当阶段的产物,"均不若皮革工业之古远",因而研究轻纺工业发展史,"皮革工业必列为应予注意项目之一"②。制革业的发展不仅是人类文明的标志,而且制革业还是人类最古老的制造业。诚如1937年卢景肇所言,"人类愈文明,及工业愈发达,则皮革之需用愈广"③。此外,林继庸《皮革》专著也指出,"今世日趋文明,革品需用愈广"④。同时,湖南与全国一样,在工业化的推动下,不仅在制革技术和组织设备等方面均有了一定的发展,而且丰富的生皮原料均可出口。但是,总体上近代中国均因技术较差,不仅熟皮原料对外有着较强的依赖性,而且各地因皮革原料、战乱影响程度等有别而存在诸多的差异。有缘于此,本节从资本主义世

---

① 朱羲农、朱保训编纂:《湖南实业志》第2册,湖南人民出版社2008年版,第1095页。
② 刊洪:《中国古代皮革工业略考》,《中国工业》1943年第1卷第2期。
③ 卢景肇:《中国之皮革工业》,《勷勤大学季刊》1937年第1卷第3期。
④ 林继庸:《皮革》,商务印书馆1934年版,第1页。

界市场和工业化合力作用的全球视角着眼，结合湖南经济地理特征，以及抗战前后水灾、战乱、商家的恶性竞争等各种因素，对民国时期湖南制革业的发展表现、战时的畸形发展，以及发展中的不足等问题进行专题论述，阐述湖南近代皮革复杂、艰难的发展历程。

**一 抗战前湖南制革的发展**

中国近代制革始于19世纪末，比欧洲晚40年，而湖南近代制革则迟至20世纪初。制革分脱毛、去肉、清灰、鞣皮、整理五个步骤，其传统制革法主要有动物脂肪软化干皮、烟熏、芒硝、明矾等。就全球而言，新式制革始于1858年德国化学家克纳普发明的铬鞣法，而中国则始于1898年吴懋鼎在天津创办的"北洋硝皮厂"，该厂"是为我国制革工业之嚆矢"[①]。

湖南作为内陆省份，新式制革更是迟至民国初年。民国初年，在实业救国的倡导下，长沙、常德等地兴办了一些私营皮鞋厂、皮件厂，并从上海、武汉等地引进先进的铬鞣、制纹皮和皮鞋、纹皮箱等生产技术，甚至添置了部分机器设备。据1923年《长沙重要工厂调查》所载，湖南新法制革始于1913年，兴盛于1919年之后，20年代中期湖南省牛皮革产量达6万张左右。[②]

虽然近代制革始于德国的铬鞣法，但是从人类文明历程可知，中国是最早将皮毛制成裘衣的国家，甚至可以说制革是最早的工业。诚如1935年杜文思所言，中国制革"在有史之先，便已具端倪了"[③]。就地位而言，"欧美各国，多以制革工业列为四大轻工业之一，其重要仅次于纺织工业"[④]。从现存资料可知，中国制革可追溯到3000年前西周铜器时代陕西的皮披肩、皮围裙等。就最初的作用来看，早在战国时期的《礼记·礼运》中，就记录了人类"夏以树叶遮体，冬以兽皮御寒"。就发展而论，中国先民在狩猎时代发明骨针之后，就利用动物的筋腱作为缝纫

---

① 王祥麟：《我国之制革工业》，《新经济》1939年第9期。
② 湖南省地方志编纂委员会编：《湖南省志》卷9《工业矿产志·轻工业·纺织工业》，湖南人民出版社1989年版，第316页。
③ 杜文思：《面革概论》，《科学时报》1935年第2卷第4期。
④ 王祥麟：《我国之制革工业》，《新经济》1939年第9期。

线，将兽皮毛制成裙子、裤子、靴子、帽子等服装，以区别男女。如太昊伏羲氏"始制嫁娶，以俪皮（两鹿皮——引者注）为礼"①。

总之，无论是人类在"未有丝麻"之前"衣其羽皮"，还是之后，皮毛均是轻纺工业的重要组成部分。

同时，由于各地皮革基础的畜牧条件不同，不仅天然皮革原料有别，而且制革差异性较大。中国常用皮料主要为家畜的羊皮、牛皮、猪皮等。它们不仅可御寒，而且具有耐磨、柔软、轻薄、适用等优势。相对野兽皮料而言，家畜皮料的价格更易被大众接受。就整个中国皮料产地而言，内蒙古、新疆和黄河、长江、珠江三大流域，"皆为生皮产生丰富地点"②。同时，在皮料加工方面，除云贵等边陲各地甚为发达外，"内地繁盛之区，极少经营，仅农民之自由饲养。畜类随便生产，殊未尽繁殖能事"，因而与欧美各国畜牧相比，"其生产效用相差远甚"③。

此外，虽然湖南皮料产量不及边陲和四川等地，但气候温和，农民多以牛力从事耕种，牛皮产量仍颇丰。湖南牛皮原料主产地有常德、沅陵、麻阳、靖县、绥宁、永顺、古丈、乾城、晃县。④ 据调查，1910年湖南皮料主要运销场有湖北沙市、汉口和省内长沙、常德等地，其中沙市、汉口皮价为每斤400文钱，特别是汉口，黄牛皮价更是高达每斤500文钱，而长沙和常德每斤则仅售56文钱，常德和湘潭的毛价为每斤80文钱。⑤ 由此可见，即使湖南皮料市场集中于长沙、常德等各大城市，省外仅有沙市、汉口，但由于省外皮价较高，因而牛皮商贩愿意转销省外，从而使湖南省内皮料销量有限。据1934年朱羲农等调查，湖南牛皮外销高达35990担，占总产量的77.48%。⑥

其中，常德是湘西的门户，是川黔边销售生黄水牛皮的集中地。牛皮商贩将川黔等地的牛皮集中至常德之后，再转销长沙、汉口等地，因

---

① （清）檀萃辑，宋文熙、李东平校注：《滇海虞衡志校注》，云南人民出版社1990年版，第167页。
② 卢景肇：《中国之皮革工业》，《勤勤大学季刊》1937年第1卷第3期。
③ 《湖南筹办大规模畜牧场》，《中行月刊》1934年第8卷第3期。
④ 朱羲农、朱保训编纂：《湖南实业志》第1册，湖南人民出版社2008年版，第195页。
⑤ 《湖南调查畜牧统计表》（续第十九期），《商务官报》1910年第20期。
⑥ 朱羲农、朱保训编纂：《湖南实业志》第1册，湖南人民出版社2008年版，第653—654页。

而在1939年常德被轰炸之前，皮革原料"不成问题"。据统计，牛皮商贩从产地收购之后，直接销售给常德皮革制造者约占80%，而转销长沙等地则仅占20%。据1941年湖南银行调查，常德有协昌永、六和等5家皮革厂。除了临近皮料产地，常德生牛皮交易手续"亦极简单""贷款则十足兑现"，而转销长沙则每担皮料须出船力费1元，上下码头力费0.4元，海关产销税合计4元，总计达七八元。即长沙每担皮料的市价超过常德10元左右，因而牛皮商贩大多在常德直接销售，而很少愿意转销长沙等地。从商贩销售皮料来看，大多是干牛皮，而鲜黄牛皮则多由常德当地宰户供给。①

皮革原料需求的增加是其发展的重要表现之一。随着湖南皮革技术的提升，湖南自产皮料远不敷所用，继而还须从外地购置皮料。如衡阳的皮料，除了通常源自境内市场和山货行之外，有时皮革作坊主还需前赴桂阳、道县、蓝山、邵阳，以及省外广西全州采购。

近代之前，湖南皮革作坊"均系旧式钉鞋面用之光沙皮"②，这不仅影响了湖南皮革的发展，而且"实为本省经济大为不利"③。因此，民国时期在国货运动的推动下，湖南制革业才"顿形蓬勃"，使其皮料需求大增。据统计，湖南进口皮料从1912年的15万余海关两增至1922年的20万余海关两。④

特别是第一次世界大战结束之后，随着国内外皮料需求量的大增，湖南新式制革业也逐渐兴盛起来。据1934年朱羲农等人调查，1919年之后湖南省内牛皮原料销量增加，以致外输量减少。同时，湖南皮料不仅从缅甸的仰光，以及新加坡一带输入红皮，而且还从英国购买花旗白皮和大英皮原料。据20世纪20年代长沙海关调查，湖南每年生皮出口和制皮入口在400万元上下。⑤当时，中央对畜牧"极为注重，迭经通令各省设立广大畜牧场"，以及试验所，"以资改良产种，增加生产"。因此，民

---

① 经济研究室：《常德之皮革》，《湖南省银行经济月刊》1943年第2期。
② 朱羲农、朱保训编纂：《湖南实业志》第2册，湖南人民出版社2008年版，第984页。
③ 周维梁：《湖南工业建设管见》，《湖南经济》1947年第2期。
④ 朱羲农、朱保训编纂：《湖南实业志》第2册，湖南人民出版社2008年版，第984页。
⑤ 《湖南制革厂情形》，《中外经济周刊》1925年第95期，第30页。

国时人认为湖南作为适宜畜牧的重要区域,"尤应注意提倡饲养,以阜民生"①。

区域性著名特色制革品也是皮革业发展的重要表现,但大多在20世纪20年代才出现新式制革。如邵阳、常德一带,不仅制革历史悠久,而且是一种"特殊工业"②,直至民国时才有了较明显的发展。其中,1886年邵阳就设立了皮革作坊,但直至民国之后,由于交通逐渐便利,邵阳"始有外埠交易,实为营业上显著之进步"。邵阳熟皮作坊产品有狐裘、家猫皮、獾皮等,销场除本地外,以外埠为大宗,最远的市场为上海、武汉。③

20世纪20年代常德皮革业发展也较明显。诚如1943年《湖南省银行经济月刊》所载,常德皮革在湘、鄂两省"颇负盛名"的原因在于"常德新式皮革之制造,已有二十年之历史",即从20世纪20年代开始,常德就采用了新式皮革技术。甚至长期从事皮革业者也指出,常德新式皮革厂的创立始于1923年。当时,常德皮革商鉴于外国皮革销场颇盛,而"旧有皮革殆将不能立足,乃斥资创立新式制革厂"。他们从上海聘请制革工人,从事制造,经营数年,"成绩斐然",从而推动了常德制革业的发展。如1924年、1925年,常德皮革"继起者踵接",其著名者有"乾泰"等数家。1934年之后,投资者"更不乏人",从而使常德制革业"一时大盛",大小工厂达20余家,各厂出品年产量达数十市担,总值达数百万元。④

同时,衡阳境内的皮革也颇有特色。衡阳皮革产品主要有皮手套、皮箱、皮包、皮带、皮衣等六种,尤以皮箱最为著名。1886年崔先进在衡阳城区开设皮箱作坊。1911年皮革商在衡阳城区开设了"卜湘益""杨福堂"皮鞋作坊,使用缝纫机制帮,手工上线,从业者5人,其皮鞋市场主要在湘南。时至1935年,衡阳皮箱业"已发展为湘南之冠"⑤。据

---

① 《湖南筹办大规模畜牧场》,《中行月刊》1934年第8卷第3期。
② 黄潮如:《邵阳示范厂:看农村工业幼苗的生长》,《申报》1947年7月24日第7版。
③ 朱羲农、朱保训编纂:《湖南实业志》第1册,湖南人民出版社2008年版,第385页。
④ 经济研究室:《常德之皮革》,《湖南省银行经济月刊》1943年第2期。
⑤ 衡阳市地方志编纂委员会编:《衡阳市志》(中册),湖南人民出版社1998年版,第1714—1715页。

1934年实业部调查,衡阳府前的"陈金记"、司前街的"顺发祥"和"正裕福",以及七候一境的"顺发",七候二境的"同和","皆为衡阳著名的皮箱店"。这些商店"均系独资",各家流动资金总额为4150元,雇工29名,每日11小时工作制,膳宿由皮箱店供给,每名员工月薪5—8元。衡阳皮箱店主要产品为夹白皮箱,其中最优者每只价值8洋元,最差者则仅售0.4洋元左右,每年总产值为7830洋元。①

皮箱是制革业的重要产品之一,也是市场发展的产物,是皮钉鞋的替代品。清朝辰溪"市镇无制布鞋、皮鞋专店,专门打草鞋出售谋生者却不乏其人"。直至1919年,宝庆鞋匠刘满老、袁和尚等人才先后在辰溪雄甲桥、西门外开设钉鞋铺,从业者4人,资本700银圆,开始制作皮钉鞋和木屐,月销牛皮5—6张。② 1921年之后,橡胶鞋输入洪江,并"日益增加,土制皮钉鞋,渐趋淘汰"。1926年之后,土制皮钉鞋"销路全绝,无已,乃全体改制皮箱"。据1934年实业部调查,洪江皮箱作坊有8户,均为之前皮钉鞋作坊的替身,资本总额3200元,工人23名,均系宝庆人,月支薪68元。皮箱的原料为牛皮、木板,年需牛皮3000张,制皮箱6000只,其中大箱每只3元,小号箱每只1—2元,总值15100元,"门市售出"③。

此外,机器制革与手工作坊并存也是制革业发展的重要表现之一。清朝时期,长沙专产光沙皮,以供制作皮鞋面和钉鞋面之用。1921年前后,由于钉鞋者用皮少,因而改制皮鞋的面皮和底皮。此外,长沙还相继成立了"巩华利""东成"等较大规模的制革厂坊。对于皮革业,政府在一定程度上也给予了支持。如从1921年9月1日开始,对于长沙巩华利公司自制药水、红皮,政府准允三年免征本省厘金,但需要补缴商标和运单式,以凭转行。④ 当时,湖南全省年产牛皮革约6万张,除3.2万张用于本省外,其余均远销省外。⑤

---

① 朱羲农、朱保训编纂:《湖南实业志》第1册,湖南人民出版社2008年版,第456页。
② 辰溪县志编纂委员会编:《辰溪县志》,生活·读书·新知三联书店1994年版,第393页。
③ 朱羲农、朱保训编纂:《湖南实业志》第1册,湖南人民出版社2008年版,第438页。
④ 《令发各局关巩华利制革工厂商标运单式文》,《湖南财政月刊》1921年第42期。
⑤ 湖南省地方志编纂委员会编:《湖南省志》卷9《工业矿产志·轻工业·纺织工业》,湖南人民出版社1989年版,第323页。

最后，在 20 世纪实业救国和国货运动的推动下，湖南近代股份制制革公司的成立更是其发展的重要表现。辛亥革命后，黄兴、谭延闿等人创办了"洞庭湖制革股份有限公司"，周震鳞、龙璋、陈文玮等人创办了"湖南制革公司"，从而开启了皮革股份制经营模式。因此，时人回忆时指出，"湖南的工业本极幼稚"，但时至 1912—1913 年，"一般人士都说振兴工业是救国的第一要着，又是我们湖南税金的第一要着"，从而在实业救国的带动下出现了官办、商办、官商合办的各种企业。① 其中，五四运动时期"湖南制革公司"约有 60 人。②

1924 年岳华公司购置厂屋，经营"日有发展"，陆续收集 5 万余元股本。1928 年，该公司开始收足 5.5 万元。1924 年成立的岳嵩皮革公司，1928 年与"泰记"合办，合称"泰记岳嵩公司"。据 1935 年《实业杂志》所载，该公司连续三期，经历了 8 年，"略有盈余"。资金产量和动力方面，该公司有老股本 5.2 万余元，之后增加"泰记"2 万元，合计 7 万余元，有 10 匹马力蒸汽锅炉和发动机各一座，压皮、磨光、切榭、碎榭机各一座，洗鼓两架，抽水机大小三部。③

## 二 抗战时湖南制革的畸形发展

1937 年全面抗战爆发后，湖南乃至全国制革与棉麻纺织工业一样，均呈现出畸形繁荣的现象。这种现象"尤以湘省为最显著"，以致湖南"顿成战时中国纺织业的重心"④。抗战初期，华北、华东工厂内迁，湖南皮革业继续得以较快发展。其中，武汉、长沙、江西等地皮革匠人至衡阳，"开始制作"⑤ 挎包、腰带、公文包、球壶等皮革。同时，长沙制革业有 500 余人，皮鞋、皮件从业者达 1800 余人。1938 年初，在国民政府制订的《西南西北工业建设计划》中，规定"湖南衡阳为中心的轻工业

---

① ［美］周锡瑞：《改良与革命：辛亥革命在两湖》，杨慎之译，江苏人民出版社 2007 年版，第 291 页。
② 《湖南工人运动史》编写组编著：《湖南工人运动史（民主主义革命时期）》，中国工人出版社 1994 年版，第 552 页。
③ 《岳嵩皮革公司》，《实业杂志》1935 年第 209 期。
④ 黄其慧：《湖南之花纱布》，湖南省银行经济研究室 1944 年版，第 2 页。
⑤ 衡阳市地方志编纂委员会编：《衡阳市志》（中册），湖南人民出版社 1998 年版，第 1715 页。

小区"①。同年3月1日,中苏签订《关于使用5000万美元贷款之协定》,规定中国以皮革、兽毛、桐油等农矿产品各半偿还贷款。

这种畸形发展如同一把"双刃剑"。一方面,这种发展对制革等手工业有一定的影响,"工业原料品的价格因销路阻塞而惨跌,工业制品的价格因来路断绝而飞涨"②。另一方面,抗战爆发后因机器生产受限,外货进入受阻,"中国各地的手工业发达有了促成的背景"③,因而生活中所需的制革品等生产呈现出相对繁荣的局面。"抗战军兴后,一切日用必需土产,无不日趋活跃,价格无不突飞猛涨,超过战前数倍。"④

特别是湖南省会,抗战前"长沙轻重工业,均甚发达,手工机器,相辅并重",各种产品自给或外销,"蔚成一时之盛"。但之后工厂大部分被毁,加之外货来源断绝,"湘人迫于环境,一致奋起,广集残余物资,竭尽智力心血,遍立工厂于市郊村镇"。虽然湖南制革厂坊等组织无太多的动力、机器及一切科学设备,但是凭借战区迁入的技工,以及男女老幼的人力,仅"凭借双手",制革等手工艺品"竟能如雨后春笋,星罗棋布,产量丰足,品质优良,农村经济,并因之而繁荣"⑤。

战时湖南制革等手工业是战时手工业的重要组成部分,其发展与政府的支持密不可分。为加强战时手工业发展,湖南省建设厅按照"提倡工业,开发资源,以足民用"的原则⑥,不仅在1940年成立了手工业改进委员会,而且特派专员分赴新化、安仁、凤凰、沅陵等县组织手工业合作社。据统计,1941年1月,湖南各县小手工业,除了已经组织的118个合作社之外,"尚有若干社在筹备中"⑦。湖南政府这些发展手工业的举措,"繁荣地方,改善农民生活,有利于抗战建国者",其"合作实为其中重要之一环"⑧。

---

① 中国第二历史档案馆编:《中华民国史档案资料汇编·第五辑第三编财政经济》,江苏古籍出版社2000年版,第344页。
② 吴半农:《论我国战时经济》,生活书店1940年版,第48页。
③ 高叔康:《中国手工业概论》,商务印书馆1946年版,第34页。
④ 湖南省银行经济研究室编:《湘东各县手工艺品调查》,内部发行1942年版,第67页。
⑤ 何培桢:《记长沙手工业出品展览会》,《贵州企业季刊》1943年第1卷第4期。
⑥ 薛岳:《湖南全省行政会议开幕训词》,《征训半月刊》1940年第1卷第7期。
⑦ 《半年来之湖南建设动态》,《湖南建设季刊》1941年第2期。
⑧ 丁鹏翥:《抗战三年来之湖南合作》,《湖南建设季刊》1941年创刊号。

因此，在战时手工业建设时期，自1938年下半年广州、武汉沦陷后，作为大后方之一，湖南皮革等工业得以畸形、快速发展。据统计，截至1943年底，湖南新开工厂达364户，是战前工厂数的6倍之多①，其中民营机械工厂从1940年的3户增至1942年的59户，新设民营工厂从1939年的3户增至1942年的127户②。1938年9月，中国工业合作协会从武汉转移至长沙，随即在城郊组织了制皮、纺织等手工业合作社，以救济失业工人。1939年，中华工业合作协会在湖南设立事务所，在邵阳成立了三个制革合作社，社员达60余人，年产皮革2000余张。③据统计，常德制革全盛时期从业者有4000余人。同时，辰溪和沅陵的制革业在战时也十分兴盛，主产军需皮革，供应前线所需。即使1938年长沙"文夕"大火至1949年新中国成立之时，湖南全省皮革从业者仍有1500人，年产牛皮革18万张，皮鞋4.4万双，总产值277万元。④

然而，政府主导下军需皮革厂的建设则是皮革业畸形发展的重要表现。湖南省建设厅"为适应战时需要"，于1942年3月兴办湖南制革厂，以此作为省政府民生实业特种公司。该厂额定资本5000万元，制革药剂与染料"已研究以国产原料代替"，除时间较长外，产品优良，"可与舶来品媲美，成本则减低二分之一"⑤。1943年3月该厂组织筹备委员会，派刘振翔负责主持，决定以衡阳东洋渡为厂址，开始建筑，购置器材。同年9月1日正式开工，每月可产牛皮革100—200担。⑥

为军事需要，国民政府还加强了大大小小的皮革厂坊建设。1943年，湖南政府不仅在衡阳创办了"湖南制革二厂"，而且还在沅陵、辰溪等地

---

① 湖南省志编纂委员会编：《湖南省志》卷1《湖南近百年大事纪述》，湖南人民出版社1959年版，第466页。

② 沈鸿烈：《湘建十年》，《湖南建设季刊》1943年第3卷第1—2期，第72页。

③ 沈鸿烈：《湘建十年》，《湖南建设季刊》1943年第3卷第1—2期，第323页。

④ 湖南省地方志编纂委员会编：《湖南省志》卷9《工业矿产志·轻工业·纺织工业》，湖南人民出版社1989年版，第316页。

⑤ 《湘省计划设制革厂》，《中国工业》1942年第7期。

⑥ 衡阳市地方志编纂委员会编：《衡阳市志》（中册），湖南人民出版社1998年版，第1714页。

设小皮革厂，甚至在各县市进行小皮革作坊生产。① 据1944年《工商调查通讯》所载，衡东的湖南制革厂有员工19人，技工25人，粗工38人。该厂常务委员刘振翔属湖南籍，为该厂重要成员，毕业于英国里智大学制革专业，曾担任军政部武昌制革厂技士、工务科科长、厂长及兵工署技。厂长下设会计室、公务课等。该厂占地五千方丈，以竹木建造西式厂房、办公室、宿舍等。此外，该厂有4个池子（容量8立方米，每池可容没200张皮）。该厂原计划为机器制革，"现以限于财力，机器尚未全部装配完成"，因而"仅以手工制造为主，且创立伊始，生产亦未正轨"，产量不多。但据该厂预计，在未装置机械设备之前，该厂每月拟制革军用132石，纹皮15000方尺。②

皮革是制造皮鞋、皮箱、皮袋，以及机器等所必需品，尤其是军事上需要最多，无论平时还是战时"均极需要"，因而在抗战时期制革工业实有发展之必要。湖南每年出产生牛皮46000市担之多③，大部分运销外省，而每年从外省输入熟皮甚多。因此，湖南制革厂"大部以供军用为主，粗制革可制军用皮带"，以备军官和士兵之用。此外，湖南制革厂还制枪带、马鞍、军用皮包、鞋底、鞋面、提包、公文包等，"多由军需署大批订制"。但是，由于产量不多，尚未敢大量接受订货，该厂刘振翔厂长与军需署接洽，俟财务筹有办法，原料购足之后，即先着手军用皮革之大批制造，因而将来该厂制品销场，"当无滞销之虑"。该厂月需燃料煤30吨，木材15担。月需原料和材料有牛皮180石，栲胶15吨等。该厂每月至多可盈余25万元，若生产阻滞或产量减少，则盈余更少。④

抗战时期，人口流动促进了湘西皮革技艺的提升和制革厂的成立。据统计，抗战时期湘西南部10县有156户制革作坊，其中溆浦25户（县城12户，桥江5户，低庄4户，大江口1户），主产青纹皮、黄纹皮、烤皮和料皮，合计年产1万余张，料皮占40%，主销长沙、常德和洪江、

---

① 湖南省地方志编纂委员会编：《湖南省志》卷9《工业矿产志·轻工业·纺织工业》，湖南人民出版社1989年版，第323页。

② 《湖南制造厂：四、业务情形》，《工商调查通讯》1944年第325期。

③ 周维梁：《湖南工业建设管见》，《湖南经济》1947年第2期。

④ 《湖南制造厂：四、业务情形》，《工商调查通讯》1944年第325期。

沅陵一带。沅陵14户，200余人；辰溪22户，140余人。① 1938年，江西熊富贵斥资2500银圆，雇工15人，在辰溪米家滩开设了"华昌皮革厂"，"专事制革"。1941年，湘乡曾绍舆从湖南大学化学系毕业后，集资50万元法币，在辰溪潭湾三甲塘创办"永大制革厂"，雇4名职员，18名男工，3名童工，以牛皮、麂皮为原料，制造底皮、轻革，年产轻革（纹皮）1000丈，麂皮（衣服革）100丈，底皮（鞋底革）100担，带皮（军用革）20担。② 同时，迁入沅陵的皮匠、皮商也相继创办了"富隆""天福""义新""大香槟""福华""具呈""中国皮件制革厂"等14家私营厂店，从业者200多人，主产"三接头""博士"、皮箱、马鞍、枪套、皮带等，尤其以"常汉箱"最为畅销。③

永大制革厂是辰溪制革的主要企业，它的成立及其运行推动了辰溪制革业的发展。据1941年《申报》所载，该厂以曾绍主持厂务，并聘请有多名技工，"由专家指导，根据科学原理，采用新式方法，以制造各种皮革"。生产方面，该厂除了暂时生产铬纹皮、栲胶底皮、鹿皮和军用皮外，还寻获了多种土产植物鞣料，"俟定量分析，得有良好结果，即将大量采用"④。这种植物鞣法与铬鞣各有其特长，铬鞣法"需时甚短，故费用较省"，而植物鞣法制成的底皮、机械皮等，"其特长为铬鞣法所无也"⑤。永大制革厂成立后，皮制靴鞋作坊也相继兴起，山东、江苏、浙江、安徽、湖北等省制鞋商相继在辰溪开办了"顺泰""华新""青年""环球""四维""华盛顿""胜利"等22家厂店，从业者140余人，生产各式皮鞋、马靴等皮革品。但是，抗战结束后，这些厂店"大都迁离"辰溪，时至1949年8月辰溪制革厂店仅存6家，24人。⑥

此外，战时衡阳皮革业的变化也十分明显。1940年湖北、江西，以

---

① 湖南省怀化地区地方志编纂委员会编：《怀化地区志》，生活·读书·新知三联书店1999年版，第1190页。
② 辰溪县志编纂委员会编：《辰溪县志》，生活·读书·新知三联书店1994年版，第393页。
③ 沅陵县地方志编纂委员会编：《沅陵县志》，中国社会出版社1993年版，第371页。
④ 《湖大教授张光等设永大制革厂》，《申报》1941年3月10日第8版。
⑤ 林继庸：《皮革》，商务印书馆1934年版，第2页。
⑥ 辰溪县志编纂委员会编：《辰溪县志》，生活·读书·新知三联书店1994年版，第393页。

及长沙等地皮革从业者相继迁入衡阳,使其皮革作坊(厂)增至26户,100余人。这些皮革匠人在衡阳市衡宝路、接龙山、瓦子坪一带开设300户左右的皮鞋作坊,从业者约500人,规模较大的有"北京""万贸胜""履珍""楚华"等鞋店,上市的品牌有"三接头""博士""高跟"等。"北京"鞋店有2台缝纫机,日产120双皮鞋。但是,1944年9月衡阳沦陷之后,其皮革业十分萧条。1945年衡阳光复后,皮匠先后回衡阳城用缝纫机生产皮革,不仅重建毁于日军战火的衡阳市"第一靴鞋生产合作社",而且还有"九龙""雷达"等多家皮鞋作坊得以复业,月产48口皮箱,并新增皮袋等产品。时至1949年年末,衡阳市城区和洪桥镇合计22户,缝纫机89台,月产8000双皮鞋。其中,城区5家制革作坊从业者36人,资本总额合计5000银圆,年产牛皮革1200张,产品主要为皮箱,此外还有皮带、皮袋、皮包等。①

### 三 抗战前后制革发展中的不足

战前在制革业发展的同时,原料不足、技术较差、市场缺乏稳定等是其不足的重要表现。一方面,由于湖南养牛以耕牛为主,而菜牛很少,因而湖南牛皮产量不多。据1934年实业部统计,湖南全省牛皮产量计有46453担,其中以湘阴的产量最多,计10682担,占总产量的22.99%。其他各县产量,在数百担至数千担之间,甚至有产量不满100担者。牛皮因牛的大小有轻重之分,每张牛皮在60—70斤,亦有100斤以上的大牛皮。就牛皮来源而言,虽然黄牛皮不仅比水牛皮小,而且还轻,但是由于黄牛的"皮细优于水牛皮",因而在价格方面黄牛皮较贵。②

即使湘西的常德在战前皮料不成问题,但是1938年上海、武汉等地沦陷后,交通受阻,加之长沙、常德又屡次遭日军空袭,"工商消沉,牛皮销场,顿受影响"。1939年之后,各地禁宰耕牛,加之溆浦、辰溪等地小规模皮革厂坊"吸收生牛皮,为数亦颇可观",因而常德制革皮料,

---

① 衡阳市地方志编纂委员会编:《衡阳市志》(中册),湖南人民出版社1998年版,第1714—1715页。

② 朱羲农、朱保训编纂:《湖南实业志》第1册,湖南人民出版社2008年版,第663页。

"反日见减少"①。

另一方面，虽然长沙等地有部分机器制革公司，但是总体上湖南制革厂的设备较为简陋。其中，普通的制革厂坊大多因手工制革而简陋，仅有厂屋、刮刀、木架、水缸、铁锅等，唯有岳嵩、岳华两家制革公司的规模较大，设备较优。但是，岳华公司资金不足的问题也极为明显，如1921年10月岳华皮革公司开工时，仅收股本0.8万余元，即使年底亦只收到了1.2万余元，甚至直至1922年底红利与追加的股本也才2万余元②。1928年岳嵩公司也因资本有限而与"泰记"合办，改称为"泰记岳嵩公司"。岳嵩公司除了有4幢厂屋，占地300方丈之外，还在长沙青石街设营业部。岳嵩机器设备有1座30匹马力的锅炉蒸汽发动机，以及1座5匹马力的压皮机和1座1匹马力的磨光机，2座3匹马力的洗皮机，3座抽水机。岳华制革公司有1层中式的厂屋，占地230方丈，前置营业部，后设制造部，有3个自流井和1所试验室，2所堆栈。岳华的机器设备有1座40匹马力的马达，1座8匹马力的压皮机，1座6匹马力的裁机，1座2匹马力的打光机。③

湖南制革设备简陋导致湖南皮料加工技术落后，继而使湖南熟皮革原料对外的依赖性较强。湖南熟皮加工技术落后，导致1922年、1923年湖南从外地输入20万海关两皮料。湖南制革除主要的牛皮原料外，还有栲胶、石灰、柯子、明矾和矿植物油等。湖南各制革工厂和作坊所需的牛皮、石灰、明矾等原料产自本省，但栲胶和柯子则来自省外，甚至国外。其中，栲胶大多为英国货，但抗战爆发后，"来源亦告断绝"，转而来自衡阳，但"存货不多"。1940年常德从衡阳输入212500磅，但1942年则"来路困难"，各厂进货无多，采用国产五倍子等植物作为原料替代，但"所出成品，较用栲胶制成者，稍有逊色"④。

抗战之前湘西牛皮除供省内所需外，尚有余量运销省外，但熟皮等原料仍需仰给上海等地。生牛皮分为血皮和干皮两种，血皮为屠户供给，

---

① 经济研究室：《常德之皮革》，《湖南省银行经济月刊》1943年第2期。
② 《岳嵩皮革公司》，《实业杂志》1935年第209期。
③ 朱羲农、朱保训编纂：《湖南实业志》第2册，湖南人民出版社2008年版，第986页。
④ 经济研究室：《常德之皮革》，《湖南省银行经济月刊》1943年第2期。

干皮由山货商号采集。因此，如果湖南能将所产生皮制革成熟皮，"则自给而有余"，可弥补中国对外贸易。① 其中，1929年凤凰成立"湖南制革工厂"，拥有5000元资本，生产熟皮。② 虽然时至1934年左右，"洋皮几绝迹于"湖南市场，但是仍从上海进口少量的皮料。③

然而，解放战争时期，由于上海加工的熟皮料来源缺乏，即使上海"本市供不应求，有失正常调剂"。据1949年2月18日《申报》所载，"现该厂正请求工商部禁止牛皮出口中"④，因而湖南对上海加工的熟皮料已无从依赖。

当然，不仅湖南如此，全国都因生皮加工技术落后，从而使生皮大量出口，而熟皮则对外有着较强的依赖性。一方面，中国不仅皮革厂甚少，而且规模亦小，但国人所需熟皮革甚多，"出口之数远逊于进口之数"⑤。另一方面，皮革技术较差。中国生皮供给"颇丰富"，每年除供给熟皮加工外，尚有"大宗出口"。虽然生皮出口总额大于熟皮输入额，"可以抵补之而有余"，但是两者相差两三倍，即中国须出口两三倍的生皮换取国外进口的熟皮，从而使中国皮革漏卮甚大。据1939年《新经济》所载，整个中国制革供给方面，我国人口众多，"军队之多，生皮供给之丰"，特别是熟皮，"当更不可忽视"。因此，我国熟革供给"向感不足"，平时约有300万元"须自国外输入"，约占国内总消费的40%。⑥

再一方面，湖南近代先进的制革公司主要集中在经济基础相对较好的长沙、常德等地。据1934年实业部调查，长沙、常德两地合计25家制革厂坊，其中长沙17家，常德8家。但是就规模而言，仅长沙的岳嵩、岳华属于机器制革厂，其余均属小规模的工厂和手工作坊。就资本而言，岳嵩、岳华两家最为雄厚，其中岳嵩创办时资本10万元，之后仅收足股本6万元，1933年岳嵩为扩充营业，加入"太记"股东，更名为"太记

---

① 朱羲农、朱保训编纂：《湖南实业志》第2册，湖南人民出版社2008年版，第899—990页。
② 实业部中国经济年鉴编纂委员会编：《中国经济年鉴》上、下册，商务印书馆1934年版，第K514页。
③ 朱羲农、朱保训编纂：《湖南实业志》第2册，湖南人民出版社2008年版，第990页。
④ 《制革工业危殆》，《申报》1949年2月18日第5版。
⑤ 《中国皮革业之现状》，《中外经济周刊》1923年第3期。
⑥ 王祥麟：《我国之制革工业》，《新经济》1939年第9期。

岳嵩皮革股份有限公司"。岳华最初为合伙组织，资本仅18000元，之后陆续增加资本，达到了36200元，但据1934年实业部调查，"惟年来以略有亏损"，不得不改组，缩小营业范围。此外，最初东成的资本达10000元，但1934年左右，"因故暂时停工"。同时，其他各制革厂坊多在数千元之间，更有低至500元者，全省制革资本合计149500元。[1]

从湖南制革组织而言，湖南制革大多为合资经营，独资经营者仅占少数。其中，岳嵩皮革股份有限公司分工明细，以董事会为最高权力机构，之下设1名经理，总揽全厂事务，经理之下还设营业、财务、工务三个部门。工务下又分设灰水、药水、泡制三科，职员8名。岳华皮革公司亦以董事会为最高权力机构，下分设董事和经理两个部门，董事设董事长1人，董事8人，经理部门设理事长1人，理事2人，同时另设1名会计主任，雇佣4名职员。其他各制革厂除"三益"雇工4名和"东成"雇佣3人外，职员多为作坊主自己兼任，"不另雇用"[2]。

相对同时期地处西南的云贵川等地而言，湖南则无较大规模的制革厂。据1939年《新经济》所载，在资本十万元以上的100余家制革厂中，湖南无一厂，而云贵川等地则分别有1909年的云南制革厂、1927年的贵阳振华制革厂、1904年成都制革厂、1921年重庆"求新制革厂"[3]。同时，湖南制革产品主要为底皮，仅有岳嵩、岳华大厂制造面皮和带皮，各厂坊产量与其规模成正比。其中，底皮有白底革、红底革、矾革之分。岳嵩等大的制革厂坊，产品价格较高，每担最高可达120元，最低70元，平均约95元，而小厂坊的产品平均价格仅45—70元。各制革厂坊产量视其规模而定，如岳嵩每日可产20张白底革，10张矾革，年产800担白底革和400张矾革，产值约10万元。又如岳华，每月产250张白底革，40张红底革，10张矾革，年产熟皮500担，产值约5万元。然而，其他各制革厂坊，年产量仅100—500张。[4]

又一方面，在皮革公司创设的同时，由于政局动态、销路困难等问

---

[1] 朱羲农、朱保训编纂：《湖南实业志》第2册，湖南人民出版社2008年版，第984页。
[2] 朱羲农、朱保训编纂：《湖南实业志》第2册，湖南人民出版社2008年版，第985页。
[3] 王祥麟：《我国之制革工业》，《新经济》1939年第9期。
[4] 朱羲农、朱保训编纂：《湖南实业志》第2册，湖南人民出版社2008年版，第988页。

题时断时续，从而影响了湖南制革业发展。据1925年《中外经济周刊》所载，之前由于政局变迁，湖南制革厂"办理不善，遂而停顿"。1920年，对制革"富有经验"的黄云鹤在长沙设立"岳华皮革公司"之时，湖南人"均以鲜见，裹足不前"，因而仅集资8000元。其中，压皮、袍皮"均用人工"，营业三年"获利菲"①。之后，该公司资金增至2.62万元，职工40余人，采用部分机器生产面革、底革、带革、杂革等，月产白底皮250张，红底皮40张，铬底革10张。1924年，长沙成立"岳嵩皮革公司"，资本6万元，职工70余人，机器生产，月产牛皮革1500张②，并奉官厅立案，租定长沙北门外新河一栋房屋。该公司的发起人曾为水口山经理宾步程和湖南第一纺纱厂股东陈友梅等人。③

1927年"马日事变"之后，湖南制革业备受其害。其中，岳华"元气大衰"，损失至2.2万元。1932年年底，岳华制革厂股本折合半数，"勉强撑持"。岳华公司产量方面，1921年年底生产各色皮革300余石，陆续增加至年产1500石，增加设备后，年可产各色皮2000石以上，"惜无此财力与销路也"。在设备方面，岳华公司机力仅有一具15匹马力的电气发动机，压皮、磨光、碎槲机各1座，每日可制皮10石左右。据1935年《实业杂志》所载，"现代以市气不振，生意萧条，营业数量不及盛时十分之六"。职工人数从50余人递减至10余人。岳嵩皮革公司创办于1924年5月，7月正式成立，8月开始工程设备，1925年2月开工。"马日事变"之后，该公司股本大半用于工程设备，"周转维艰"。就动力而言，泰记岳嵩公司可月产各色皮300余石，但因限于资金和销路，即使制造产量最旺之时，实际产量也不及可产量的50%，"殊为可惜"④。

特别是1931年湖南水灾后，由于社会经济衰落和上海皮革品的涌入，湖南皮革市场凋敝，甚至各皮革厂相继歇业。据1934年实业部调查可知，由于社会经济衰落，市面凋敝，各皮革厂坊"时有歇业停工之象，迄今犹存旧观者"，仅有长沙的岳嵩、岳华两厂，以及20余家的小规模皮革

---

① 《湖南制革厂情形》，《中外经济周刊》1925年第95期。
② 湖南省地方志编纂委员会编：《湖南省志》卷9《工业矿产志·轻工业·纺织工业》，湖南人民出版社1989年版，第323页。
③ 《湖南制革厂情形》，《中外经济周刊》1925年第95期。
④ 《岳嵩皮革公司》，《实业杂志》1935年第209期。

厂坊。1912—1920 年，湘西平均每年输出牛皮 50 至 60 海关两，但 1920 年之后"始渐减少"。岳华和岳嵩制革厂出产白底革、红底革、矾革三种类型，但市场狭窄，"均销本省"①。据 1934 年民国政府实业部国际贸易局调查，因上海皮革制品的输入，以致长沙皮革小作坊"颇难立足"②。同时，邵阳有 39 户牛皮作坊，资本总额 37210 元，全年总产值 148840 元。其中，邵阳熟皮毛作坊 10 户，资本额在数百元至 1000 元之间，资本总额 10000 元，职工 51 人，全年总产值 57000 元。③ 总之，1934 年以来，邵阳"百业萧条，皮货销数亦因之锐减"④。同年湖南全省牛皮革产量仅 3 万张左右。

岳嵩与岳华一样，均因水灾和行业之间的恶性竞争等难以发展。据 1935 年 9 月底出版的《实业杂志》所载，1931 年水灾之后岳嵩营业量只有盛况之时的 50%，约 10 万元，职工从 80 余人递减至 30 余人。主要原因有三方面。第一，市面不景气，"各鞋店贱价竞卖"，因而多不能用上等皮料。第二，恶性竞争。各小硝皮作坊发达，"销路日蹙，不问成本，贱价竞销"。第三，军饷不充裕。军装皮件只图价廉，不计货物质量，以致皮革生意，岳华、岳嵩两厂"绝迹"⑤。

湖南制革厂坊雇工人数和工作制、工资和盈利等待遇，因其范围大小而定。据 1935 年《实业杂志》所载，长沙岳华和岳嵩的待遇较好，既有工资还可年终享受盈利等。如长沙岳嵩雇工 24 名，每月最高工资 40 元，最低 6 元，每月工资合计 300 余元，同时职工在年终时可提取 10% 的盈利。岳嵩公司职工实行 9 小时工作制，除周日和例假外，其余均为工作日，病假工资可照给，职工因公负伤，由公司医治，身死者由公司给予抚恤金。岳华雇工 32 人，工人工资视技术而定，除上等技工外，则多以计件给予工资，技师月薪 36 元，一等工匠 20 元，二等工匠 18 元，三等工匠 16 元，小工 8—12 元，公司每月月薪合计 240 元，年终职工可提红利 30% 作为奖金。

---

① 朱羲农、朱保训编纂：《湖南实业志》第 1 册，湖南人民出版社 2008 年版，第 274 页。
② 朱羲农、朱保训编纂：《湖南实业志》第 1 册，湖南人民出版社 2008 年版，第 281 页。
③ 朱羲农、朱保训编纂：《湖南实业志》第 1 册，湖南人民出版社 2008 年版，第 382 页。
④ 朱羲农、朱保训编纂：《湖南实业志》第 1 册，湖南人民出版社 2008 年版，第 385 页。
⑤ 《岳嵩皮革公司》，《实业杂志》1935 年第 209 期。

岳华实行8小时工作制，病假和例假工资照给，员工因公疾病，由公司延医诊治，其死亡者酌给抚恤金。东成和巩华两小厂坊雇工8名，其余作坊仅1—3名，工资按月发放，最高20元，最低5元，普通约8、9元。制革工人大多来自江西丰城，仅岳嵩、岳华、三益、东成、巩华5家，雇用湖南本省的长沙、安化、湘阴人氏，技师则来自上海。①

总体来看，近代湖南制革厂坊的产品不足省内消费，省外运销较少。湖南省内市场，以鞋靴铺和军用品店为主，间或有供给机器制革厂所需。长沙、常德的皮革，除当地消费外，其余运销省内各县，每捆20—40片，以麻绳捆扎，轮船或帆船水运，或车子陆运，抑或人力肩挑。进口的洋皮革，以及购自上海和武汉的纹皮，价格昂贵。此外，随着时代的不同，湖南制革原料来自不同的地区。1917—1918年，湖南主要从仰光、新加坡一带输入红皮。1919—1920年，湖南从英国购买花旗白皮和大英皮。1922年、1923年，湖南输入20万海关两的皮革。1924年、1925年，湖南制革厂坊主要销售本厂皮，时至1934年前后，洋皮几绝迹于湖南市场，仅有少数的上海皮进口而已。②

抗战时期，虽然湖南皮革出现了畸形繁荣，但是仍深受战乱之害。由于国内外皮革运输不畅，湖南等内地皮革厂"一时又不能源源供给"。其中，地处湘西的常德，即使其各厂临近市场，"原料取给便利，产销更见发达"，但是1939年惨遭日军轰炸之后，各厂多被炸毁，"损失甚巨"，不仅其幸存者仅四五家，而且"大半缩小范围"，全年产量已是昔日盛时的十分之六七。因此，作为湖南制革工业中心的常德，在战时"日趋衰落"。在日军轰炸常德之前，一二家大工厂"尚有机械设备"，如打磨"多用机械工作"，小厂则"纯用手工"。但时至1942年常德制革厂坊"机械悉被炸毁，各厂一律改用手工"。此外，战时常德皮革"交易数量大形减少"③。

甚至解放战争时期，湖南制革在发展中的不足也较为明显。据1947

---

① 《岳嵩皮革公司》，《实业杂志》1935年第209期。
② 《岳嵩皮革公司》，《实业杂志》1935年第209期。
③ 经济研究室：《常德之皮革》，《湖南省银行经济月刊》1943年第2期。

年7月24日《申报》指出，目前邵阳"正在研究改良土法者有制革"①等，这在一定程度上可推动制革业的发展。但是就总体而言，湖南皮革"尚不敷需要者甚巨"。因此，国人建议湖南应建设数家规模较大的制革厂，采用机器制造各种皮件，最低限度求其年产60万—70万方丈的纹皮、花旗皮，以及50万—60万斤的法蓝皮，以便除了供应本省需要，"尚可外销邻省"②。

综上所述，湖南近代制革始于民国初年铬鞣法的使用。特别是20世纪20年代，在国货运动的推动下，湖南制革业得以快速发展，在传承制革作坊的同时，不仅出现了股份制制革公司和现代化经营管理，而且在设备方面也有所改进。但是全面抗战爆发后，湖南制革与其他棉麻纺织业一样，均呈现出畸形繁荣的局面。因此，民国时期湖南制革在兴起的同时，呈现出艰难的发展历程，不仅主要集中在长沙、常德等著名的皮革区，而且在技术、资金、设备、市场等方面均有所不足，从而影响了湖南近代制革等轻纺工业的发展历程。

---

① 黄潮如：《邵阳示范厂：看农村工业幼苗的生长》，《申报》1947年7月24日第7版。
② 周维梁：《湖南工业建设管见》，《湖南经济》1947年第2期。

# 结 束 语

轻纺工业与人类生活、文明进程密切相关，其轻纺产品在人类衣、食、住、行中位居首位。它不仅是人类文明的重要标志，而且也是人类永恒的经济产业。中国轻纺工业经历了狩猎皮毛简单加工制作时代、农耕桑麻制作时代、宋元之后棉花纺织时代，以及近代之后化学纤维时代等变革过程。当然，后面的每个时代都夹杂着前一时代轻纺工业的传承。

众所周知，人类步入农耕时代之后，除了狩猎时代最早的皮、毛衣料外，轻纺工业中还主要包括丝、麻、棉等原料及其基础上的制革、刺绣、针织等纺织工业，以及制伞和漂染业等。就发展历程而言，虽然桑麻一直被视为衣被大利，但它们均是农业社会发展到相当阶段的产物，"均不若皮革工业之古远"，因而研究轻纺工业发展史，"皮革工业必列为应予注意项目之一"[①]。

在近代大变革，特别是在20世纪实业救国和国货运动的推动下，湖南近代轻纺工业在艰难中得以发展。就轻纺行业而言，近代针织、制革、制伞业均始于民国初年，而湘绣、蚕桑则始于晚清，并在发展中呈现出资金不足、技术落后等特征。就区域而论，较发达的轻纺企业主要集中在长沙、衡阳、常德、湘潭等地。特别是八大手工业城市之一的长沙，在20世纪30年代初期就出现了"誉满全球"的湘绣、畅销欧美日和东南亚等地的"菲菲纸伞"，以及被国民政府特许专利和中宣部"命令提倡"、专售"御寒至宝，净水利器"的"华新羽绒公司"[②]。该公司采用

---

① 刊洪：《中国古代皮革工业略考》，《中国工业》1943年第1卷第2期。
② 《华新羽绒公司专售：湖南特产》，《申报》1932年11月5日第9版。

"机器提制鸭绒、鹅绒",并用药品烘煎洁净,做成被褥、衣服、椅垫、车垫、枕头出售,比舶来品"价廉物美"①。同时,在工业化发展过程中,长沙还出现了具有先进机械设备和股份制经营模式的"福星机器印染公司"和湖南第一纺织厂("湖南工业活化石""裕湘纱厂"的前身)等诸多现代化的轻纺企业。

湖南近代轻纺工业的发展在一定程度上推动了湖南近代工业化进程,在出现区域化特色产业的同时,也呈现出发展不充分等诸多复杂的特征。一方面,抗战时期湖南与其他各地一样,诸如针织、皮革等呈现出战时生产的畸形发展特征。另一方面,由于湖南各地经济地理有别,近代轻纺工业在发展中呈现出区域性特色。如经济基础较好、交通较便利的长沙,有着著名的湘绣和菲菲制伞,以及先进的皮革公司。又如浏阳和醴陵,虽夏布早已著名,但直至近代才享誉国内外。同时,即使醴陵夏布产量多于浏阳,但由于浏阳交通便利、商人起步较早,且有着浏阳河天然的漂染场,"遂为浏阳所掩"②。

然而,动荡的环境和湖南深处内陆等问题,以致湖南轻纺工业发展并不充分。即使抗战初期出现了上述部分机器公司,但因经济困难,"无余力以从事工业"③等,以致湖南较大规模的工厂为数甚鲜,且大多属手工厂坊。

总而言之,轻纺工业是人类衣、食、住、行中最能反映人类文明进程的经济、文化产业。人类从最初赤身裸体出现在地球上,再经过上百万年的探索、尝试,从而经历了原始披兽皮毛、围草裙到农耕时代的葛布制作、养蚕植麻、种棉纺纱、飞针走线缝衣服的针织,以及种植靛草、制作蓝靛的漂染等过程。近代之后,在国内外市场的推动和工业革命等合力作用下,近代轻纺工业从棉纺织原料变革开始,出现了机器与手工并存的发展趋势,推动了人类文明发展进程。

---

① 《湖南特产·御寒至宝》,《大公报》(长沙版)1922年12月31日。
② 《川湘夏布调查》,《国际劳工通讯》1938年第5卷第7期。
③ 余籍传:《湖南工业状况及其改进》,《西南实业通讯》1940年第2卷第5期。

# 主要参考文献

## 一 外文译著类资料

［日］本位田祥男、［日］早川卓郎：《东亚的蚕丝业》，《东亚经济研究》1943年第3期。

《马克思恩格斯选集》第四卷，人民出版社2012年版。

［美］马士：《东印度公司对华贸易编年史（1635—1834年）》第一卷，中国海关史研究中心组译，区宗华译，林树惠校，中山大学出版社1991年版。

## 二 汇编资料类

陈真等编：《中国近代工业史资料》第一、二、三、四辑，生活·读书·新知三联书店1957—1961年版。

戴鞍钢、黄苇主编：《中国地方志经济资料汇编》，汉语大词典出版社1999年版。

湖南省地方志编纂委员会编：《湖南省志》卷9《工业矿产志·轻工业·纺织工业》，湖南人民出社1989年版。

李文治编：《中国近代农业史资料·第一辑·1840—1911》，生活·读书·新知三联书店1957年版。

彭泽益编：《中国近代手工业史资料（1840—1949）》，中华书局1962年版。

孙毓棠编：《中国近代工业史资料》第一辑，科学出版社1957年版。

严中平等编：《中国近代经济史统计资料选辑》，科学出版社1955年版。

姚贤镐编:《中国近代对外贸易史资料(1840—1895)》第一册,中华书局 1962 年版。

曾赛丰、曹有鹏编:《湖南民国经济史料选刊》,湖南人民出版社 2009 年版。

中国近代纺织史编辑委员会编:《中国近代纺织史研究资料汇编》,中国近代纺织史编辑委员会 1988 年版。

### 三 调查资料

国民经济研究所:《长沙针织业概况》,书林书局 1938 年版。

国民经济研究所:《湖南沅江县经济调查》,国民经济研究所 1935 年版。

湖南省银行经济研究室编:《湘东各县手工艺品调查》,内部发行 1942 年版。

黄其慧:《湖南之花纱布》,湖南省银行经济研究室 1944 年版。

李敬三:《湖南第一纱厂之调查》,《实业杂志》1929 年第 146 期。

刘世超编:《湖南之海关贸易》,湖南经济调查所 1934 年版。

孟学思编:《长沙重要工厂调查》,湖南经济调查所 1934 年铅印本。

民国《湖南各县调查笔记》,1931 年铅印本。

### 四 著作类

彭南生:《半工业化:近代中国乡村手工业的发展与社会变迁》,中华书局 2007 年版。

彭南生:《中间经济:传统与现代之间的中国近代手工业(1840—1936)》,高等教育出版社 2002 年版。

汪敬虞主编:《中国近代经济史:1895—1927》,人民出版社 2000 年版。

王翔:《中国近代手工业的经济学考察》,中国经济出版社 2002 年版。

王翔:《中国近代手工业史稿》,上海人民出版社 2012 年版。

严中平:《中国棉纺织史稿》,商务印书馆 2011 年版。

杨大金编:《现代中国实业志》,商务印书馆 1938 年版。

杨世骥:《湘绣史稿》,湖南人民出版社 1956 年版。

张朋园:《湖南现代化的早期进展(1860—1916)》,岳麓书社 2002 年版。

郑佳明主编,陈先枢、黄启昌著:《长沙经贸史记》,湖南文艺出版社

1996年版。

中国近代纺织史编委会编著：《中国近代纺织史》（下卷），中国纺织出版社1997年版。

### 五 论文类

高潜：《〈染织纺周刊〉与全面抗战爆发前后的纺织行业》，硕士学位论文，东华大学，2019年。

李雅菁：《近代新式棉纺织企业工头制管理方式浅析》，《安徽史学》2007年第6期。

刘兴豪：《1912—1937年湖南经济现代化研究》，博士学位论文，浙江大学，2005年。

彭南生：《论近代手工业与民族机器工业的互补关系》，《中国经济史研究》1999年第2期。

王翔：《近代中国手工业的结构与功能》，《近代史学刊》2001年第0期。

吴川灵：《中国近代行业组织与企业出版的纺织期刊评述》，《东华大学学报》（社会科学版）2020年第1期。

杨志军：《近代湖南区域贸易与社会变迁（1860—1937）》，博士学位论文，湖南师范大学，2010年。

张东刚、李东生：《近代中国民族棉纺织工业技术进步研究》，《经济评论》2007年第6期。

张绪：《民国时期湖南手工业研究》，博士学位论文，武汉大学，2010年。

### 六 其他资料

湖南省及各地方县档案，以及石印、铅印、手稿、新编方志。报刊资料主要有《湖南官报》《湖南经济》《大公报》《申报》《民国日报》《中国工业》等。

# 后　记

　　好事多磨、居楚而楚、科教结合、协同育人应是此刻最深切的体会。一方面，自 2012 年我师从彭南生先生攻博，从事近代手工业研究至今，真可谓"十年磨一剑"。2012 年开始，鉴于研究现状和国家对边疆民族，以及非遗手工艺的高度重视，选择了参与民族丰富、手工行业颇具特色，且尚有诸多研究空间的云贵近代手工业作为博士学位论文选题，并在 2015 年 6 月顺利通过了《云贵高原近代手工业研究（1851—1938）》的博士论文答辩。

　　另一方面，湖南有着浓烈的湖湘文化研究学术氛围。自 2015 年 7 月入职湘潭大学，本人先后主持、完成了湖南省社科年度项目"晚清湖南手工业研究"（优秀结题）、湖南省社会科学评审委员会重大项目"湖南现代化：湖南手工业文化遗产的传承"，其部分成果已在《求索》《历史教学》《湖南社会科学》《理论月刊》《兰州学刊》等期刊上发表。其中，有的成果被《人大复印报刊资料·经济史》和《经济学文摘》全文转摘，有的则被"高等文科学术文摘"转摘。

　　再一方面，开启手脑并重的素质教育。结合攻读博士以来的研究方向，我不仅面向全校各专业、年级开设了《湖南手工业文化》素质课，开启了"以科研助推教学、手工非遗专题理论＋师生手工实践"的教学模式，而且还指导历史系本科生前往湘绣研究所、湖南师范大学湘绣研发中心、伊飞湘绣卖场、蚕桑研究所等手工艺文化产地进行实地调研，深受师生和社会人士好评，在湘潭大学指导本科生成立了"手工协会"。2023 年又主持了国家社科基金项目"中国近代学校手工教育流变研究（1867—1949）"，从而进一步加强了科研助推教学。

近代轻纺工业是近代手工业的重要组成部分，不仅与人类生活密切相关，而且在经济领域仍占有重要地位。其中，湖南轻纺工业在近代工业化发展过程中，虽然备受战乱和半殖民工业时代的影响，在产值方面甚低，但是在湖南工业化发展过程中，在技术提升、市场拓展等方面均有了明显的变化。特别是"誉满全球""甲天下"的湘绣，以及近代才开始蜚声中外的夏布，在国内外均有较大的影响。当然，即使第二章等内容属于湖南省教育厅优青项目"民国时期湖南第一纺织厂研究"（基金号22B0130）的阶段性成果，但是诸如湖南第一纺织厂、福星机器染厂，以及猪鬃之类的皮毛行业等轻纺工业及其相关人物、机构等均值得进一步深入研究。

在拙著出版之际，首先感谢我的恩师郭汉民、彭南生两位先生。2012年师从郭汉民先生硕士毕业之后，有幸获得师从彭南生先生攻博的机会。其中，郭汉民先生指导的6万字硕士毕业论文《清末暂行内阁研究》已在2016年获得了国家社科基金后期资助，并于2021年以50万字顺利结题，2022年9月在商务印书馆出版。彭南生先生是近代经济史，尤其是手工业研究的专家，其博士论文《中间经济：传统与现代之间的中国近代手工业（1840—1936）》获全国百篇优秀博士论文之后，又著成《半工业化：近代中国乡村手工业的发展与社会变迁》等。特别是近几年来彭南生先生又主持国家社科基金重大项目"中国近现代手工业史及资料整理研究"。总之，能获得两位恩师的精心指导、谆谆教诲乃学术人生一大乐事。

其次，感谢我所在单位湘潭大学碧泉书院·哲学与历史文化学院优秀著作出版资助，以及各院校和中国社会科学出版社各位领导、老师的关心和帮助。特别是王继平教授、宋银桂教授等对我研究领域的充分肯定和鼓励。

最后，本书是我们五口之家相互配合的成果。在研究过程中，浸透着我夫人杨春凡的心血：自2017年大宝熊熙妍、2018年年底二宝熊初雪、2022年三宝熊书正先后出生以来，夫妻二人自带自养，其中贤妻良母的她更多地承担了诸多的家务，以及抚养和教育三个可爱孩子的工作，使我在"故纸堆"中能够立足冷板凳。但是书中的观点是否恰当，论证是否充分，仍无把握，敬请专家、同行批评指正。